FINANCE **21世纪高校金融学核心课程系列教材**

BAO XIAN XUE

保险学

BAO
XIAN XUE

曾 卫 主 编

胡 杰 张小荣 副主编

卞志村 主 审

人民出版社

前　言

　　金融是现代经济的核心。作为金融服务行业，保险业与银行业、证券业共同构成了金融体系的三大组成部分。保险是一种用市场化方法应对各类灾害事故和突发事件、妥善安排人的生老病死、转移危险的社会管理机制，它是人类历史上最伟大的发明之一。改革开放使我国保险业全面恢复，进入21世纪以来，随着经济持续发展和社会不断进步，我国保险业也在快速发展，取得了举世瞩目的成就。我国保险业的实践表明，保险具有经济补偿、资金融通和社会管理功能，能够发挥促进改革、保障经济、稳定社会、造福人民的重要作用。

　　为了促进保险业又好又快地发展，必须加强保险教育，培养高素质的专业人才，培育广泛的保险消费者。《教育部、中国保险监督管理委员会关于加强学校保险教育有关工作的指导意见》（教基〔2006〕24号）要求各级各类学校加强保险教育，普及保险知识，培养造就具有较强保险意识的现代公民，提出将保险教育纳入国民教育体系，加强高等教育保险学科和保险教材建设，鼓励有条件的高等学校在相关专业开设保险类必修课和选修课。为贯彻这一要求，在人民出版社的大力支持下，南京财经大学金融学院、金融研究中心组织了一批长期工作在保险教学、科研第一线的教师，精心编写了这本《保险学》教材。

　　近年来，保险学方面的教材、专著大量面世，其中倾注了保险学界老前辈们的辛勤劳动，也反映了保险领域新生力量的不懈探索。同行们的这些努力为推动保险教育、普及保险知识做出了巨大的贡献。本书的撰写也得益于已经出版的保险学方面的教科书和专业论著。

　　这本《保险学》是"21世纪高校金融学核心课程系列教材"之

一，它力求比较全面和系统地阐述保险学的理论知识，而且尽可能具体地介绍保险的实务知识和基本技能，同时充分反映保险理论和保险实践发展的新动态，其中很多内容是基于 2009 年修订的新《保险法》编写而成。本教材围绕市场经济条件下风险损失补偿或给付的中心问题，以保险的基本理论知识、主要业务、经营管理和市场监管为主线，对保险的理论与实务做了比较全面的介绍。其中，第 1 章简单介绍风险与不确定性的基本理论、风险管理和保险的基础知识；第 2～3 章介绍保险合同和保险原则；第 4～8 章分别讨论人身保险、财产损失保险、责任保险、信用和保证保险、再保险等主要的商业保险业务；第 9～10 章分析保险经营、保险市场与保险监管；第 11 章简单介绍社会保险。除主体内容以外，本教材的最后还附有《保险法》等与保险有关的法律法规，与书中内容相对照，在每一章后都对本章的主要内容做了简明扼要的小结，并列出重要的概念和复习思考题，以便读者有效地理解和掌握教学内容的重点。

本教材由曾卫教授任主编，胡杰博士和张小荣博士任副主编，具体编写分工安排如下：胡杰（第一、五、八章和第十章第二节）、张小荣（第二、三、九章）、骆桂娣（第四、十一章和第十章的其他部分）、王珊珊（第六、七章）。本教材由曾卫和胡杰总纂，卞志村教授审定。

对本书中存在的问题和不足之处，企望同行专家与广大读者批评指正，以利于我们不断改进。

曾　卫

2010 年 11 月

于南京财经大学金融研究中心

目　录

第一章　风险与保险

中国自古就有"天有不测风云，人有旦夕祸福"和"未雨绸缪"、"积谷防饥"的说法。现代经济和社会生活中，同样存在着各种各样的风险，它们给个人、家庭、企业、政府或其他组织带来多种多样的危险和损失，保险就来源于风险的存在，是处理风险、实现损失补偿和经济保障最重要的社会方式。

第一节　风险与风险管理

一、风险的定义

风险并没有一个统一的定义，它通常用来描述结果不确定的状况。生活本身是充满风险的，即使是在很短的时间内，也会有种种不确定的情况。统计学家和经济学家把风险与变量联系在一起。根据这一观点，我们通常把风险定义为预期结果与实际结果间的相对变化。[①]因此，当结果存在几种可能且实际结果不能确定时，我们就认为有风险。

由于分类基础的不同，风险有许多种分类。传统上，人们将风险分为纯粹风险和投机风险。纯粹风险是指那些只有损失机会而无获利可能的风险。如自然灾害和意外事故，以及人的生老病死等，均属此

---

① 参见王国军编著：《保险经济学》，北京大学出版社 2006 年版，第 20 页。

类风险。投机风险是指那些既有损失机会又有获利可能的风险。如商业行为上的价格投机、赌博等。

对纯粹风险和投机风险进行区分是非常重要的，因为一般来说，只有纯粹风险才是可保风险。当然，并不是所有的纯粹风险都是可保风险。我们将在第二节讨论什么是可保风险。

二、风险管理

当未来事件的结果不确定时，就会存在风险。例如，出口商品可能会安全到达，也可能在运输途中失窃或损坏，对出口方和进口方的利益均产生影响。风险管理的研究对象就是这类具有不确定结果的活动。风险管理是个人、家庭、企业、政府或其他组织在处理他们所面临的风险时所采用的一种科学方法。

（一）风险管理的过程

所有个人家庭、企业和政府都必须处理风险，在理想状态下，它们对风险管理的步骤如下：

1. 识别与事件、活动相关的可能结果。
2. 评估潜在的损失频率和损失程度。
3. 开发有效处理这些风险的技术。
4. 执行并定期检查计划。

（二）风险管理的方法

1. 风险回避

风险回避是指人们从根本上消除特定的风险单位并将损失发生的可能性降到零。它是处理风险的一种消极技术。

回避风险虽然简单易行，但回避的采用通常会受到限制。例如，回避风险虽然有其可能性，但不一定具有可行性，如远离水源是可以避免被淹死的可能性，但这需要排除任何形式的水上运输。又例如，开发某种新产品肯定会面临风险，但在回避风险的同时，也意味着放弃了新产品开发成功所可能带来的巨额利润。再例如，回避某一类风险有时可能会面临另一类风险，如人们害怕被水淹死而放弃使用水上交通，但改用其他交通工具，仍然存在着飞机坠毁、汽车翻车、火车出轨的风险。

2. 损失控制

损失控制指的是通过降低损失频率或者减少损失程度来减少期望损失成本的各种行为。通常把主要是为了影响损失频率的行为称为损失防止手段，而把主要是为了影响损失程度的行为称为损失降低手段。兴修水利，建造防护林带，加强气象、地震预报和消防设施建设，消除违章建筑，改进危险的操作方法等，都是损失防止和损失降低的一些做法。

例如，考虑一个运输有毒化学物质的卡车运输公司。如果发生了交通事故，所运输的有毒化学物质就会造成人员伤害以及环境污染，还会引起法律责任诉讼。该公司可以通过减少运输次数降低发生法律诉讼的频率。该公司也可以决定不运输有毒化学物质，转而运输无毒物品以完全避免这种风险。

3. 风险融资

用获取资金而支付或抵偿损失的办法称为风险融资。风险融资主要包括风险自留、购买保险合同、套期保值及其他合约化风险转移手段等四种方式，这些方式经常可以结合在一起使用。

风险自留是指对风险的自我承担，即企业或单位自我承担风险损失后果的方法。对于大中型企业而言，如果它们有一个正式的风险融资计划，这时的自留往往被称为自我保险。企业可以用来支付自留损失的内部资源包括：正常生产活动的现金流、一般的运营资本以及专门为风险融资而进行的流动资产投资。企业还可以向外借债以及发行新股获得外部资金来支付自留损失。通常自留风险在风险所致损失频率和程度低、损失短期内可预测以及最大损失不影响企业或单位财务稳定时采用。在这样的情况下采用风险自留，其成本要低于其他处理风险技术的成本，且处理方便有效。但缺点是，分散风险的能力不如专业保险公司。因此，一旦发生巨灾，其后果是非常严重的。

第二种主要的风险融资手段是购买保险合同。购买保险即被保险人将可能发生的风险转移给保险人来承担。保险合同降低了购买保险一方的损失，因为它把损失的风险转嫁给了保险公司。而保险公司则通过出售大量的涉及多种类型损失的保险合同来降低自己的风险。

第三种主要的风险融资手段是套期保值。当一个人的一种行为不仅降低了他所面临的风险，同时也使他放弃了收益的可能性时，我们就说这个人在套期保值。目前诸如远期合约、期货合约、期权合约以及互换合约等金融衍生产品已经在价格风险管理中得到了广泛应用。这些合约可以用来对风险进行套期保值，也就是说，可以对冲由于利率、商品价格、汇率以及其他价格变动带来的损失。

第四种主要的风险融资手段是使用诸多合约化风险转移手段中的一种或几种，通过这些合约，公司可以把风险转嫁给其他团体。比如，通过承包合同，建设单位可以将建筑、安装工程中的一部分风险转嫁给施工单位等。

（三）风险管理与保险的关系

风险管理与保险之间无论是在理论渊源上，还是在实践中，都有着密切的关系。

首先，风险是保险产生和发展的前提，也是风险管理存在的前提。风险无处不在，时时威胁生命和财产的安全，从而构成了保险关系和风险管理的基础。

其次，在风险管理中，保险仍然是最有效的措施之一。人们通过保险将自行承担的风险损失转嫁给保险人，以小额的固定保费支出，换取对未来不确定的、巨大风险损失的经济保障，使风险的损害后果得以减轻或消化。

再次，保险的发展与风险管理的发展是相互促进的。保险人丰富的风险管理经验，可使个人或企业更好地了解风险，并选择最佳的风险对策，从而促进个人或企业的风险管理，完善风险管理的实践，促进风险管理的发展，而被保险人风险管理的加强和完善，也会促进保险业的健康、稳定发展。

第二节　保险的本质

一、保险的内涵

保险源于风险的存在，是一种非常复杂的经济行为。它产生至今已经历了漫长的岁月，是人类社会自然演化的结果。现代意义上的保险已经形成了一个完整且标准的体系，渗透到全社会的每一个角落，与人们的生活息息相关，成为社会制度中不可或缺的有机组成部分。

保险是指投保人根据合同约定，向保险人支付保险费，保险人对于合同约定的可能发生的事故因其发生而造成的财产损失承担赔偿保险金责任，或者当被保险人死亡、伤残和达到合同约定的年龄、期限时承担给付保险金责任的商业保险行为。

从法律角度看，保险是一种合同行为。投保人购买保险、保险人出售保险实际上是双方在法律地位平等的基础上，经过自愿的要约与承诺，达成一致意见并签订合同。投保人向保险人交纳保费，保险人在被保险人发生合同规定的损失时给予补偿。

从经济角度看，保险是一种分摊意外事故损失的财务安排。保险的运行机制是大家共同缴纳保费，形成保险基金，当某一个被保险人遭受损失时，他可以从保险基金中获得补偿。这意味着一个人的损失由大家分担，保险在被保险人之间起到了收入再分配的作用。

二、保险与赌博、储蓄和救济等行为的比较

（一）保险与赌博

在现实生活中，很多人将保险比做一种赌博。从表现形态上看，两者具有相似之处。例如，你向保险公司缴纳5000元的保险费，给你的轿车投保10万元的盗窃险，如果轿车丢失这一随机事件在保险期间发生，你将获得10万元保险金；如果没有发生，你将损失5000元。同样，在赌博的场合，你下了5000元的赌注，有可能赔得精光，但也可

能赢回来 10 万元，甚至 100 万元。可见，保险与赌博的相同点都是不确定的随机事件。

但保险与赌博有着质的差别。最主要的区别在于：

第一，在赌博的场合，风险是由交易本身创造出来的。如果你不去参赌，你就不会面临 5000 元或者 50000 元，甚至倾家荡产的风险。而在保险的场合，风险是客观存在的，不论你投保与否。不管你是否为你的轿车投保，它都有可能丢失，你都将承担丢车的风险。

第二，赌博所面临的风险是投机风险，而保险所面临的风险是纯粹风险。也就是说，赌博具有损失和额外获利的双重可能。而在保险的场合，投保者只有损失的可能而无额外获利的机会。

（二）保险与储蓄

保险和储蓄的共同点在于，两者都可以作为处理经济不稳定的善后措施，体现了有备无患的思想，尤其对于人寿保险而言，带有很强的储蓄色彩，投保人现在缴纳保费，以减轻未来的经济负担。尽管如此，两者的差异还是很大的。具体表现在：

第一，保险和储蓄体现的经济关系不一样。储蓄属于货币信用范畴，是一种自助行为，个人留出一部分财产做准备，应付将来的需要，无须求助他人。而保险则是独立于货币信用之外的另一个范畴，是一种自助与他助相结合的行为，大家共同留出一部分财产做准备，应付将来共同的需要。

第二，两者的权利主张不同。储蓄是以存款自愿、取款自由为原则的，存款人对自己的存款始终拥有所有权，支取未到期存款虽然将损失部分的利息收入，但本利和一定大于本金。保险贯彻投保自愿、退保自由原则，如果退保的话，要扣除管理费、手续费，领回的退保金小于所缴保费之和。如果不退保，被保险人的权利主张要受保险合同条件的约束。

第三，储蓄对于个人而言，本利给付是确定的，某人将一笔钱存入银行，将来取出的是本金和利息。保险对于个人而言，保险金的给付是不确定的，投保人付出保险费，如果未发生保险事故，保险费不返还；如果发生保险事故，被保险人将获得远远高于保险费的赔偿。

（三）保险与救济

保险与救济都是对灾害事故进行补偿的行为，保险是互助合作的善后对策，而救济则是依赖外援，提供救济的有政府、社会团体和公民个人。保险与救济的不同表现在：

第一，保险是一种合同行为，双方都要受合同的约束，任何一方违约都会受到惩罚。而救济行为则不是合同行为，是一种基于人道主义的单方施舍行为，没有对应的权利义务关系，救济方没有义务一定要对受灾者或贫困者实施救济，接受救济者也无须向救济方履行任何义务。

第二，保险是以投保人缴费为前提，是一种对价交易，投保人和保险人双方存在相互支付的情况。而救济是单方行为，没有对价作基础，支付是单方面的。

三、可保风险的理想条件

可保风险是指可以被保险公司接受的风险，我们在第一节中提到保险所涉及的风险主要是纯粹风险，但并非任何纯粹风险均可向保险公司转嫁，也就是说保险公司所承保的风险是有条件的。

从保险人的角度看，一项风险应该满足以下几点要求才能被视为可保风险：存在大量独立同分布的风险单位，风险应有发生重大损失的可能性，损失应是偶然的，损失是可以确定和计量的，巨灾一般不会发生。

（一）大量独立同分布的风险单位

保险的职能在于转移风险、分摊损失和提供经济补偿。所以，任何一种保险险种，必然要求存在大量风险单位。因为只有这样，才能体现出大数法则所揭示的规律来，保险公司才能计算出合理的保险费率，让投保人付得起保费，保险人也能建立起相应的赔付基金，从而实现保险的"千家万户帮一家"的宗旨。

"独立"和"同分布"是两个统计术语，用来描述随机变量之间的关系。如果事件 X 的发生不受事件 Y 的发生的影响，且反之亦然，则 X 和 Y 叫做独立变量。独立性特征的重要性在于它影响着保险人分散其保险集合系统风险的效率。同分布是指两个随机变量发生的可能性具有相同的概率分布，其分布的期望值和方差相等。这种现象的意义在于保险人可以据此向每个潜在的被保险人收取同样的保费。

（二）风险应有发生重大损失的可能性

潜在损失不大的风险事件一旦发生，其后果完全在人们的承受限度以内，因此对付这类风险就不需要通过保险来获取保障。例如，学生经常丢失圆珠笔。这种情况一旦发生，会给当事人带来不便，但它绝不是不可承受的。但对于那些潜在损失程度较高的风险事件，如火灾、盗窃、飞机坠毁等，一旦发生，就会给人们造成极大的经济困难。对此类风险事件，保险是经济的，是一种有效的风险管理手段。

（三）风险损失应是偶然的

损失应是偶然的或非故意导致的。也就是说，风险的发生超出了投保人的控制范围，且与投保人的任何行为无关。一旦投保人或被保险人能在一定程度上控制损失发生与否或损失的严重程度，就有可能产生道德风险，违背了保险的初衷。此外，要求损失发生具有偶然性也是"大数法则"得以应用的前提。

（四）风险损失是可以确定和计量的

损失是可以确定和计量的，是指发生的损失必须在时间和地点上可以被确定，在数量上可以被计量。因为在保险合同中，对保险责任、保险期限等都作了明确规定，只有在保险期限内发生的保险责任范围内的损失，保险人才负责赔偿，且赔偿额以实际损失金额为限，所以，损失的确定性和可测性尤为重要。

（五）巨灾风险一般不会发生

保险人一般都可以通过将统计上相互独立的风险单位汇集成一个大集合来分散风险，从而降低该集合中风险单位的平均风险。地震、洪水等巨灾风险一旦发生，集合中的所有风险单位都有可能遭受损失，保险分摊损失的职能也随之丧失。所以，这类风险一般被列为不可保风险。

需要指出的是，在现实中，可保风险与不可保风险间的区别并不是绝对的。例如，英国劳合社承保某些名人的特殊风险，如电影演员的眼睛、足球运动员的脚、钢琴演员的手指等，这些并不符合可保风险的要求。此外，随着保险公司资本日渐雄厚，保险新技术不断出现，以及再保险市场的扩大，地震、洪水等原来不可保的风险已被一些保险公司列在保险责任范围之内。因此，我们应当辩证地理解可保风险这一概念，而不能将其绝对化。

第三节 保险的发展历程

一、保险的萌芽及古代保险思想

自从有人类社会至今，人们就一直在寻求防灾避祸的方法，以谋求生活的安定和经济的发展。救济后备以及互助保险的意识和思想，早在古代就已经出现。保险的历史可以追溯到公元前3000多年以前的古巴比伦时代，那时，居住在幼发拉底河流域的巴比伦商人经常雇佣推销员到国外从事贸易活动，为了保证货物的安全，商人们往往将推销员的家人作为信用担保。当这个推销员航行归来，商人和推销员可以各自获取销售利润的一半；而一旦推销员未归，或者回来时既无货物也无利润，商人就认为推销员存在欺诈行为，将其家人扣为奴隶。但如果推销员能证明货物确实遭到抢劫而本人并无过失，则可以免除其责任。这种方法长期为巴比伦地区所采用。

在保险的萌芽阶段，共同海损分摊原则的确定和船舶抵押借款的出现是两个重要的事件。

公元前2000年，地中海范围内已有广泛的海上贸易活动。当时由于船舶构造简陋，抵御海上风浪的能力薄弱，航海的风险很大。为了使船舶在海上遭遇风浪不致倾覆，在当时最行之有效的一种应急措施是抛弃货物，以减轻船舶的重量，消除倾覆的危险。为了使被抛弃的货物能从其他获益各方获得补偿，当时在地中海航海商人中间有一个共同遵循的原则：因船货共同安全而不得不采取抛弃货物措施所造成的损失，应由因此而免受损失的船主和货主共同分摊。这一原则后来为公元前916年的《罗地安海商法》所采用，并正式规定为："凡因减轻船只载重投弃入海的货物，如为全体利益而损失的，须由全体分摊归还。"这就是著名的"一人为众，众为一人"的"共同海损"分摊原则。

船舶抵押借款又称冒险借贷，公元前9世纪起流行于地中海的一些城市，后来从希腊、罗马传到了意大利，在中世纪盛行一时。其含义是当船舶航行在外急需用款时，船长以船舶及船上货物向当地商人抵押借款，以获得继续航海的资金，如船舶安全到达，本利均须偿还；如果船舶中途沉没，债权即告消失。这实际上是一种风险转嫁。由于这种契约的风险很大，债权人收取的利息也很高，通常为本金的1/3或1/4。除正常利息外，其余为补偿债权人承保航程安全的代价。

萌芽时期的人寿保险主要是指古代一些国家中某些类似人身保险的原始互助形式。公元前4500年，在古埃及，石匠中有一种互助制度，参加者缴付会费，在会员死亡时该组织支付丧葬费用；在古希腊，一些政治家或宗教组织团体或同行的工匠在参加会员身上提取一笔公共基金，专门用于意外情况下的救济和补偿；古罗马也有一种宗教性质的团体，它以征收会费的方式救济会员死亡后的遗属。

二、近代保险的发展

近代保险制度是资本主义发展的产物，15世纪末，美洲大陆和通往印度航道的新发现，以及资产阶级革命在欧洲各国的陆续进行，世界市场的形成，这些均为近代保险制度的形成奠定了基础。与处于起源阶段的原始保险相比，近代保险最显著的标志就是专门格式的保险单和专门从事保险的机构、人员的出现。从保险发展的历史来看，财产保险先于人身保险，海上保险早于陆上保险。

（一）海上保险的出现与发展

意大利是近代海上保险的发源地。14世纪中期，意大利北部经济十分繁荣，是国际贸易的中心。在威尼斯、热那亚、佛罗伦萨等地，出现了类似现代形式的海上保险。现在世界上发现的最古老的保险单，是一个名叫乔治·勒克维伦的热那亚商人，在 1347 年 10 月 23 日出立的一张船舶航程保单，承担"圣·克勒拉"号从热那亚至马乔卡的保险。这一保单的措辞类似一种虚设的借款，它规定船舶安全到达目的地后，合同无效；如中途发生损失，合同成立，该损失由合同的一方（保险人）承担，保险费是在合同成立之前以订金的名义支付的。保单并没有订明保险人所承保的风险，它还不具有现代保险单的形式。

近代海上保险发展于英国。美洲新大陆发现后，英国的对外贸易获得了空前的发展，保险的中心转移到了英国。1575 年由英国女王特许在伦敦皇家交易所设立保险商会，办理所有保险单的登记，并参照安特卫普法令及交易所的习惯制定标准保单。1601 年伊丽莎白女王制定第一部有关海上保险的法律，规定在保险商会内设立仲裁庭解决海上保险的纠纷案件。1720 年英国政府批准了"皇家交易"和"伦敦"两家公司独享海上保险的经营权，实行一种垄断式的经营，其他公司或合伙组织不得经营海上保险业务。1683 年，英国人爱德华·劳埃德在泰晤士河畔开设了一家咖啡馆，顾客主要是经营远洋航海业的船东、船长、商人、经纪人和高利贷者。这些人经常在咖啡馆会晤，达成海上保险交易，后来该咖啡馆逐渐成了海上保险交易的中心，并且在海上保险的发展过程中占有重要地位。

（二）火灾保险的出现与发展

继海上保险制度之后所形成的是火灾保险制度，它将近代保险的业务范围由海上即水险业务扩展到陆地即非水险业务，从而开辟了保险业务发展的广阔空间。

近代火灾保险起源于英国。1666 年 9 月 2 日，英国伦敦皇家面包店的烘炉引发了火灾，大火持续了 5 天，焚毁了 13000 多户住宅，20 万居民无家可归，损失极其惨重。伦敦大火的发生，为火灾保险观念的传播提供了一个契机，推动了英国火灾保险的发展。1667 年，英国的牙科医生巴蓬博士成立了世界上第一家火灾保险公司。在保费的收取上，巴蓬采用了差别费率，他按照房屋结构计算费率：砖石建筑物的费率为 2.5%，木屋的费率为 5%。这一在保险中运用差别费率的方法是近代保险的一个重要特点，巴蓬也因此获得了"火灾保险之父"的美誉。1710 年，查尔斯·玻文创立伦敦保险公司，开始承保不动产以外的动产险，其经营范围遍及全国。它是英国现存的最古老的保险公司之一。

（三）人身保险的出现与发展

人身保险最早与海上保险关系密切。在 15 世纪末期，当时奴隶被作为商品在海上进行贩运。为了保证所贩奴隶的价值，出现了以奴隶的生命作为标的的人身保险，以后又发展到船长和船员的人身保险。到 16 世纪，出现了对旅客的人身保险。

1689 年，法国国王路易十四为筹集战争费用，采纳了意大利银行家洛伦佐·佟蒂设计的"佟蒂法"。它把人按年龄分为若干组，每组交纳不同的费用。一定年限后开始支付利息，年龄高者支付较高的利息，当认购人死亡后其利息在该组的生存者中间平均分配，直至该组成员全部死亡。这实际上是一种类似于养老年金的保险制度，它虽有许多不足之处，但却引起了人们对人寿保险的关注和对生命统计研究的重视。

1693 年，英国著名的天文学家爱德华·哈雷根据德国布勒斯市居民的死亡资料，编制出了一个完整的生命表，用科学的方法，精确计算出各年龄段人口的死亡率。哈雷生命表的制定在人身保险史上具有划时代的意义。精算科学与技术的进步是人身保险尤其是人寿保险发展的基础。

1762 年，英国人辛普森创立了世界上第一家人寿保险公司——伦敦公平保险公司。该公司根据生命表收取保费，对于缴纳保险费的宽限期、保单失效后的复效等也做了明确的规定，并详细载明于保单，这标志着现代人寿保险的开始。

三、现代保险业的发展

18 世纪以来，机器大生产开始取代手工生产，人类社会从农业社会迈向工业社会，生产方式与生活方式发生了巨大的变化，保险制度也随之得到了发展和完善。进入 19 世纪以后，资本主义国家相继完成了工业革命，由此极大地促进了资本主义经济的发展，同时也刺激了经营保险业的公司大量增加。在此期间，保险公司的滥设导致了竞争的加剧，许多保险公司破产，造成社会混乱。于是，各国不得不采取措施，加强对保险业的监管，从而使保险的经营日趋走向正轨。同时，科学技术的发展，也为保险范围的扩展创造了条件。现代保险业的发展，有以下几个方面的主要特点：

（一）在许多国家保险业已成为国民经济的重要产业

随着经济的发展，经济规模的扩大，消费者的平均收入水平在提高，其消费后的剩余也在增大，由此提高了保险的现实购买能力。并且，随着经济的增长，消费者现有财富量也随之增长，这样消费者承担的风险总量提高，从而使消费者对保险的需求在增加。需求的增加将导致供给的增加，于是保险供给规模逐年扩大，保险业筹集了大量资金，其中一部分转化为经济建设的投资。据统计，1950 年世界保险费收入仅为 210 亿美元，1982 年增长到 4660 亿美元，1998 年增长到 21553 亿美元，2003 年增长到 29000 多亿美元，2008 年增长到 42697 亿美元。1980 年我国的保费收入为 4.6 亿元人民币，1985 年上升到 33.1 亿元人民币，1997 年达到 1080 亿元人民币，2003 年达到 3880 多亿元人民币，2009 年达到 11000 多亿元人民币。

（二）随着经济生活的复杂化，保险险种增加，保障范围扩大

现代社会的一个重要特点是，经济生活的复杂程度和相关程度都大大提高，由此导致保险人不断设计新的险种并且不断扩大保障的范围。例如，最近几十年来，在传统的海上保险、火灾保险和人寿保险的基础上不断产生新的保险品种，如汽车保险、航空保险、保证保险、信用卡保险、分红型保险、万能寿险等等。传统的保险的保障内容也不断扩大。例如，在火灾保险方面，保险标的从早期的只承保不动产扩大到动产，再发展到与动产或不动产标的相关的利益，承保范围从只承保单一的火灾风险扩展到包括火灾在内的各种自然灾害和意外事故，不仅可以承保直接损失，也可以承保间接损失，如营业中断损失、租金损失等。

（三）保险人对风险管理更加重视

当前世界保险业面临的风险日趋严峻。它一方面来自于自然灾害及其巨灾损失的频繁发生；另一方面，20世纪90年代以来日趋严峻的保险业兼并与收购导致全球的可保风险日益集中在极少数最大的保险和再保险集团身上。保险人从保险经营稳定性和社会安全出发，在事后补救的同时，还积极采取事前措施以防止风险事故的发生。风险管理将构成贯穿保险业传统业务和众多新兴业务的中轴，企业和社会公众将对保险业提出更高的风险管理服务要求。

（四）再保险业务迅速发展，保险业逐步国际化

随着高新技术的发展和大规模生活建设活动的产生，卫星、石油钻井平台、核电站等价值巨大的保险标的逐步出现。这些标的的保险金额非常高，任何一家保险公司都难以单独承担起如此巨额的保险责任，于是以分散风险为重要特征的再保险业务随之发展起来。1846年，世界上最早的一家专营再保险业务的公司科隆再保险公司在德国成立。此后，再保险业务在世界各地都有了迅速的发展。由于许多再保险业务都是跨国业务，因此再保险的发展加强了国内外保险公司之间的联系，使保险业的发展出现了国际化的趋势。

（五）保险业与银行业之间相互渗透

保险业和银行业之间日益明显的相互渗透、相互融合是西方国家经济、金融自由化的一个直接结果。两者之间的相互渗透主要有以下几种形式：一是以保险公司为主导的合作模式。这种模式的特点是：多家银行对保险商品进行宣传，银行提供潜在客户，通过保险公司的销售力量对该特定的潜在客户群销售保险产品。二是以商业银行为主导的合作模式。在这种模式中，银行利用自身的销售网络和力量进行保险产品的销售，多家保险公司负责保险商品的提供。三是商业银行与保险公司共建模式。在这种模式中，银行和保险公司共同创建低成本的代理中介机构甚至是共建银行保险公司，双方共同分享代理佣金和承保利润。

第四节　保险的基本分类

当代保险业发展迅速，保险领域不断扩大，新的险种层出不穷，因此必须对保险予以分类，以便于研究和认识。保险的分类标准很多，不同的学者、不同的教科书有不同的分类方法。比较常见的分类标准有：保险标的、保险性质、业务承保的方式和实施方式。

一、按保险标的分类

保险标的是指保险事故有可能发生的载体。根据保险标的不同，保险可分为财产保险、人身保险和责任保险。

财产保险是以财产及与之相关的利益为保险标的的保险。广义的财产保险包括有形财产保险和无形财产保险。人身保险是以人的生命、身体或健康为保险标的的保险。责任保险是以被保险人对第三者依法应负的民事损害赔偿责任或经过特别约定的合同责任为保险标的的保险。

二、按保险性质分类

按照保险性质不同，保险可分为商业保险和社会保险。

商业保险是指投保人根据合同约定，向保险人支付保险费，保险人对于合同约定的可能发生的事故因其发生所造成的财产损失承担赔偿保险金的责任，或者当被保险人死亡、伤残、疾病或者达到合同约定的年龄、期限时承担给付保险金责任的保险行为。社会保险是指国家通过立法对社会劳动者暂时或永久丧失劳动能力或失业时提供一定的物质帮助以保障其基本生活的一种社会保障制度。

商业保险和社会保险的主要区别在于社会保险强调社会公平，不以营利为目的；而商业保险是以营利为目的的保险。

三、按业务承保的方式分类

以保险业务的承保方式为标准，保险可分为原保险、再保险、复合保险、重复保险和共同保险。

原保险是指保险人对被保险人因保险事故所致的损失承担直接的、原始的赔偿责任的保险。再保险是指保险人将其承担的保险业务，部分或全部转移给其他保险人的一种保险。投保人在同一期限内就同一标的物的同一危险向数个保险公司投保，签订数个保险合同，如果保险金额之和没有超过标的财产的实际可保价值，称为复合保险；如果保险金额之和超过标的财产的实际可保价值，称为重复保险。共同保险是指投保人与两个以上保险人之间，就同一保险利益，对同一危险共同缔结保险合同的一种保险。

四、按实施方式分类

按照实施方式分类，保险可分为强制保险和自愿保险。

强制保险又称法定保险，它是由国家颁布法令强制被保险人参加的保险。自愿保险是指投保人和保险人在平等自愿的基础上，通过订立保险合同或者自愿组合，建立起保险关系。

第五节 保险的职能和作用

一、保险的职能

保险具有分散危险和补偿损失两个基本职能。此外，在现代社会中，保险还具有投资和防灾防损两个派生职能。

（一）分散危险职能

为了确保经济生活的安定、分散危险，保险人在最大范围内通过向各个相互独立的经济单位或个人收取保险费，将集中在某一单位或个人身上的因偶发的灾害事故或人身事件所致的经济损失平均分摊给所有被保险人，这就是保险的分散危险职能。通过该职能的作用，危险不仅在空间上达到充分分散，而且在时间上也能达到充分分散。

（二）补偿损失职能

这是指保险人把有共同危险顾虑的经济单位或个人所缴付的保险费集中起来，对遭受危险损失的经济单位或个人实行经济补偿，以保障社会经济活动正常进行和人民生活安定。

分散危险和补偿损失两个职能相辅相成，缺一不可。分散危险作为处理偶然性灾害事故的良策，是保险经济活动所特有的内在功能。而组织经济补偿作为体现保险行为内在功能的表现形式，是保险经济活动的外部功能。两者是手段和目的的统一，是保险本质特征的最基本反映，最能表现和说明保险分配关系的内涵。所以，它们是保险的两个基本功能。

（三）投资职能

这是指保险人将保险基金的暂时闲置部分，重新投入到社会再生产过程中。这是保险在上述基本职能的基础上派生出来的特殊职能。如果说保险的基本职能是通过保险人的负债业务实现的，那么保险的投资职能则是通过保险人的资产业务实现的。

保险人在收取保险费、建立保险基金的过程中，总有一部分资金处于闲置状态。在现代经济社会中，资金是一种资源，是能够带来利润的，如果闲置，实际上等于在遭受损失。为了防止这种损失，就要求保险人运用部分保险基金，参与社会资金在社会再生产过程中的运转。目前，世界上许多发达国家的保险公司已经成为最主要的非银行金融机构，在金融市场上占有举足轻重的地位。保险业越是发展，保险投资就越重要，投资已经成为保险公司重要的利润来源。保险投资的主要渠道有银行贷款、发行股票和债券、抵押贷款、购置不动产、保单贷款及其他。

（四）防灾防损职能

保险的这一职能是指保险人参与了防灾防损活动，提高了社会的防灾防损能力。风险无处不在，防范控制风险和减少灾害事故损失是全社会的共同任务。保险公司从开发产品、制定费率到承保、理赔的各个环节，都直接与灾害事故打交道，不仅具有识别、衡量和分析灾害事故损失的专业知识，而且积累了大量灾害事故损失资料，为全社会提高防灾防损能力提供了有力的数据支持。同时，保险公司从自身效益出发，愿意主动参与防灾防损工作。防灾防损做得好，灾害事故就发生得少，保险公司的利润就会增加。保险公司从主观利益出发采取的行为，如进行防灾防损宣传、向防灾防损部门投资、资助防灾防损方面的研究等，从客观上促进了全社会防灾防损工作的开展，减少了灾害事故造成的损失。

二、保险的作用

保险的作用和保险的职能是两个既有区别又有联系的不同概念。保险的作用是指保险在国民经济中执行其功能时所产生的社会效应。保险在经济发展中的作用体现在以下几方面：

（一）保险促进经济稳定，减轻焦虑

在日常生活中，个人和家庭会面临自然灾害和意外事故的威胁，如洪水、火灾、家庭成员的生老病死等。没有保险，个人和家庭遇到损失时可能被迫向亲朋好友或政府求助，这两种做法在很多文化中都被人鄙视。有了保险，受到损失时可以从保险公司获得补偿，从而家庭生活可以稳定。企业遭受到重大的未保损失时可能遇到巨大的财务阻力甚至破产，这种破坏性的外部作用可能包括失业率增加、顾客无力消费企业的产品或服务，供货商业务减少，政府税收减少但责任加重。如果参加保险，企业就可以在最短时间内获得经济上的补偿，重新购买机器设备、原材料等，及时恢复生产能力，把因生产中断造成的损失降到最低。

保险还可以降低焦虑。人们担心失去生命、健康、财产所产生的焦虑会对人的创造力产生负作用。保险的存在，可以为消费者提供转嫁风险的途径，投保人在投保之后由于把风险转移给保险公司而获得一种经济安全感。因此，在西方企业财产险和再保险常被经理们称为"安睡保险"。

（二）保险促进对外贸易，增加外汇收入

保险在对外贸易和国际经济交往中，是必不可少的环节。在国际贸易中，进出口贸易都必须办理保险。保险费与商品的成本价和运费一起构成进出口商品价格的三要素。所以，保险可以促进国际贸易的发展，增强一国出口换汇的能力。另外，外汇保费收入正逐渐成为一种重要的非贸易外汇收入，各国在参与世界市场的再保险业务时，应在保持保险外汇收支平衡的基础上力争保险外汇顺差。

（三）保险促进科技创新

科学技术是第一生产力。采用新技术可以提高企业的劳动生产率，使产品升级换代，扩大市场份额，企业发展的一个趋势就是把新产品的研发摆在最重要的位置上。但在科学技术的开发与应用中，会不可避免的伴有风险发生。比如，一项新的科学技术的开发应用需要支付很大的费用，在未来收益不确定的情况下，投资者会有所顾忌；在新技术、新产品实验过程中，科技人员可能会碰到人身安全问题。保险则可以对采用新技术带来的风险提供保障，为企业开发新技术、新产品以及使用专利壮胆，促进先进技术的推广应用。

（四）保险促进资本有效配置

保险人会收集大量的信息对企业、项目和经理人员进行评估以决定是否（以及按照什么价格）承保或贷款。保险人在这一方面比单个储蓄者和投资者更具有优势，更善于有效配置金融资本和承担风险。保险人会选择为最有吸引力的企业、项目和经理人员承保和发放贷款。

由于保险人对其贷款或承保的企业、项目和经理人员一直具有利害关系，他们为了避免某些使自身陷入无法接受的风险行为增加就会监督企业家和经理人员。也就是说，保险人有助于解决委托人—代理人问题。保险人可以通过这种方式显示出市场对有潜力、管理完善的公司的肯定，从而推动一国金融资本的有效配置。

第六节　风险与不确定性

一、不确定性

在第一节中我们将风险定义为实际结果与预期结果的相对差异。在经济学中，风险和不确定性常常被不加区分的互用，但严格来说，两者是有区别的。风险的存在来自于不确定性，是人们对无法预测的未来的困惑。风险的重要性在于它能给人们带来损失或收益，而不确定性的重要性在于它使决策过程变得更为复杂。

例如，张三从奶奶那里继承了100000块钱，他不清楚该如何处理这笔钱，于是征求朋友银行经理李四的意见。李四建议张三要么把钱投资于保证每年回报率为3%的一年期的定期存单，要么把钱藏到床垫下面。显然，张三会理智地决定投资于定期存单，因为他知道把钱投资于定期存单一年之后的收益肯定会比把钱藏到床垫底下多3000元。

假设李四又向张三推荐了第三种方法：将100000元投资到一种新型的共同基金上，其一年内的回报取决于年终时的投币结果。如果硬币正面朝上，张三该年的投资回报率就是20%。但如果反面朝上，张三就会损失10%。现在，张三要做的决策就复杂多了。方法三比方法一高出17000元的可能性有50%，另外50%的可能性是张三只剩90000元。

为了帮助张三做出决策，我们引入期望值的概念。一组潜在结果的期望值（EV）等于该组中每一个可能的结果 X_i 分别乘以其发生的概率之后的总和，即：

$$EV = \sum_i p_i X_i$$

其中 p_i 是某一特定结果 X_i 发生的概率。

这样，张三的第三种方法的期望值就是：

$$EV_3 = 0.5 \times 120000 + 0.5 \times 90000 = 105000$$

方法一和方法三的期望值分别为 103000 元和 105000 元。

我们假定张三的行为符合所谓的期望值规律，即他会选择期望值最高的方法。这时，张三会选择方法三。但是期望值规律在一些情况下不能准确预测个人行为，即所谓圣·彼得堡悖论：两人设定一个赌局，掷一枚质地均匀的硬币，直至反面出现。如果掷第一次时就出现反面，则赢得 2 元，第二次出现赢 4 元，第三次出现赢 8 元，第 n 次出现赢 2^n 元。这样，赌局的期望值就是：

$$EV = \sum_{i=1}^{\infty} \left(\frac{1}{2}\right)^i \times 2^i = 1 + 1 + 1 + \cdots = \infty$$

尽管这一赌局的期望值无穷大，但没几个人愿意拿十几元钱或更多的钱去冒险。

二、不确定情况下的期望效用与决策

如何解释圣·彼得堡悖论呢？期望效用理论提供了答案。效用就是从经济商品中获得的满足程度。期望效用理论认为，不确定条件下的效用也是不确定的，最终的效用水平取决于不确定事件的结果。例如，购买彩票的效用最终取决于是否中奖，而购买保险的效用水平最终取决于保险事故是否发生以及保险人对损失的赔付比例。在保险经济学中，对不确定条件下的效用研究采用的是期望效用函数，它描述了特定的财富水平和与之相对应的满足程度之间的关系。风险规避的效用函数建立在以下两个假设上：（1）财富数量的增加导致满足程度的上升；（2）财富增加时其边际效用降低。

假设一个风险规避者走在路上捡到 100 元。根据第一个假设，我们可以知道他因为增加了财产而感到高兴。如果他继续走，又捡到 100元，那么他的满足程度还会增加，但根据第二个假设，增加的满足程度不如他第一次捡到 100 元时高。第二个假设叫做边际效用递减规律。

期望效用函数的一般形式是：

$$U(c_1, c_2, \pi_1, \pi_2) = \pi_1 U(c_1) + \pi_2 U(c_2)$$

消费者的期望效用是效用函数 $U(c_1)$ 与 $U(c_2)$ 的加权和，权数 π_1和 π_2 是产生两种消费状态的概率。消费函数和相应的消费状态可以从两个扩展到多个，函数形式和性质不发生变化，即：

$$EU = \sum_{i=1}^{n} \pi_i U(c_i)$$

有了这一工具，我们就可以对圣·彼得堡悖论作出解释。假设一个风险规避者的效用函数是 $U(x) = \ln(x)$，根据期望效用函数我们就可以计算出该赌局的期望效用：

$$EU = \sum_i p_i \times U(X_i) = \sum_{i=1}^{\infty} (\frac{1}{2})^i \times U(2^i)$$

$$= \sum_{i=1}^{\infty} (\frac{1}{2})^i \times \ln(2^i) = \ln(4)$$

所以，如果一个风险规避者的效用函数是财富的对数的话，他仅愿意拿出 4 元来参加赌局。

本 章 小 结

风险通常用来描述结果不确定的状况。传统上，人们将风险分为纯粹风险和投机风险。纯粹风险是指那些只有损失机会而无获利可能的风险。投机风险是指那些既有损失机会，又有获利可能的风险。风险管理的研究对象是具有不确定结果的活动。风险管理是个人、家庭、企业、政府或其他组织在处理他们所面临的风险时所采用的一种科学方法。风险管理的方法主要有损失回避、风险控制、风险融资、合约化风险转移等。风险管理与保险之间无论是在理论渊源上，还是在实践中，都有着密切的关系。

保险是指投保人根据合同约定，向保险人支付保险费，保险人对于合同约定的可能发生的事故因其发生而造成的财产损失承担赔偿保险金责任，或者当被保险人死亡、伤残和达到合同约定的年龄、期限时承担给付保险金责任的商业保险行为。从法律角度看，保险是一种合同行为。从经济角度看，保险是一种分摊意外事故损失的财务安排。可保风险是指可以被保险公司接受的风险。从保险人的角度看，一项风险应该满足以下几点要求才能被视为可保风险：存在大量独立同分布的风险单位，风险应有发生重大损失的可能性，损失应是偶然的，损失是可以确定和计量的，巨灾一般不会发生。

真正意义上的保险制度形成于近代社会。随着社会和科技的发展，保险业也在不断发展和完善。根据保险标的、保险性质、业务承保的方式和实施方式等可以对保险进行不同的分类。各分类之间可能会有交叉。

保险具有分散危险和补偿损失两个基本职能。此外，在现代社会中，保险还具有投资和防灾防损两个派生职能。保险的作用是指保险在国民经济中执行其功能时所产生的社会效应。

风险的存在来自不确定性，是人们对无法预测的未来的困惑。在保险经济学中，对不确定条件下的效用研究采用的是期望效用函数，它描述了特定的财富水平和与之相对应的满足程度之间的关系。

重 要 概 念

风险　纯粹风险　投机风险　风险管理　保险　自愿保险
法定保险　原保险　再保险　复合保险　重复保险　共同保险
商业保险　社会保险　可保风险　不确定性　效用

复习思考题

1. 风险的定义是什么？

2. 风险管理有哪些方法？

3. 什么是保险的定义及特性？

4. 保险与储蓄、赌博的区别体现在哪些方面？

5. 可保风险要满足什么条件？

6. 为什么可保风险的理想条件之一是不会发生特大灾难事故？

7. 保险可分为哪些主要的类型？

8. "9·11事件"对全球的保险公司和再保险公司影响巨大，试从承保风险的角度解释"9·11事件"对保险业的影响。

第二章　保险合同

第一节　保险合同及其特征

保险商品交易的达成是建立在合同的基础之上的，体现的是一种民事法律关系。保险关系的确立一般都通过签订保险合同的法律形式固定下来，保险合同是投保人与保险人约定保险权利义务关系的协定，它是联系保险人、投保人以及被保险人之间权利义务的纽带。

一、保险合同的概念及必备条件

（一）保险合同的概念

保险合同是保险关系双方当事人之间订立的在法律上具有约束力的一种协议。保险合同属于民商合同的一种，按照《保险法》的规定，保险合同是投保人与保险人约定保险权利与保险义务关系的协议。根据保险合同规定，投保人有保险金给付请求权，同时有缴纳保费的义务，保险人有收取保费的权利，同时要履行赔偿给付的义务。投保人以向保险人支付一个对价——保险费，来获得保险人的允诺——当保险合同中约定的保险事故发生并造成保险标的的损失时，保险人向被保险人支付赔偿金额，或者当被保险人死亡、伤残、疾病、生存到约定年龄、合同期限届满时，保险人向被保险人或受益人给付合同约定的保险金。在保险合同中，双方享有的权利和义务对等。

（二）保险合同必须具备的条件

1. 保险合同当事人必须具有完全的民事权利能力和民事行为能力

民事权利能力是民事主体依法享有民事权利和承担民事义务的资格。民事行为能力是指民事行为主体以自己的行为享有民事权利和承担民事义务的资格或能力。保险合同的主体无论是自然人还是法人，要求必须具有《民法》规定的民事权利能力和行为能力，否则所订立的保险合同无效，不产生法律效力。

2. 保险合同是双方当事人意思表示一致的行为

订立保险合同必须是双方当事人意思表示真实、自主明确的法律行为。采取胁迫、欺诈等手段签订的合同，因违反平等自愿的原则，合同无效，不受法律保护。

3. 保险合同必须合法

所谓合法主要指保险合同无论从合同的主体、客体、内容到订立程序、合同形式都必须符合法律规定，否则不受法律保护。不合法的合同即使订立亦是无效合同。合法的合同在履行时，如果因一方当事人的违法违约行为或擅自中止合同履行，合同另一方当事人可依法诉讼或仲裁，获得权利的维护。

二、保险合同的特征

（一）双务性

合同的双务性是指保险合同当事人双方享有的权利和承担的义务对等，一方的权利即为另一方的义务。如保险合同的投保人负有缴付保费的义务但享有发生保险事故获得赔偿或给付的权利，保险人有权要求投保人按时足额缴纳保险费但负有在保险事故发生时赔偿或给付保险金的义务。可见保险人的权利就是投保人的义务，双方权利义务对等。与双务合同对应的是单务合同。单务合同是指对当事人一方只发生权利而对另一方只发生义务的合同。如民事中的赠与合同。

（二）射幸性

保险合同具有射幸性特征。射幸的意思就是碰运气，赶机会。保险合同的射幸性是指合同的履行内容在订立合同时并不能确定，保险合同履行的结果建立在事件可能发生也可能不发生的基础上。在合同有效期内，如果发生风险事故造成损失，被保险人可以获得远远超出保险费的赔偿金；反之，如果不发生风险事故，无损失发生，虽然投保人已付出保费，被保险人在多数险种中还是得不到任何货币补偿。保险合同射幸性特点来源于保险事故发生的偶然性，这在以短期保险为主的财产保险合同中表现尤为明显。

（三）附和性

合同的附和性是指合同当事人的一方提出合同的主要条款内容，另一方只是作出取或舍的决定，一般没有变更和修改合同的权利。保险合同就具有附和性。在保险合同中，如果必须修改和变更某项条款的，只能采用保险人事先准备的附加条款或附属保单。可见，附和性合同对于保险人较为有利。因此，对于保险合同的条款，保险人与投保人、被保险人或者受益人有争议时，人民法院或者仲裁机构应当作有利于被保险人和受益人的解释。一般来说，附和性合同即格式合同、标准化合同，但保险合同也并非全部采用标准合同形式，有些特殊险种的合同采用协商办法签订，以满足市场的需要。近年来，随着保险市场竞争日趋激烈，应投保方需求，"量身定做"的个性化合同越来越多。

（四）条件性

合同的条件性是指合同的当事人只有在合同所规定的条件被满足的情形下才履行自己的义务，反之则不履行义务。保险企业的承保是有条件的承保，是对可保风险的经营。保险合同对保险标的的状况及保险利益都是有条件限制的。在保险条款中明确保险保障的责任范围及除外责任，只有在合同规定的条件得到满足的情况下，合同的当事人才履行自己的义务；否则不履行义务。如投保人未履行在规定时间足额缴纳保费的义务导致保险合同失效或无效，发生风险事故后，保险人不承担赔偿或给付义务。

（五）补偿性

补偿性主要体现在财产保险合同中。所谓补偿性是指对符合保险合同规定的风险事故损失，保险人对损失予以补偿。保险的补偿性体现了保险的保障经济发展、促进生产恢复、维护社会安定等作用。保险合同成立生效后，按照合同规定，发生保险责任范围的事故后，保险人要履行合同责任，给被保险人提供损失补偿。但保险合同的补偿仅限于损失额度，只为让被保险人恢复到损失前的经济状态，而不是改善或提高其经济状况。否则，投保方可能产生故意违法犯罪、制造风险事故骗取保险金的道德风险。

（六）个人性

保险合同具有个人性合同特征。合同的个人性是指保险合同所保障的是遭受损失的被保险人本人，是保障被保险人的保险利益。而不同的被保险人其禀性、行为习惯、职业特点不同将极大地影响到风险事故发生的概率。因此，在人身保险和财产保险中保险合同的订立要体现出不同的个人特征。如车险中，不同年龄、性别及驾龄的车主应在给予承保与否有区别，在费率水平上亦有区别。

第二节　保险合同的要素

一、保险合同的主体

保险合同的主体是指在保险合同订立、履行过程中的参与者，也就是根据保险合同的约定，有权享有合同赋予的权利和承担相应义务的人。

（一）保险合同的当事人

1. 保险人

保险人是向投保人收取保险费，在保险事故发生时，对被保险人承担赔偿损失或给付责任的人。各国法律一般要求保险人必须具有法人资格，且必须在规定的经营范围内经营。不具有经营资格的法人或具有经营资格但超越经营范围的法人所订立的合同无效。

2. 投保人

投保人又称要保人，是对保险标的具有保险利益，向保险人申请订立保险合同，并负有缴纳保险费义务的人。

投保人必须具备三个条件：

第一，具有完全的权利能力和行为能力。保险合同要求当事人（无论法人或自然人）具有完全的权利能力与行为能力。未取得法人资格的组织不能成为保险合同的当事人，限制行为能力或者无行为能力的自然人也不能签订保险合同而成为保险合同当事人。

第二，对保险标的必须具有保险利益。投保人对保险标的不具有保险利益，则不能签订保险合同成为保险合同当事人，已签订的保险合同亦无效。

第三，负有缴纳保险费的义务。投保人取得经济保障的条件就是支付保费，这是投保人的法定义务。无论投保人为自己利益或他人利益订立保险合同，投保人都要承担支付保险费的义务。

（二）保险合同的关系人

1. 被保险人

被保险人是其财产、利益或生命、身体和健康等受保险合同保障的人。在财产保险中，被保险人是保险财产的权利主体；在人身保险中，被保险人是从保险合同中取得对其生命、身体和健康保障的人；在责任保险中，被保险人是对他人的财产毁损或人身伤亡负有法律责任，因而要求保险人对其进行赔偿，由此对自己的利益进行保障的人。

被保险人必须在保险合同中作出明确规定。被保险人的确定方式如下：

第一，在保险合同中明确列出被保险人的名字。被保险人可以是一人或多人，在保险合同届满前，都享有保险保障权利。

第二，以变更保险合同条款的方式确认被保险人。通常以保险合同变更被保险人条款形式存在，一旦满足条款约定条件，补充对象则获得被保险人的地位。

第三，采取订立多方面适用的保险条款确认被保险人。这种方式与第一种方式的不同之处在于，它不具体指明被保险人的姓名；与第二种方式的不同之处在于，它不是用排序的方式确定被保险人，而是采用扩展被保险人的办法使每个人都具有被保险人的相同地位。如机动车辆的第三者责任保险合同中订明被保险人除汽车所有人外还扩展到车主的家庭成员或经其允许而使用其汽车的对象等。

【案例分析】

有一承租人向房东租借房屋，租期9个月。租房合同中写明，承租人在租借期内应对房屋损坏负责，承租人为此而以所租借房屋投保火灾保险一年。租期满后，租户按时退房。退房后1个月，房屋毁于火灾。于是承租人以被保险人身份向保险公司索赔。

请问：

①保险人是否承担赔偿责任？为什么？

②如果承租人在退房时，将保单转让给房东，房东是否能以被保险人身份向保险公司索赔？为什么？

分析：

①保险人不承担赔偿责任。因为承租人对该房屋已经没有保险利益。

②房东不能以被保险人的身份索赔。因为保单转让没有经过保险人办理批单手续，房东与保险人没有保险关系。

---

2. 受益人

受益人也叫保险金受领人，是在保险事故发生后直接向保险人行使赔偿请求权的人。

（1）受益人的构成要件

受益人的构成要件一是受益人是享有赔偿请求权的人。在保险事故发生时，受益人有资格享有保险合同利益。二是受益人是由被保险人或投保人所指定的人。

（2）受益人的形式

受益人包括不可撤销受益人和可撤销受益人两种。不可撤销受益人是指保单所有人只有在受益人同意时才可以更换受益人。可撤销受益人是指保单所有人可以更换或撤销受益人而无需经过其同意。

此外，受益人不同于继承人，主要体现在：

第一，受益人享有的是受益权，是原始取得；而继承人享有的是遗产的分割，是继承取得。受益人应由投保人或被保险人指定，并在保险合同中载明，投保人或被保险人有权更换受益人。在未指定受益人的情况下，被保险人的法定继承人就是受益人。

第二，受益人没有用其领取的保险金偿还被保险人生前债务的义务，而继承人在其继承遗产的范围内有为被继承人偿还债务的义务。受益人领取的保险金不列为死者遗产，不得用来清偿死者生前的债务。

【案例分析】

有一位王先生4年前投保了20万元人寿保险，指定他的妻子陈女士为受益人。投保后，王先生与陈女士离异，与周女士结婚并生有一个儿子，但王先生并未申请变更受益人。王先生发生意外事故后，其妻周女士、儿子及前妻陈女士都向保险公司提出了索赔申请。但保险公司经审核后，拒绝了王先生现任妻子和儿子的申请，将保险金给付陈女士。王先生的妻子周女士气愤难平：丈夫车祸身亡，可得到保险金的不是可怜的妻儿，而是已反目成仇的前妻。

请问：这样处理合理吗？

分析：保险公司将保险金给付前妻陈女士有悖于情，但的确是依法行事。王先生在保险合同中指定陈女士为受益人，虽然陈女士已与王先生离婚，但是离婚并不是变更受益人的法定条件。根据《保险法》第四十一条规定："被保险人或者投保人可以变更受益人并书面通知保险人。保险人收到变更受益人的书面通知后，应当在保险单或者其他保险凭证上批注或者附贴批单。"可见，变更受益人是一种要式行为，投保人或被保险人必须书面通知保险公司，这种变更行为自保险公司收到投保人或被保人的书面通知并在保单上批注之日起生效，由于王先生在保险事故发生前没有办理变更手续，视为没有变更受益人。所以，保险金的受益人仍是前妻陈女士。

【案例分析】

王某因父母病故，妻子与其相处不和，带着儿子另住别处。后王某投保了意外伤害保险，并指定其妹妹为受益人。不久，王某不幸煤气中毒死亡，王妹也在其中毒死亡前半月病故。现王某的妻子与王妹的儿子都向保险公司请求给付保险金。

请问：保险公司应如何处理？

分析：根据受益权的特点，如果受益人先于被保险人死亡时，由被保险人的法定继承人领取保险金，并作为遗产处理。在本案例中，受益人王妹在被保险人王某中毒死亡前半月已经病故。因此，保险金只能由王某的法定继承人即其妻儿作为遗产领取。

3. 保单所有人

保单所有人是指拥有保单各种权利的人。保单所有人是在投保人与保险人订立保险合同时产生的，他可以与投保人、受益人是同一人，也可以是其他任何人，如被保险人的法定继承人。但一般来说，被保险人与保单所有人为同一人的情况较为普遍。尽管各种保险合同都有保单所有人，但是在人寿保险合同中，保单所有人具有特别的意义。

寿险保单所有人所拥有的权利通常有以下几种：

（1）变更受益人；

（2）领取退保金或保单红利；

（3）以保单作为抵押品向金融机构借款；

（4）以保单为质押品向寿险公司借款；

（5）放弃或出售保单的一项或多项权利；

（6）指定新的所有人。

4. 保险合同的辅助人

保险合同的辅助人即在保险合同的订约、履约过程中起辅助作用的人，包括保险代理人、保险经纪人和保险公估人等。保险代理人是代理保险人从事具体保险业务而向保险人收取佣金、代理手续费的单位或个人。

（2）保险经纪人是投保方的代理人，是指基于投保方的利益，为投保人与保险人订立保险合同提供投保、缴费、索赔等中介服务，并向承保的保险方收取佣金的中介人。

（3）保险公估人是指接受保险当事人委托，专门从事保险标的的评估、勘验、鉴定、估损、理算等业务的单位或个人。

二、保险合同的客体

保险合同的客体是保险利益，保险利益是指投保人或被保险人对保险标的所具有的法律上承认的利益。

保险利益不同于保险标的。保险标的是保险合同中所载明的投保对象，是保险事故发生所在的本体，即作为保险对象的财产及其有关利益或者人的生命、身体和健康。保险利益以保险标的的存在为条件。保险标的的存在，则投保人或被保险人的经济利益存在；反之，保险标的的受损，则投保人与被保险人的经济利益也将受损。可见，保险标的与保险利益互为表里、互相依存，保险标的是保险利益的有形载体，保险利益是保险标的的经济内涵。确定的保险标的是保险合同订立的必要内容，但订立保险合同的目的并非保障保险标的本身，而是在保险标的发生风险事故后从保险标的的损失中获得法定的经济利益。

具有保险利益是保险合同生效的前提。《保险法》明确规定，投保人对保险标的应当具有保险利益，投保人对保险标的不具有保险利益的，保险合同无效。遵循保险利益原则的主要目的在于限制损害补偿的程度，避免将保险变为赌博行为，防止诱发道德风险。

【案例分析】

保险合同的客体

一游客到北京旅游，在游览了故宫博物院后，出于爱护国家财产的动机，自愿交付保险费为故宫投保。

请问：该游客是否具有保险利益？

分析：游客对故宫博物院没有保险利益。因为保险利益是投保方对保险标的所具有的法律上承认的经济利益，当保险标的安全存在时投保方可以由此而获得经济利益，若保险标的受损则会蒙受经济损失。在本案例中，保险标的（即故宫）的存在不会为投保人（即游客）带来法律上承认的经济利益，保险标的发生事故也不会给投保人造成经济损失，所以该旅客对故宫博物院没有保险利益。

三、保险合同的内容

（一）保险合同的主要条款

保险合同条款是规定保险人与被保险人之间的基本权利和义务的条文，是保险公司对所承保的保险标的履行保险责任的依据。

根据合同内容分类，保险条款可以分为基本条款和附加条款。基本条款是关于保险合同当事人和关系人权利与义务的规定，以及按照其他法律一定要记载的事项。附加条款是保险人按照投保人的要求增加承保风险的条款。

根据合同约束力分类，保险条款可以分为法定条款和任选条款。法定条款是指法律规定必须列入保单的条款。任选条款是指保险人自己根据需要列入保单的条款。

保险合同基本条款包括以下内容：

1. 当事人的姓名和住所

在保险合同中，首先要列明所有保险合同当事人和关系人的名称与住所。由此，可以明确保险合同权利义务的享有者和承担者，同时也明确了合同履行的地点并确定保险合同纠纷的诉讼管辖。

2. 保险标的

确定保险标的即确定合同类别，同时也可以根据投保人对保险标的是否具有保险利益断定合同的有效或无效。

3. 保险金额

保险金额是由保险合同的当事人确定并在保单上载明的被保险标的的金额，它又可以被看成是保险人的责任限额，在确定保险金额时，应遵循不超过保险标的的价值及可保利益责任限额原则。

4. 保险责任及责任免除

保险责任是保险合同约定的保险事故或事件发生后保险人所应承担的保险金赔偿或给付责任。责任免除是指保险人依照法律规定或合同规定，不承担保险责任的范围，是对保险责任的限制。一般来说采用列举方法将除外的损失原因、除外财产等一一列明。

5. 保险费及支付办法

保险费是投保人向保险人购买保险支付的价格。保费收入构成保险人偿付能力的基础。一般保险费以保险金额为基础，是保险金额与保险费率的乘积。保险费支付的方式有趸缴、期缴等。

6. 保险期限

保险期限就是保险合同从生效到终止的时期，即合同有效期。一般来说，计算保险期限有两种方法：一是按日历年、月计算。在人身及财产险中多采用此法。二是以一件事件的始末为存续期间。如建筑、安装工程险及货物运输险等常采用此法。

7. 违约责任和争议处理

违约责任是保险合同当事人因其过错不履行或不完全履行合同约定的事务应承担的法律后果，明确违约责任是为了明确责任承担。争议处理是指保险合同发生争议后的解决方式，如诉讼、仲裁等，当事人可事先在合同中约定，也可以在争议发生后协商确定或直接向法院提起诉讼。

（二）保险合同的形式

1. 投保单

投保单又称要保书，是投保人向保险人申请订立保险合同的书面要约。是投保人申请保险的一种单证，由保险人印制，具有统一格式，投保人按所列项目逐一填写，向保险人陈述有关保险的事项，保险人据此决定是否接受投保。如果投保单填写不实或者有隐瞒和欺诈行为，这将影响保险合同的效力。

2. 保险单

保险单简称保单，它是投保人与保险人之间保险合同行为的一种正式书面形式，是保险合同的重要组成部分。保险单记载的内容是合同双方履行的依据，保险单是保险合同成立的证明。保险单完整记载合同双方当事人的权利、义务和责任。主要包括：

（1）声明事项，指保险人将投保人提供的重要资料列载于保险合同之内，作为保险人承保危险的依据。如被保险人的姓名与地址，保险标的名称、坐落地点，保险金额，保险期限，已缴保费数额，被保险人对有关危险所作的保证或承诺事项。

（2）保险事项，即保险人应承担的保险责任，如损失赔偿、保险金给付等。

（3）除外事项，即将保险人的责任加以适当的修改或限制，列明保险人不负赔偿或给付责任的范围。

（4）条件事项，即合同双方当事人为享受权利所需履行的义务，如事故发生后被保险人的责任，申请索赔的时效，代位求偿权的行使，保单内容的变更、转让、取消，以及争议处理等。

3. 暂保单

暂保单又称临时保险单，它是正式保单发出前的临时合同，暂保单的法律效力与正式保单完全相同。但有效期较短，一般只有 30 天。当正式保险单出立后，暂保单就自动失效。在正式保险单出立之前，保险人有权终止暂保单的效力，但必须事先通知投保人。一般在下列情况下使用暂保单：

（1）保险代理人在争取到业务时还未向保险人办妥正式手续前给投保人开出一张保险证明。

（2）保险公司的分支机构在接受投保后还未得到总公司批准前先出立一张保险证明。

（3）保险合同双方在没有完全谈妥条件时，保险人给予被保险人一张保险证明。

4. 保险凭证

保险凭证也称小保险，是保险人向投保人签发的证明保险合同已经成立的书面凭证，是一种简化的保险单，只在少数几种业务中使用，如在企业单位的机动车辆保险、团体人身保险业务中发给驾驶员、个人被保险人的保险证。法律效力与保险单相同。

5. 批单

批单又称背书，是保险人应投保人或被保险人的要求出立的修订或更改保险单内容的证明文件。

第三节 保险合同的订立、生效与履行

一、保险合同的订立

保险合同订立，是投保人与保险人之间基于意思表示一致而作出的法律行为。我国《合同法》规定，当事人订立合同，采用要约、承诺方式。保险合同的订立也需要要约和承诺两个步骤。

（一）要约

要约也叫提议，是合同当事人提出订立合同的意愿。保险合同的要约通常由投保人提出。有效要约应具有三个条件：明确表示订约的愿望、包括合同的主要内容、在要约有效期内。

要约的过程可以是一个反复的过程。当投保人首次要约后，保险人经过核保后，对投保人提出标准条款以外的补充条款或者对被保险人的可保条件提出异议，这时保险人的意思表示就成为新的要约即反要约。因此，合同订立过程就是一个反复协商直至双方当事人意思表示一致的过程。

要约是具有法律效力的。撤销要约的通知应在受约人发出承诺通知前送达受约人，否则受约人不同意撤销要约。此外，负有确定承诺期限的要约，承诺人逾期未给出承诺通知的，要约失效。

（二）承诺

承诺是受约人对要约人提出的要约内容完全接受的意思表示。保险合同的承诺也叫承保，它是由保险人作出的，当投保人逐一填好投保单所列事项，经保险人审查签章承保后，保险合同随之成立。

保险合同的双方当事人经过要约与承诺，就保险合同条款达成一致，保险合同即成立。但保险合同成立并不意味着保险合同立即生效。

二、保险合同的生效

保险合同对当事人双方发生约束力，即合同条款产生法律效力。《保险法》第十四条规定："保险合同成立后，投保人按照约定交付保险费，保险人按照约定的时间开始承担保险责任。"一般来说，保险合同成立即生效，但有些保险合同约定，在其成立后的某一时间内生效或附有约定条件的，合同成立后并不立即生效。生效前发生保险事故的，保险人也不承担保险责任。

三、保险合同的履行

保险合同订立后，当事人双方都必须各自承担自己的义务，依法履行自己的职责。

（一）投保人的义务

1. 缴纳保费的义务

按约定期限及金额缴纳保费是投保人最重要的义务。如果投保人未能依照合同规定履行缴纳保险费的义务，会影响到保险合同的效力并将产生下列法律后果：

第一，在约定保费按时缴纳为保险合同生效要件的场合，保险合同不生效。

第二，在财产保险合同中，保险人可以请求投保人缴纳保险费及迟延利息，也可以终止保险合同。

第三，在人身保险合同中，如果投保人未按约定期限（包括宽限期在内）缴纳保费，保险人应进行催告。投保人应在一定期限内缴纳保险费，否则保险合同自动终止。

2. 通知义务

（1）"危险增加"的通知义务

在保险合同中，危险增加有特定含义，它是指在订立保险合同时，当事人双方未曾估计到的保险事故危险程度的增加。保险事故危险增加的原因一般有两种：一种是由投保人或被保险人的行为所致；第二种情况是由投保人或被保险人以外的原因所致，与投保人个人无关。

保险人在接到通知后，通常采取提高费率和解除保险合同两种做法。保险人选择提高费率，如果投保人不同意，则保险合同自动终止。在保险人接到"危险增加"的通知，或虽未接到通知但已经知晓的情况下，应在一定期限内作出增加保费或解除合同的意思表示。如果不作任何表示，可视为默认，以后不得再主张提高费率或解除保险合同。

（2）保险事故发生的通知义务

合同订立后，投保人、被保险人或受益人应及时将发生的风险事故通知保险人。保险事故的发生，意味着保险人承担保险责任，履行保险义务的条件已经产生。保险人如能及时得知情况，一方面可以采取适当的措施防止损失的扩大；另一方面可以迅速查明事实，确定损失，明确责任，不致因调查的拖延而丧失证据，并为及时合理理赔奠定基础。关于通知的期限，各国法律规定有所不同。如果投保人未履行保险事故发生的通知义务，则有可能产生两种后果：一是保险人不解除保险合同，但可以请求投保人（被保险人）赔偿因此而遭受的损失；二是保险人免除保险合同上的责任。

3. 避免损失扩大的义务

在保险事故发生后，投保人不仅应及时通知保险人，还应当采取各种必要的措施，进行积极的施救，以避免损失的扩大。我国《保险法》第五十七条第 1 款规定："保险事故发生后，被保险人应当尽力采取必要的措施，防止或者减少损失。"为鼓励被保险人积极履行施救义务，《保险法》还规定：被保险人为防止或者减少保险标的的损失所支付的必要的、合理的费用，由保险人承担。投保人、被保险人未履行施救义务的，对于由此而扩大的损失，应当承担责任。

（二）保险人的义务

1. 确定损失赔偿责任

保险事故一旦发生就应根据保险人的责任范围确定给付或赔偿的保险金，但除外责任导致的损失，保险人不予承担，之所以如此是为了限制对非偶然事故的赔偿及避免逆选择，避免保险人遭受巨额损失。

2. 履行赔偿或给付义务

确定损失赔偿责任后，保险人应依法按期履行赔偿或给付。赔偿金包括以下项目：一是赔偿给付金额。在人身保险中以约定保险金额为最高限额，财产保险依保险财产的实际损失状况来定，最高以保险标的的保险金额为限。二是施救费用。被保险人为及时抢救、保护保险财产而发生的合理费用应由保险人承担。三是检验估价等合理费用。即为了确定保险责任范围内的损失所支付的受损标的的检验、估价、出售的合理费用。赔偿金的支付方式通常是现金，但双方如在合同中约定实物补偿或恢复原状，保险公司亦应承担。

第四节　保险合同的变更与终止

保险合同变更是指在保险合同有效期间当事人由于情况变化，依据法律规定的条件和程序对原保险合同内容进行修改和补充。我国《保险法》规定：允许在保险合同有效期内，投保人与保险人经协商同意，可以变更保险合同的有关内容。保险合同变更主要是指合同主体、合同内容的变更。

一、保险合同主体的变更

保险合同主体的变更即保险合同当事人、关系人的变更。一般指投保人、被保险人的变更，故又称保险合同的转让、保险单的转让。一般情况下，财产保险单不因财产所有权的转移而转让。财产保险保单转让，必须得到保险人的同意。除货物运输保险的保险单或者保险凭证可由投保方背书转让，毋须得到保险方同意外，其他保险标的的过户、转让或者出售，事先应当书面通知保险方，经保险方同意并将保险单或者保险凭证批改后方为有效，否则从保险标的的过户、转让或者出售之日起，保险责任即行终止。

人身保险保单的转让，一般不需要经过保险人的同意即可转让，但在转让后必须通知保险人。这种转让不能因被保险人变更引起，人身保险合同中的被保险人确定后就不能变更。原因在于，被保险人的年龄、健康状况等条件直接关系到承保条件、缴费水平等，是人身保险提供的基础，基础变了则原保险合同将不再存续。而投保人及受益人可以变更。投保人变更需经保险人同意并核准后，变更有效。变更受益人无需保险人同意，变更后书面告知即可。

二、保险合同内容的变更

保险合同内容的变更是指在主体不变的情况下，改变合同中约定的事项，它包括被保险人地址的变更，保险标的数量的增减，品种、价值或存放地点的变化，保险期限、保险金额的变更，保险责任范围的变更，货物运输保险合同中的航程变更，船期的变化等。

如果要求变更保险合同内容，投保人或被保险人应向保险人申请办理批改手续，保险人应在原保险单或保险凭证上批注或加贴批单，并按规定加收或减退保险费。

按照我国法律规定，保险合同的内容变更须经过下列主要程序：投保人向保险人及时告知保险合同内容变更的情况；保险人进行审核，若需增加保险费，则投保人应按规定补交，若需减少保险费，则投保人可向保险人提出要求，无论保险费增减或不变，均要求当事人取得一致意见；保险人签发批单或附加条款。

三、保险合同效力的变更

（一）合同的无效

一般情况下，保险合同一经成立，就具有法律效力，但在有些特定情况下，其效力也会发生变更。根据无效原因划分，无效包括约定无效与法定无效。约定无效是指在合同双方约定事宜出现时，合同无效。约定事宜是合同效力的前提条件，可由当事人双方任意约定。法定无效则由法律明文规定，法定无效原因一旦出现，则合同无效。根据不同的范围来划分，无效有全部无效和部分无效。全部无效是指保险合同不发生效力。如对财产不具有保险利益的财产保险合同。部分无效是指保险合同仅有部分无效，其余部分有效。对合同中有效部分因具有法律效力，应当依法履行并承担相应的法律责任与后果。根据时间来划分，无效有自始无效和失效两种。自始无效是指合同自成立就不具备生效的条件。失效是指合同初始有效后因某种原因导致合同无效。如被保险人对保险标的失去保险利益，保险合同就失去效力。

（二）合同的中止与复效

保险合同中止是指保险合同成立并生效后，由于某种原因使保险合同无法继续履行，合同效力暂时停止的状况。合同的复效是指保险合同的效力在中止以后又重新开始。如期缴保费的人身保险合同，超过规定的期限60天未支付当期保险费的，合同效力中止。在合同效力中止期内，保险人不承担保险责任。保险合同复效申请有效期为合同中止之日起2年内。

四、保险合同的终止

保险合同的终止是指保险合同成立后因法定或约定事由发生，使合同确定的权利义务关系不再继续，法律效力完全消失的法律事实。一般来说，合同终止的原因如下：

（一）合同因期限届满而终止

这是保险合同终止最普遍、最基本的原因。保险合同的期限是保险风险损失和保险补偿经济关系的保障有效期。在保险有效期间发生风险事故的，保险人承担风险责任；在保险合同期限届满后发生风险事故的，保险人不承担风险责任。因此，保险责任有效期届满，导致合同终止。

（二）合同因解除而终止

保险合同的解除是在保险合同期限尚未届满前，合同一方当事人依照法律或约定行使解除权，提前终止合同效力的法律行为。解除保险合同的法律行为后果体现在保险合同效力的消失，但保险合同解除具有溯及以往的效力，保险人一般要将全部或部分保费退还，并不承担相应的保险责任。保险合同的解除，一般分为法定解除和意定解除两种形式。

1. 法定解除

法定解除是指当法律规定的事项出现时，保险合同当事人一方可依法对保险合同行使解除权。法定解除的事项通常在法律中被直接规定出来。法定解除的原因出现时，保险合同当事人一方依法行使解除权，消灭已经生效的保险合同关系。在保险合同中投保人与保险人都具有法定解约权，如投保人有退保的自由。依法定权利解约后，保险合同的法律后果包括：一是保险合同经济关系终止，二是经济上的补偿。如在人身保险中，《保险法》规定，投保人解除合同时已缴足 2 年以上保险费的，保险人应当自接到合同解除通知之日起 30 日内，退还保险单的现金价值；未缴足 2 年保险费的，保险人按照合同约定在扣除手续费后，退还保费。

保险人依法解除保险合同主要表现为投保人不履行告知义务，被保险人或者受益人涉及保险欺诈，财产保险的投保人、被保险人未按照约定履行其对保险标的安全应尽的责任，财产保险的被保险人不履行保险标的危险程度增加的通知义务，人身保险的投保人申报的被保险人年龄不真实，并且其真实年龄不符合合同约定的年龄限制，人身保险的投保人未及时交付保险费等情形。

2. 意定解除

意定解除又称协议注销终止，是指保险合同双方当事人依合同约定，在合同有效期内发生约定情况时可随时注销保险合同。意定解除要求保险合同双方当事人应当在合同中约定解除的条件，一旦约定的条件成就，一方或双方当事人有权行使解除权，使合同的效力归于消灭。

（三）合同因违约失效而终止

违约终止是保险人因被保险人的违约行为而终止合同。被保险人的违约行为必须是影响保险合同效力的基本条件。如人寿保险合同中，投保人未能按期交付保险费或投保人故意造成被保险人身亡，因投保人违约导致合同终止的，保险人不承担保险责任。

（四）合同因履行而终止

保险事故发生后保险人依照保险合同约定承担了全部的赔偿或给付保险金的责任，保险合同履行终止。如财产险中，对受损财产按照保险合同进行赔偿后，原保险合同自动终止。

保险合同中止不同于保险合同的终止与无效，在保险合同效力中止期间，投保人可在一定条件下提出恢复保险合同的原有效力的申请，如保险人同意则保险合同的效力恢复。而保险合同的终止意味着合同的法律效力完全消失的法律事实。

第五节　保险合同的争议处理

一、保险合同的解释原则

（一）文义解释原则

按合同条款通常的文字含义并结合上下文来解释。文义解释必须要求被解释的合同字句本身有单一的而且明确的含义。在一个合同内出现的同一个词，对它的解释应该是同一的。在合同中所用的专门术语应该按所属的该行业通用的含义来解释。

（二）意图解释原则

在无法运用文义解释方式时，通过其他背景资料进行逻辑分析来判断合同当事人订约时的真实意图，由此解释保险合同条款的内容。意图解释，只适用于合同的条款不精当，语义混乱，不同的当事人对同一条款所表达的实际意思理解有分歧的情况。

（三）有利于被保险人的解释原则

当保险合同的当事人对合同条款有争议时，法院或仲裁机关要作出有利于被保险人的解释。由于多数保险合同的条款都是由保险人事先拟订的，即是格式条款，因此当双方对这些条款发生争议时，法院或者仲裁机关应当作出有利于非起草人（被保险人和受益人）的解释。但该原则不可滥用。

（四）补充解释原则

补充解释是指当保险合同条款约定内容有遗漏或不完整时，借助商业习惯、国际惯例、公平原则等对保险合同的内容进行务实、合理的补充解释，以便合同的继续执行。

此外，保单批注优于合同正文、后加的批注优于先加的批注的解释原则在保险合同争议中也是常用的原则。

二、保险合同争议的解决方式

对保险业务中发生的争议，可采取和解、调解、仲裁和司法诉讼四种方式来处理。

（一）和解

当保险合同双方发生争议时，首先应该由双方通过协商解决。协商解决的好处是，可以省去仲裁和诉讼的费用和麻烦，而且气氛一般比较友好，灵活性也较大，有利于合同继续执行。

（二）调解

由保险人和被保险人以外的第三人从中调停，促使双方当事人达成和解。按照调解主体的不同，可以分为一般调解和司法调解。一般调解是由具有丰富实践经验、熟悉保险知识和法律业务的双方都认可同意的第三方调解的，但调解的协议或判定不具有司法约束力。司法调解是由法院充当调解人，以双方当事人的意见为依据制定具有法律约束力的调解书，任何一方不得以任何借口拒不执行，否则法院可以依照法律程序强制执行。

（三）仲裁

仲裁是由合同双方当事人在争议发生前后达成书面协议，愿意把他们之间的争议交给双方所同意的第三者进行裁决。我国涉外仲裁机构对保险合同争议的裁决是终局性和有约束力的。目前，我国对一般合同的争议实行二级仲裁，如果当事人仍不服，可以在接到二级仲裁决定书之日起15天内向人民法院提起诉讼，由法院作出审判裁决。

（四）司法诉讼

目前，国内保险合同纠纷多数通过人民法院采用诉讼方式解决，主要是因为保险条款中没有仲裁条款或者在纠纷发生后没有订立仲裁协议。

本 章 小 结

保险合同是保险双方当事人约定保险权利义务关系的具有法律约束力的协议。保险合同必须具备以下条件：保险合同内容必须合法，保险合同是双方当事人意思表示一致的行为，保险合同当事人必须具有完全的民事权利能力和民事权利行为能力。保险合同具有以下特征：双务性、射幸性、附和性、条件性、补偿性及个人性。

保险合同包括主体、客体及内容三要素。保险合同主体由当事人和关系人构成。当事人指保险人和投保人。关系人主要包括被保险人、受益人及保单所有人等。保险合同的客体是保险利益。保险利益以保险标的的存在为条件，保险标的转让保险利益将不存在；保险标的遭受损失，投保人或被保险人的保险利益也将蒙受经济上的损失。保险合同包括以下内容：当事人的姓名和住所、保险标的、保险金额、保险责任及责任免除、保险费及保险期限、违约责任和争议处理等。保险合同有投保单、暂保单、保费收据及保险单四种形式。

保险合同订立是投保人与保险人之间基于意思表示一致而作出的法律行为。保险合同订立需要经过要约和承诺两个步骤。保险合同的生效是指保险合同对当事人双方发生约束力，即合同条款产生法律效力。保险合同的成立与生效是不同的法律现象。一般来说，保险合同成立即生效，但有些保险合同约定，在其成立后的某一时间内生效或附有约定条件的，合同成立后并不立即生效。保险合同订立后，当事人双方都必须履行各自承担自己的义务，依法履行自己的职责。投保人应当履行如下义务：及时缴纳保险费、维护保险标的处于安全状态、发生保险事故及时通知、发生保险事故尽力施救、索赔时提供相关证明和资料。保险人应当履行如下义务：确定损失赔偿及履行赔偿或给付保险金，及其他法定义务。

保险合同变更是指在保险合同有效期间当事人由于情况变化，依据法律规定的条件和程序对原保险合同内容进行修改和补充。体现在保险合同的主体、内容及合同效力的变更方面。主体变更主要指保险合同的当事人和关系人变更。内容变更体现在合同中约定的事项，包括：被保险人地址的变更，保险标的数量的增减，品种、价值或存放地点的变化，保险期限、保险金额的变更，保险责任范围的变更，货物运输保险合同中的航程变更，船期的变化等方面。保险合同效力的变更主要是指合同的无效、中止与复效情况。保险合同履行过程中会出现因合同期限届满、因解除、因履行完毕及因违约失效而终止现象。保险合同的终止就是保险人承担的保险赔偿责任的终止。

保险合同的解释原则主要有：文义解释原则、意图解释原则、有利于被保险人的解释原则、补充解释原则等。保险合同争议的解决，可采取和解、调解、仲裁和司法诉讼四种方式来处理。

重 要 概 念

保险合同　保险利益　合同的射幸性　合同的双务性　合同的附和性　保险合同主体　保险合同客体　要约　承诺　受益人保险合同中止　保险合同终止　文义解释原则　仲裁

复习思考题

1. 保险合同应具备的条件及其特征是什么？

2. 保险合同的主体包括哪些？

3. 保险合同的主要条款包括哪些内容？

4. 投保人和保险人根据保险法规定应履行的义务是什么？

5. 保险合同变更主要包括哪些内容？

6. 保险合同解释的原则有几种？

7. 保险合同争议处理的方式有哪些？

8. 合同终止的原因是什么？

9. 案例分析：

某年 6 月 18 日，王先生将新购买的轿车向某保险公司购买了汽车保险，并向保险公司一次性交纳保险费 16000 元。该保单上有一项特别约定，即"本保单自车辆上牌照之日起生效"。投保当年的 9 月 7 日王某将其车上了牌照。第二年的 8 月 16 日，王先生的轿车被盗，王某随后向保险公司提出了索赔请求，保险公司以被盗车辆的保险期限已过而拒绝赔偿。双方发生争议，车主上诉至法院。问：保险公司是否应赔偿王先生损失？

第三章　保险的基本原则

在保险业发展的过程中，逐渐形成了一系列为人们所公认的基本原则，这些原则是保险活动的准则，始终贯穿于整个保险业务，保险合同双方都必须严格遵守。坚持和贯彻保险基本原则，才能够发挥保险的职能和作用，减少保险合同纠纷，保证保险业有秩序的发展。

第一节　保险利益原则

所谓保险利益原则，指的是在签订和履行保险合同时，投保人或被保险人对于保险标的必须具有法律上认可的经济利益。保险合同以保险利益的存续为前提，无论人身保险或财产保险，投保人只有对保险标的具有保险利益，所签订的保险合同才是具有法律效力的合同，否则为非法或无效合同。在保险合同履行期间，如果投保人或被保险人对保险标的失去保险利益，保险合同也随之失效。

一、保险利益及其确立条件

（一）保险利益的含义

保险利益是投保人对投保标的所具有的法律上承认的经济利益。它体现了投保人或被保险人与保险标的之间存在的经济利益关系。例如，人身险的保险标的是生命及身体健康，某家庭经济支柱，如果他身体健康，无意外发生，他就能为家庭带来经济收入；如果发生意外，导致身亡或致残，则使其家庭收入减少，且由于诊疗费用增加家庭经济支出。

（二）保险利益应具备的条件

并非所有的利益都是保险利益，确认某一项利益是否是保险利益必须具备三个条件：

1. 必须是法律认可的利益

保险利益必须是符合法律规定、符合社会公共秩序要求、为法律认可并受到法律保护的利益。如果投保人以非法律认可的利益投保，则保险合同无效。如对于因盗窃、诈骗等途径获得财物的保险，其保险利益不受法律保障。

2. 必须是客观存在的利益

保险利益必须是已经确定的利益或者能够确定的利益。这包括两层含义：第一，该利益不是当事人主观估价的，而是事实上的或客观上的利益。所谓事实上的利益包括现有利益和期待利益（预期利益）。期待利益是基于现有利益而产生得到的可预期利益。如运费保险、营业中断损失险、农业保险均直接以预期利益作为保险标的。第二，该利益能够以货币形式估价。如属无价之宝而不能确定价格，保险人则难以承保。

3. 必须是经济上可确定的利益

保险利益必须是可以用货币、金钱计算和估价的利益。保险不能补偿被保险人遭受的非经济上的损失。精神创伤、刑事处罚、政治上的打击等，虽与当事人有利害关系，但这种利害关系不是经济上的，不能构成保险利益。但人身保险的保险利益不纯粹以经济上的利益为限，因生命是唯一的、无价的。

二、保险利益原则在保险实务中的应用

（一）各类保险的保险利益确定

1. 财产保险的保险利益确定

此处的财产保险是就广义而言的。包括：一般财产保险、责任保险、保证保险、信用保险以及海上保险等。财产保险的保险标的是财产及其有关利益。因此，投保人对其拥有所有权、占有权、抵押权、

质权、留置权、典权等权利的财产及其有关利益具有保险利益，可以成为保险合同的主体。具体而言：

（1）所有权人对其所有的财产。

（2）没有财产所有权，但拥有合法的占有、使用、收益、处分权中的一项或几项权利的法人及自然人对财产的保险利益。经营管理人对其经营管理的财产虽无所有权但基于其对财产拥有的经营权、使用权或占有权而享有由此产生的利益并承担相应责任，财产的经营者、使用者及占有者对其经营、使用或暂时占有的财产具有保险利益。如汽车修理厂对其所承揽维修的汽车具有保险利益。

（3）他物权人对依法享有他物权的财产，如承租人对承租的房屋。

（4）公民、法人对其因侵权行为或合同而可能承担的民事赔偿责任。

（5）保险人对保险标的的保险责任。

（6）债权人对现有的或期待的债权等。

上述当事人中，没有限制的所有人对其所有的财产享有的保险利益最为充分。

2. 人身保险的保险利益确定

人身保险的保险利益是基于投保人与被保险人之间的利益关系而产生的。只有当投保人对被保险人的生命或身体具有某种利害关系时，他才对被保险人具有保险利益。即被保险人的生存及身体健康能保证其投保人原有的经济利益；反之，如果被保险人死亡或伤残，将使其遭受经济损失。

当投保人为自己投保时，投保人对自己的生命或身体当然具有保险利益。因其自身的安全健康与否与其自己的利益密切相关。当投保人为他人投保时，即投保人以他人的生命或身体为保险标的进行投保时，保险利益的形成通常基于血缘、法律和经济利益关系，表现如下：

第一，人身关系，即本人。任何人对其生命和身体都具有最大利害关系，因而投保人对自己的身体或生命具有保险利益，可以以自己的生命和身体为保险标的投保各种人身险。

第二，亲属关系。家庭成员间由于具有婚姻、血缘、抚养或赡养关系而产生了经济利益关系。一般认为，夫妻之间、父母子女之间相互具有保险利益。此外，投保人对与其有抚养、赡养或者扶养关系的家庭其他成员、近亲属具有保险利益。有的国家立法规定，永久共同生活的亲属之间具有保险利益。投保人与其他亲属之间，原则上必须有金钱利益的证明，才能具有保险利益。

第三，雇佣关系。企业对于其雇员在受雇期间，从事本职工作时的人身安全负有责任，因而企业或雇主对其雇员具有保险利益。

第四，债务关系。债权人对债务人有保险利益。该项保险利益以债务人实际承担的债务为限。

第五，合同或财务管理关系。本人对为其管理财产或具有其他利益关系的人具有保险利益。例如，企业对其重要人员（如总经理、总经济师）的生命有保险利益；合伙关系中，合伙人对其他任一合伙人的生命有保险利益。

我国《保险法》关于人身保险的保险利益有以下的一些规定：

本人对自己的生命或身体具有保险利益；投保人对其配偶、子女、父母的生命或身体具有保险利益；投保人对前项以外与其有抚养、赡养或者扶养关系的家庭其他成员、近亲属的生命或身体具有保险利益；投保人对同意其订立合同的被保险人的生命或身体具有保险利益。此外，以死亡为给付保险金条件的合同，未经被保险人书面同意并认可保险金额，合同无效。

在确定是否具备人身保险的保险利益问题上，各国保险立法有所不同。英国、美国基本上采取"利益主义原则"。英国《1774年人寿保险法》曾明确规定，没有保险利益的人寿保险合同无效。英美法系的观点认为，保险利益是关系到人寿保险合同能否成立的要件；而被保险人在寿险合同中的同意权仅关系到危险的程度，最多影响到合同效力的发生。英美虽然不排除被保险人的同意权，但以投保人与被保险人是否存在利益关系来确定是否具有保险利益。大陆法系国家则大多采取"同意主义原则"，认为人的生命、身体和健康具有人格，不能未经其同意即作为保险标的。另外，经过被保险人的同意或认可，还可以起到防止谋杀、减少人寿保险危险的作用。因而，大陆法系国家多规定，投保人投保人身保险，如经被保险人同意，则具有保险利益。有的国家采取"法定主义原则"，即通过法律列明一定范围的亲属之间、或具有一定的法律关系的人具有保险利益。还有的国家将上述几种方式结合起来，以确认是否具有人身保险的保险利益。

3. 团体保险的保险利益

团体保险一般由该团体的负责人或有关人员代理投保。由于团体内人数众多，投保人未必征求每一被保险人的书面同意。保险人对投保人签发一份保险单外，一般要对每一被保险人签发保险卡（在我国为保险证）。一般来说，团体保险的投保人对被保险人不具有保险利益，而仅对其重要人员具有保险利益。另外，团体保险有两种情况，一是将该保险作为团体的一项福利，给予团体内的人员；二是团体仅作为代理投保，保险费由团体内的每一人员交纳。在这两种情况下，团体对其人员，即使是重要人员也不具有保险利益。因而，团体保险的每一保险的受益人，只能是每一被保险人的家属或被保险人本人或其指定的人。否则，团体保险应视为无效。

4. 责任保险的保险利益确定

责任保险的保险标的是被保险人依法（或合同）对他人的财产损失或人身伤亡承担民事损害的经济赔偿责任。因而，投保人与其所应负的民事损害的经济赔偿责任之间的法律关系便构成了责任保险的保险利益。即凡是法律或行政法规所规定的应对他人的财产损失或人身伤亡负有经济赔偿责任者，都可以投保责任保险。

5. 信用保险的保险利益确定

信用保险的保险标的是各种信用行为。在经济交往中，权利人与义务人之间基于各类经济合同而存在有经济上的利益关系。当义务人因种种原因不能履约时，会使权利人遭受经济损失。因而，权利人对义务人的信用具有保险利益，而义务人对自身的信用具有当然的保险利益。当权利人对义务人的信用有担心时，可以以义务人的信用为标的购买保险，称之为信用保险；也可以要求义务人以其自己的信用为标的购买保险，称之为保证保险。一般而言，义务人大多是应权利人的要求而以其自己的信用为标的购买保险。具体而言，制造商对买货的批发商的信用具有保险利益，雇主对雇员的信用具有保险利益；业主对承包商合同的实现即信用具有保险利益。

（二）保险利益的存在时效

1. 财产保险保险利益存在的时效

保险利益的存在是投保人或被保险人获得保险赔偿的必要前提。英国《1906年海上保险法》规定，虽然投保时被保险人无需对保险标的具有保险利益，但保险标的发生损失时，被保险人必须对其具有保险利益……；被保险人如在损失发生时，对保险标的无保险利益，在知晓损失发生后，不能由于采取了任何行为或抉择而获得该项利益。从此以后，这一规定为国际上所通用。

综上所述，在财产保险中，订约时不一定需要投保人或被保险人保险利益存在，但当损失发生时，要求有保险利益。如果某人在订约时存在保险利益，但发生保险事故时不存在，则他没有遭受损失，不能获得补偿。反之，如果某人在订约时没有保险利益，或保险利益尚未归属，但是发生保险事故时他已获得该财产的保险利益，则他遭受了实际损失，应得到保险赔偿。如某房屋的房主甲在投保房屋的火灾保险后，将该房屋出售给乙，如果没有办理批单转让批改手续，发生保险事故时，保险人因被保险人已没有保险利益而不需履行赔偿责任。

海上货物运输保险规定，投保人在投保时可以不具有保险利益，但当损失发生时必须具有保险利益。这种规定是为了适应国际贸易的习惯做法。买方在投保时往往货物所有权尚未转移到自己手中，但因其货物所有权的转移是必然的，所以可以投保海上货物运输保险。

2. 人身保险保险利益存在的时效

英国《1774年人寿保险法》规定，仅要求投保人在保险单成立之日具有保险利益。1854年，英国的一个人寿再保险合同判例确认了这一原则，并使人寿保险单具有了有价证券的性质。各国的保险立法继承了这一原则，对人寿保险，仅要求投保人订约之时对被保险人具有保险利益，而不问保险事故发生时是否具有。

【案例分析】

李某于 1988 年以妻子为被保险人投保人寿保险，每年按期交付保费。夫妻双方于 1992 年离婚。此后，李某继续交付保费。1995 年，被保险人因保险事故死亡。

请问： 李某作为受益人能否向保险公司请求保险金给付？

分析： 李某可以向保险公司请求保险金给付。因为人身保险的保险利益只要求在保险合同订立时存在，而不要求在保险事故发生时存在。在本案例中，李某于 1988 年投保时，与被保险人（其妻子）存在保险利益关系，虽然在被保险人因保险事故死亡时已不存在保险利益，但不影响其获得保险金给付。

第二节 最大诚信原则

诚实信用为各国调整民事法律关系的基本准则之一。《法国民法典》、《瑞士民法典》和战后修订的《日本民法典》等都作了明确规定。保险合同关系基本上属于一种民事行为（有的国家视为民商行为），合同双方应遵循诚信原则。

在保险法律关系中，要求当事人具有的诚信程度，要比一般民事活动更为严格，要求当事人具有"最大诚信"。此即保险的最大诚信原则。

一、最大诚信原则的含义及应用

（一）最大诚信原则的含义

最大诚信原则是指保险双方当事人在签订和履行保险合同时，必须保持最大限度的诚意，双方都应恪守信用，互不欺骗和隐瞒，如实公布有关情况，严格履行合同规定的义务，否则合同无效。

（二）最大诚信原则的应用

1. 最大诚信原则约束的当事人

理论上，最大诚信原则应该适用于保险合同的各方当事人。《英国1906 年海上保险法》规定，海上保险是一种合同，这种合同是建立在最大诚信基础上的。如果合同双方中任何一方不遵守最大诚信规定，另一方即可宣告合同无效。但在实践中，最大诚信原则更多地体现在对投保人或被保险人的要求上。

对保险人的诚信要求是其有足够的偿付能力，履行保险合同中的保险责任。各国保险立法对保险企业的设立、经营管理、停业等都作了特殊的、严格的规定，从法律上对保险人履行最大诚信原则提供了保证。因而，在一般的保险合同法中，很少出现对保险人最大诚信原则的规定。

2. 最大诚信原则的法律效力

最大诚信原则是一种主要针对投保人的法律约束。当投保人违反最大诚信原则时，保险人一方只能解除合同或宣告合同无效，而不能强制对方履行某项义务或对其提出损害赔偿。当然，如果投保人不是简单地违反最大诚信原则，而是构成了欺诈，保险人不仅可以免除保险责任，而且可以就侵权行为向致害方提起损害赔偿的诉讼。

二、最大诚信原则的主要内容

对投保人或被保险人而言，最大诚信原则的内容主要是告知和保证。

（一）告知

1. 告知的概念

告知是投保人的义务。告知义务是指投保人在订立保险合同时应当将与保险标的有关的重要事实如实告诉保险人。

告知义务有广义、狭义之分。狭义的告知义务仅要求投保人在保险合同订立之前或保险合同续保时履行。广义的告知义务包括：保险合同订立时投保人的告知义务、保险期间保险标的的危险增加时被保险人的通知义务、保险事故发生后被保险人的通知义务以及如实说明保险标的受损情况的义务和提供有关单证的义务。

投保人有告知义务，在某些情况下被保险人同样负有告知义务。在人身保险合同中，被保险人最了解自己的危险状况，往往被要求接受体检，并填具一定的表格。而且，在广义的告知义务中，保险期间危险增加或保险事故发生的通知义务由被保险人履行。

2. 告知义务的立法形式

告知义务的立法形式主要有：

一是无限告知义务，又称客观告知义务。即法律对告知的内容没有确定性的规定，只要事实上与保险标的危险状况有关的任何重要事实，投保人都有告知保险人的义务。目前，法国、比利时以及英美法系国家的保险立法均采取这一形式。

二是询问回答告知义务，又称主观告知义务。对保险人询问的问题必须如实告知，对询问以外的问题，投保人没有义务告知。保险人没有询问到的问题，投保人不告知不构成告知义务的违反。目前，大多数国家的保险立法采用询问回答告知义务的形式。

在实行无限告知义务的国家中，保险人在订立保险合同时也普遍采用书面询问方式。一般认为，保险人的书面询问属于重要事实。以下两项通常被认为是重要事实：投保人的保险史和投保人的品行。

3. 违反告知义务的法律后果

国际上通常分为两大类：

一是宣告保险合同无效。这种做法一般等于说，告知是保险合同订立的必要条件和基础。如果投保人违反了告知义务，则合同失去了存在的基础，保险合同自始无效。采用该规定的国家有法国、荷兰、比利时等。随着保险技术的提高和保险业的发展，对这种宣告保险合同无效的做法已有新的修正。

二是保险人享有保险合同解除权。一般情况下，保险合同一经成立，保险人不能解除或变更保险合同。如投保人违反了告知义务，则保险人有权在规定期限内解除保险合同。这一规定较宣告保险合同无效的形式要灵活一些，保险人既可以解除保险合同，也可以放弃合同解除权，通过加收保险费或减少保险金额的形式使保险合同继续有效。

目前，英国、日本、德国基本上采取这种做法。

保险合同因投保人违反告知义务而解除，其效力可追溯至保险合同成立之时。在保险事故发生后，保险人行使保险合同解除权的，对保险赔偿金无给付义务。

（二）保证

1. 保证的含义

保证是最大诚信原则的一项重要内容。是指保险人和投保人在保险合同中约定，投保人对某一事项的作为或不作为，或担保某一事项的真实性。如火灾保险的被保险人保证不在房屋内放置易燃物品。保证是保险合同成立的基础。因而，各国对保险合同中保证条款的掌握十分严格。被保险人违反保证，不论其是否有过失，亦不论是否给对方当事人造成损害，保险人均可解除合同，并不负赔偿责任。

2. 保证的类别

（1）根据保证事项是否存在可以划分为确认保证和承诺保证

确认保证，是投保人对过去或现在某一特定事实存在或不存在的保证，是对过去或投保当时的事实陈述，不包括保证该事实继续存在的义务。投保人只要事实上陈述不正确，即构成违反保证。

承诺保证，是投保人对将来某一特定事项的作为或不作为的保证。被保险人违反承诺保证的，保险人自其发生违反保证的行为之日起可解除合同。

保险合同中，涉及索赔程序或有关保护保险人权益的规定为条件事项。承诺保证往往与条件事项难以区分。承诺保证较保险合同的条件事项要严格得多。被保险人对条件事项内容的违反，并不一定产生保险合同的解除。

（2）根据保证存在形式可以划分为明示保证和默示保证

明示保证是保证的主要表现形式。在投保单式保险单中载明的保证条款为明示保证。通常采用书面形式。

默示保证是指保险合同中没有载明，但在保险实践中应予遵守的一类保证。主要表现在海上保险中。它有三项：船舶的适航保证、适货保证；不得绕航保证；航行合法保证。

告知与保证都是投保人或保证人根据最大诚信原则应尽的义务，但两者间还是有区别的，主要表现在：告知是在订立合同时投保人所作的陈述，而保证则是保险合同的一部分，告知事项只有载于合同才可以成为保证；告知申报的是一个事实问题，只需投保人如实反映即可，且告知内容是可以撤回或者更正，而保证则要求与客观事实完全一致，一旦违反，无论对保险人有无损害，保险人都可以宣布保险合同无效。

3. 违反保证义务的法律后果

任何不遵守保证条款或保证约定、不信守合同规定的允诺或担保的行为，均属于破坏保证。凡投保人或被保险人违反保证，不论其是否有过失，亦不论是否对保险人造成伤害，保险人均有权解除保险合同，不承担责任。如果投保人或是被保险人违反保证只部分损害了保险人的利益，保险人只应就违反保证部分拒绝承担赔偿义务。

最大诚信原则虽然适用于保险双方当事人，但在保险实践中，更多的是体现在对于投保人或被保险人的要求上。保险人由于控制着保险合同的拟定，并在保险合同中设定诸多投保人或被保险人应当履行的特定义务，以此作为保险人承担保险责任的前提条件，因此，保险人在保险合同的履行过程中，特别是对保险合同的解除和保险赔偿金的给付享有十分广泛的抗辩机会。为保障被保险人的利益，限制保险人利用违反告知而拒绝承担保险责任，各国保险法一般都有弃权与禁止反言的规定，以约束保险人及其代理人的行为，平衡保险人与投保人或被保险人的权利义务关系。

三、弃权与禁止反言

（一）概念

弃权，就是指合同当事人一方清楚地知道对方违约，却作出某种行为，表示其不加反对甚至同意时，该方的行为就可能构成法律上的弃权，导致其原有的某项合同权利的暂时甚至最终丧失。如保险人放弃因投保人违反告知义务或保证条款而产生的解约权或拒赔权。构成弃权的条件如下：（1）保险人已知投保人或被保险人违约行为，享有合同解除权或抗辩权。（2）保险人有弃权的意思表示，包括明示表示和暗示表示。如保险标的危险增加，保险人有权解除合同或请求增加保费，但继续按原保费收取时，视为保险人放弃合同的解除权。

禁止反言，也称为禁止翻供、禁止反悔、禁止抗辩或者失权，禁止反言的概念很多时候是与弃权结合在一起的，相当一部分禁止反言的情形与弃权极为相似。在法律上，当合同一方的行为引起对方相信他无意严格坚持其合同项上的权利时，该方就可能被禁止反言，暂时甚至最终不能推翻他原先作出的这种行为表示，导致丧失原有合同权利。可见这种情形下的弃权和禁止反言是一个逻辑上的连贯过程。

我国《合同法》规定了合同撤销权的弃权和合同解除权的弃权。弃权和禁止反言原则在合同法的司法实践中的使用是非常广泛的。但是，作为一个重要的原则问题，我国保险实务中的各种保险条款很少有弃权和禁止反言的规定，即便有，也只是针对被保险人、受益人的索赔申请的弃权及领取保险金的弃权。很多情况下，被保险人或受益人没有意识到可依保险公司的弃权来主张自己的利益，法院审理这类保险责任争议时，也常回避这个问题，或者实际上适用了，但在判决书中说明的不充分。

（二）弃权和禁止反言的原因

保险合同不同于一般合同，保险活动应遵循"最大诚实信用原则"，对投保人和保险人双方都有履行如实告知义务。就保险公司而言，就是要承担弃权和禁止反言的后果。保险实务中，引起弃权和禁止反言的主要原因有习惯、误述、选择性权利的行使、虚伪陈述和承诺。

1. 习惯

保险公司以往的一些习惯做法，可以构成使投保人、被保险人相信保险公司无意坚持其原有权利的表示，从而使保险公司被禁止反言。为了便于理解，现举一例。A 买了一份人寿保险，交费期是十年，合同约定 A 从 1997 年 1 月起每个月都交付保险费，如果超过 60 日未交付当期保险费，合同的效力中止。A 在 1997 年 5 月交了同年 3 月、4 月、5 月三期的保费。保险公司收了，也开具了收据。1999 年 7 月，A 交了同年 5 月、6 月、7 月三期的保费，保险公司也收下了。1999 年 8

月，A 出了保险事故，保险公司就不能反言说："投保人交付 1997 年 5 月的保费已超过 60 天，保险合同的效力中止。"因为投保人已经前后两次延迟交付保费，而保险公司接受了这种习惯做法，使投保人有理由相信保险公司无意坚持其原有的主张，保险公司已构成弃权，那么现在他就被禁止反言。

2. 误述

在保险理赔中，如果保险公司对某项事实有错误的认识和陈述，法律就禁止保险公司事后再推翻先前的这项认识和陈述，即不允许再争辩该陈述的准确性。例如，某保险车辆发生了追尾事故，部分损坏，保险公司出具的定损价是 8 万元。保险公司不能事后称该保险车辆的损失只有 4 万元，定 8 万元太高了，是重大误解。保险公司定损是其行使机动车辆保险合同约定权利的行为，是属于履行保险合同的行为，与被保险人相比，保险公司有很多定损的专业人员。这种情况下，保险公司就不能援引《合同法》认定为重大误解和显失公平。保险公司为了避免误述引起的弃权，可以在定损单上声明定损待最终确认。

3. 选择性权利的行使

有些情况下，保险公司依照合同的约定或者法律规定可以选择行使两种以上的权利，如果选择行使了其中的一种，就构成了对其他权利的抛弃，事后就不得再行主张已抛弃的权利。比如，保险公司发现保险标的有不安全因素或隐患危险明显增加时，有权要求增加保险费或解除合同，如果在规定期间，保险公司未进行选择，则视为对解除合同权利的放弃。

4. 虚伪陈述

保险公司工作人员或代理人明知有影响合同效力的因素存在或某项事实存在，但以其言辞或者行为误导不知情的投保人、被保险人相信事故不存在，足以使投保人、被保险人产生合理信赖时，保险公司事后不得以该因素或事实的存在，对保险合同的效力提出抗辩。这种情况的弃权和禁止反言大多是由保险代理人的行为引起的，而且常常与保险公司的缔约过错责任有关系。保险实务中，主要有以下几种情形：

（1）投保人在投保单中提出责任扩展或特约条件，但保险单对此没有载明，交付保险单时又未对投保人、被保险人声明，投保人、被保险人相信责任扩展或特约条件已经订入保险合同。

（2）保险代理人对投保单及保险单上的条款，作错误解释，而使投保人、被保险人信以为真。

（3）保险代理人代替投保人填写投保单时，为使投保单容易被保险公司接受，故意将不实的事项填入投保单，或隐瞒某些事项，而投保人在投保单上签名或签收保险单时，对代理人的虚伪行为没有发现。

（4）被保险人请求变更保险合同，并将保险单交付给保险公司，保险公司退回保险单时，表示已经作了批注，但事实上并未批注的。

5. 承诺

承诺引起的弃权和禁止反言是为数最多的一类弃权和禁止反言。它是指保险公司作出了某项可以使被保险人或受益人信赖的承诺或表示，使被保险人或受益人确实信赖，那么事后就禁止保险公司反言，保险公司不得推翻其先前的承诺或表示。这种导致弃权和禁止反言的承诺和表示，既可以是明示的，也可以是默示的。保险实务中，主要有以下几种情况：

（1）保险标的危险程度显著增加，被保险人及时通知了保险公司，保险公司有权要求增加保险费或解除保险合同，保险公司在合理期限内，不作出任何表示，则应视为弃权，事后既不能解除保险合同，也不应要求增加保险费。

（2）被保险人、受益人超过合同约定或法律规定的时效提出索赔申请，保险公司仍然接受的，视为对逾期索赔申请抗辩权的放弃。

（3）被保险人、受益人索赔时提供的证明和资料不够完整，保险公司没有依《保险法》规定及诚实信用原则在合理期限内告知补充提供，则应视为所提供的资料完整，保险公司不得事后再行要求被保险人或受益人补充提供证明和资料。

（4）保险公司明知被保险人或受益人提供的索赔证明和资料有明显的瑕疵，但仍无条件地接受，应视为对证明瑕疵抗辩权的抛弃。

（5）保险事故发生后，保险公司明知有拒绝赔偿给付的权利，但仍然要求被保险人、受益人提供各种索赔证明和资料，应视为保险公司对拒绝赔偿或给付保险金权利的放弃。

（6）投保人、被保险人要求变更保险合同的，保险公司在接到变更通知后，经过约定期间不作出意思表示，应视为默示承诺，保险合同发生变更效力，保险公司不得再主张变更前的保险合同的权利和利益。

【案例分析】

某建筑公司以进口奔驰轿车向某保险代办处投保机动车辆保险。承保时，保险代理人误将该车以国产车计收保费，少收保费482元。合同生效后，保险公司发现这一情况，立即通知投保人补缴保费，但被拒绝。无奈下，保险公司单方面向投保人出具了保险批单，批注："如果出险，我公司按比例赔偿。"合同有效期内，该车出险，投保人向保险公司申请全额赔偿。

请问： 此案该如何赔偿呢？

分析： 保险代理人误以国产车收取保费的责任不在投保人，代理人的行为在法律上应推定为放弃以进口车为标准收费的权利。保险人单方出具批单的反悔行为是违反禁止反言的，违背了最大诚信原则，不具法律效力。保险人单方出具批单变更合同，是一种将自己意志强加于投保人的行为。批单不是协商一致的结果，不能成为合同有效组成部分，影响原合同的履行。而且保险公司不得因代理人承保错误推卸全额赔付责任。《保险法》规定："保险代理人根据保险人的授权代为办理保险业务的行为，由保险人承担责任。"据此，本案应全额赔偿。

第三节　近因原则

一、近因原则的含义

对保险标的损害结果与承保危险之间究竟应该存在何种因果关系，

各国保险立法不一，但多数国家以"近因原则"为基础。近因原则为国际保险业的基本原则之一。所谓近因，不是指最初的原因，也不是最终的原因，而是一种能动而有效的原因；这既指原因和结果之间有直接的联系，又指原因十分强大有力，以致在一连串事件上，人们从各个阶段上可以逻辑地预见下一事件，直到发生意料中的结果；如果有数种原因同时起作用，近因是导致该结果的起决定作用或强有力的原因。

所谓近因原则，是指判断风险事故与保险标的损害之间的因果关系，从而确定保险赔偿或给付责任的一项基本原则。近因是指在风险和损害之间，导致损害发生的最直接、最有效、起决定作用的原因，而不是指时间上或空间上最近的原因。在风险与保险标的的损害关系中，如果近因属于被保风险，保险人应负赔偿责任；如果近因属于除外风险或未保风险，则保险人不负赔偿责任。近因一般是指直接原因和主要原因，不包括间接原因和次要原因。可见，近因原则可以概括为，保险给付的先决条件是，造成保险标的损害后果的近因必须是保险责任事故。

二、近因原则的具体运用

在保险理赔中，正确理解近因原则，对确定保险责任具有重要意义。认定近因的关键是确定风险因素与损害之间的关系，通常国际上判定近因的方法有两种：

一是从最初事件出发，按逻辑推理，推问下一步将发生什么。若最初事件导致了第二事件，第二事件又导致了第三事件……如此推理下去，导致最终事件，那么最初事件为最终事件的近因。若其中两个环节无明显联系，或出现中断，则其他事件为致损原因。

二是从损失开始，依系列自后往前推，根据因果联系追溯。若追溯到最初事件，且系列完整，最初事件为近因。若逆推中出现中断，其他原因为致损原因。

英国《1906 海上保险法》规定，除保险单另有约定外，保险人对于由所承保的危险近因所致的损失，负赔偿责任，但对于不是由所承保的危险近因所致的任何损失，概不负责。所以，国际上一般认为，只有承保近因所致的损失，保险人才负责赔偿。如果危险近因不属承保范围，保险人不负责赔偿。

一般来说，近因原则在保险实务应用中主要有以下几种情况：

（1）由单一原因造成的损害。造成保险标的损害的原因只有一个，这个原因就是近因。若这个近因属于承保风险，保险人负保险责任。

（2）由同时发生的多种原因造成的损害。两个或两个以上互不关联的因素同时造成保险标的的损害的，同时发生的多种原因均属近因，如果多种原因均属被保风险，保险人负责全部保险责任。如果在多种原因中既有保险风险，又有除外风险，保险人如何承担责任，是一个有争议的问题。一种意见认为，保险人应赔偿全部损失，因为损害毕竟是由保险事故造成的。另一种意见认为，保险人只负责赔偿因保险事故所造成的损失，对非保险事故造成的损失不承担责任。对何为保险事故造成的损失，则应按照保险风险与不保风险对损害造成的原因比例确定。如果无法确定损失是否由保险事故造成，有的学者主张保险人对损失概不负责，亦有学者主张按照公平原则分摊。通常采用后一种意见。

（3）由连续发生的多项原因造成损害。如果保险标的是因两个或两个以上的危险事故依次发生且他们之间的前因后果关系持续不断，直至最后损害结果的产生，则最先发生的危险事故是损害的近因。连续发生的原因都是被保风险，保险人承担全部保险责任；连续发生的多项原因中含有除外风险或未保风险，若前因是被保风险，后因是除外风险或未保风险，且后因是前因的必然结果，保险人负全部保险责任；若前因是除外风险或未保风险，后因是承保风险，后因是前因的必然结果，则保险人不负保险责任。如地震倾覆火炉，使房屋燃烧，热辐射燃着第二座房屋、第三座房屋……最后殃及投保建筑物。在这一系列事故中引起最后一座建筑物起火的近因是地震。地震属于财产险的除外责任，因此保险人不承担建筑物的损失。

（4）由间断发生的多项原因造成损害。在一连串发生的原因中，有一项新的独立的原因介入导致损害。若新的独立的原因为被保原因，保险人承担保险责任；反之，保险人不承担保险责任。

> 【案例分析】
>
> 某国居民投保了意外伤害险。他在森林中打猎时从树上跌下受伤，他爬到公路边等待救助，夜间天冷，染上肺炎死亡。
>
> 请问：保险人是否承担给付责任？
>
> 分析：本案例中，导致被保险人死亡的原因有两个：一个是从树上跌下，另一个是染上肺炎。前者是意外伤害，属于保险责任；后者是疾病，属除外责任。分析可知其过程为从树上跌下引发肺炎疾病并最终导致死亡。所以，死亡的近因是意外伤害而非肺炎，意外伤害属于保险责任范围，保险人应负赔付责任。

第四节　损失补偿原则

一、损失补偿原则的概念

（一）损失补偿原则的概念

损失补偿原则是指投保人通过与保险人签订财产保险合同，将特定危险事故造成的损失转嫁给保险人承担，当保险事故发生并导致被保险人经济损失时，保险人给予被保险人的经济赔偿，能全面、充分弥补其因保险事故所造成的经济损失。保险的损失补偿原则与一般民事法律关系中的损害赔偿原则相一致，包括两层含义：

一是保险合同订立后，一旦发生保险责任范围内的损失，被保险人有权按保险合同的约定，获得全面、充分的赔偿。

二是保险人对被保险人的赔偿恰好使保险标的恢复到保险事故发生之前的状况。即保险补偿以被保险人的实际损失为限，被保险人不能因保险赔偿而获利。

（二）损失补偿原则的意义

第一，损失补偿原则是保险的本质和职能的体现。即确保被保险人通过保险可以有效分散风险，获得经济保障。

第二，损失补偿原则有利于防止被保险人通过保险赢利，减少道德风险的发生。

二、损失补偿原则应用的限制

损失补偿原则是保险的一项基本原则。但在各国保险实务中，其受到一些限制。主要有以下几种情形：

（一）人身保险

人身保险合同是给付性合同，不适用补偿原则。由补偿原则派生出来的代位原则、分摊原则同样不适用于人身保险。

（二）对赔偿金额的限制

保险合同往往规定最高赔偿限额、免赔额和被保险人的自付额。这些都是对保险的补偿原则的修订。保险人履行损失赔偿责任的限度为：

1. 以实际损失为限

投保财产遭受保险责任范围的损失时，保险人按合同规定承担责任，其支付的保险赔款不得超过被保险人的实际损失。实际损失以受损财产当时的实际市场价格为准。例如：一辆机动车在购置时价格为20万元，在发生保险事故时的市场价格为15万元，保险公司对全损的被保险机动车辆赔偿应该是15万元减去折旧，而不是20万元减去折旧。在各国保险实务中，受损财产的实际货币价值通常按以下几种方法确定：

（1）依市场价格确定实际损失。即按同等型号、新旧程度相当的同类物品在市场上的价格确定保险赔偿。如果保险标的已被淘汰，其实际损失应比照类似产品的市价确定。

（2）依被保险人实际损失的费用确定实际损失。不过，下述费用除外：刑事罚金；行政罚金；除非保险合同的约定，被保险人因法律或合同支付的各项费用；被保险人没有法律或合同义务自愿支付的费用。

（3）按恢复原状所需费用确定实际损失。保险标的经过修复，如果提高了性能，从而提高了价值，保险人有权将被保险人获得的额外利益部分价值，予以相应扣除；如果保险标的修复后的功能不及过去，保险人应考虑补偿差额部分。

（4）按重置成本减折旧确定实际损失。这种方式，一般适用于房屋保险及以机器汽车、家具为保险标的的保险。

2. 以保险金额为限

保险金额是保险人承担赔偿责任的最高限额，保险赔款只能低于或等于保险金额。例如，投保的机器，保险金额为 100000 元，在保险期限内出险，全损。这时该机器的市场价格为 110000 元。被保险人的实际损失当然是 110000 元，但由于保险金额是 100000 元，被保险人只能获得 100000 元的补偿。

3. 以被保险人对标的的保险利益为限

保险利益是保险保障的最高限度，保险赔款不得超过被保险人对遭受损失财产所具有的保险利益。例如，某银行开办抵押贷款，将受押的房屋投保了财产保险，投保房屋在保险期内遭受火灾全部毁损。此时这栋房屋的实际价值是 20 万元。但银行的贷款额度为 10 万元，银行也只有 10 万元的保险利益，保险人只能赔偿银行 10 万元。

在保险实务中，以上三个限额同时起作用，当以上三个限额不一致时，保险人最终对被保险人的实际赔偿金额，是以其中实际货币量最小的一项作为赔偿金额。

4. 比例承保

在保险合同中，保险当事人约定一定比例的危险由被保险人自行承担，这就是比例保险。对于足额保险的合同，保险人只能按照保险金额赔偿；对于保险金额小于保险标的的实际价值的不足额保险，保险人按照保险金额占保险标的实际价值的比例赔偿。其计算公式为：

赔偿金额 = 损失金额 × 保险金额/损失时保险财产的实际价值

例如，某企业财产估价投保，保险金额为 10 万元，标的在保险期限内发生损失，损失额为 3 万元，损失当时标的的实际价值为 15 万元。则：

$$保险人赔偿金额 = 3 \times 10/15 = 2（万元）$$

比例承保的实质是为了加强被保险人对保险标的的责任心，并防止道德危险。因而，有的国家还在立法中强调，对比例保险中由被保险人自行承担的危险，不得向其他保险人投保。

（三）损失赔偿方式的例外

1. 定值保险

定值保险是保险合同约定保险标的的保险价值，当保险事故发生时，保险人以约定的保险价值为基础，计算赔偿金额，而不问保险标的在保险事故发生时的实际市场价值。在这种情况下，保险赔款可能超过实际损失，如市价跌落，保险金额可能大于保险标的的实际价值。例如，运输中的货物保险金额为 10 万元，货物出险全损，保险人赔偿10 万元，不论损失当时保险财产的实际价值是多少。定值保险一般适用于货物运输保险及那些难以估价的古董等艺术品类财产保险。在国际保险市场上，对海洋货物运输保险也大都采用定值保险。

2. 重置成本保险

重置成本保险是以被保险人重置重建保险标的所需费用或成本确定保险金额的保险。重置成本保险也是保险补偿原则的一种例外。例如，保险车辆在保险事故中个别零件损坏需要更换，保险人不得以车辆已经折旧而赔偿一个旧零件，而应该根据需要为保险车辆置换一个新零件。

第五节　损失补偿原则的派生原则

代位追偿原则和重复保险的分摊原则是损失补偿原则派生出来的两个原则。

一、代位追偿原则

代位追偿原则是指在财产保险中，保险人赔偿被保险人以后，第三人对保险事故的发生或保险标的的损失负有责任的，保险人有权在保险赔偿范围内，向第三人追偿，被保险人应将保险标的的有关权利转让给保险人，使保险人获得代位求偿权和对保险标的的所有权。代位追偿原则包括代位追偿权和物上代位权两种。

（一）代位追偿权

代位追偿权是指在补偿性的保险合同中，保险标的发生保险事故受损，根据法律规定或有关约定，应由第三者负责赔偿，保险人予以赔偿后，在赔款金额限度内，依法获得向第三方请求赔偿的权利。

1. 保险人取得代位追偿权的条件

保险人取得代位追偿权必须具备的条件是：第一，保险标的发生保险责任事故遭受损失。这是代位追偿权产生的基础。第二，保险事故的产生由第三方责任导致。第三，保险人已先行赔偿过后。保险人先行赔偿是其取得代位追偿权的先决条件。

2. 保险人的代位追偿权确立时间及权益范围

保险责任发生后，被保险人即可向负有责任的第三人追偿，也可向保险人请求保险赔偿，被保险人有选择权。当被保险人向保险人提出索赔请求时，只有在支付保险赔偿金之后，保险人才取得向第三人的追偿权。保险人的代位追偿权以其对被保险人赔偿的金额为限。

3. 被保险人不能损害保险人的代位追偿权

在被保险人提出保险索赔至保险人获得代位追偿权期间，被保险人享有对第三人的追偿权。被保险人有可能因作出某种承诺而损害保险人的利益。因此，各国有关保险立法和保险惯例往往有两项规定：

第一，保险事故发生，第三人负有责任而被保险人向保险人提出索赔的，被保险人应同时向负有赔偿责任的第三人提出赔偿请求，或采取行动保留保险人将来的代位权。

第二，被保险人与责任第三人达成某种协议或作出某种承诺，应征得保险人的同意。如因被保险人的行为致保险人的代位追偿权受到损害的，保险人有权在保险赔偿中作相应扣减。

我国《保险法》第六十一条规定，保险事故发生后，保险人未赔偿保险金之前，被保险人放弃对第三方请求赔偿权利的，保险人不承担赔偿保险金的责任。保险人向被保险人支付保险金后，被保险人未经保险人同意放弃对第三方请求赔偿权利的，该行为无效。由于被保险人的过错致使保险人不能行使代位请求赔偿权利的，保险人可以相应扣减保险赔偿金。

4. 代位追偿原则不适用于人身保险

在人身保险合同中，由于第三者责任造成被保险人伤亡，被保险人既可以向保险公司申请保险金，同时可要求责任方承担赔偿责任。保险人不具有给付保险金后对第三方责任人的追偿权利。

（二）物上代位权

日本商法规定，保险人支付保险标的的全部保险赔偿金额后，应当代位取得被保险人对残余物的一切权利。英国、法国、德国等的保险立法中也有此类规定。

物上代位权通过下述途径取得：

1. 委付

委付是指被保险人将保险标的物的一切权益都转移给保险人，并要求保险人支付全部保险金额的行为。保险人接受委付，即取得物上代位权。在债权的转移上，委付与代位求偿权不同。保险的代位求偿以保险人实际支付的保险赔偿金为限，不能获得超出保险赔偿的利益。而保险人接受委付后，他就获得了对保险标的物的一切权利。

2. 实际全损

保险人按照实际全部损失对被保险人进行足额赔偿后，对保险标的享有物权。多数情况下，这种物权没有意义，但当保险标的（如被盗的财物）重新出现时，保险人享有其物权。

二、重复保险的分摊原则

（一）重复保险及其构成条件

重复保险是指投保人以同一保险标的和同一保险利益，同时向两个或两个以上的保险人投保同一危险，保险金额总和超过保险标的价值的保险。重复保险必须具备以下条件：

1. 同一保险标的及同一保险利益

构成重复保险必须是对同一保险标的及同一保险利益进行投保。如果保险标的不同，即使投保同一险种也不构成重复保险；而保险标的相同但保险利益不同，也不构成重复保险。如企业对其财产既可投保火灾险又可投保营业利润中断险。

2. 同一投保危险

只有当几个保险人对同一保险标的及同一保险利益承保同一种类危险时，才构成重复保险。

3. 同一保险期间

重复保险要求几个保险人订立的同一险种保险单的保险期间完全或部分相同。

4. 与多个保险人签订的保险金额之和大于保险标的的价值

在重复保险的情况下，当保险事故发生时，各保险人应采取适当的分摊方法分配保险责任，使被保险人既可得到充分的补偿，又不会超过其实际损失而获得额外利益。这就是国际上通行的保险的分摊原则。分摊原则使得赔偿以公平的方式在保险人之间分摊。

1877年英国"国王与皇后谷仓案"、1887年英国格拉斯哥远虑投资社诉威期敏斯特案、1910年美国纽约担保公司诉赖特森案确立了分摊原则应遵循的规则。分摊原则是补偿原则派生出来的，适用于财产保险等补偿性保险合同，但不适用于人身保险。

在重复保险的情况下，对某一保险人而言，其他有责任的保险人为第三人，似乎可以适用代位追偿原则，但如适用代位原则，将带来保险人之间无休止的追偿。因此，各国保险立法均要求，在保险赔偿的债务人是两个或两个以上保险人的状况下，保险人之间适用分摊原则，而不是代位原则。

（二）分摊原则的运用

1. 投保人的通知义务

各国保险立法或有关司法规定，被保险人或投保人重复保险，其有义务将重复保险的情况告知每一保险人，包括其他保险人的名称、保险金额等情况。投保人不履行该项义务，其后果与违反告知义务相似，保险人有权解除保险合同或宣告保险合同无效。

2. 分摊金额的确定

分摊金额的确定主要有三种方式：

第一，比例分摊责任制。当保险标的发生损失时，各保险人按各自保险单中承保的保险金额与总保险金额的比例承担保险赔偿责任，各保险人承担的保险赔偿责任总和不超过保险标的的实际损失。其计算公式为：

$$各保险人承担的赔款 = \frac{损失金额 \times 该保险人承保的保险金额}{各保险人承保保险金额总和}$$

例如，某业主将其价值50万的房屋同时向甲、乙两家保险公司投保一年的火灾保险，甲公司保险金额为20万，乙公司保险金额为40万，此即重复保险。假定保险期间，房屋发生火灾损失为30万元，则按照比例分摊责任方式：

$$甲保险公司承担赔款 = 30 \times 20/60 = 10（万元）$$

$$乙保险公司承担赔款 = 30 \times 40/60 = 20（万元）$$

第二，责任限额分担制。责任保险一般无保险金额的规定。如果投保人对责任保险进行重复保险，可采用责任限额分担制，即按保险人各自实际可能承担的保险赔偿责任限额与保险人赔偿责任限额总和的比例确定分摊金额。例如，某车主在甲保险公司处投保了20万元的第三者责任险，在乙保险公司处投保了限额为30万元的第三者责任险。该车主在一次保险事故中发生了5万元的第三者责任事故，那么按照限额分摊方式，甲保险公司应承担2万元的赔偿责任，乙保险公司承担3万元的赔偿责任。

第三，顺序分摊方式。顺序分摊方式也称为主保险制，是按时间顺序承担赔偿责任的一种分摊方式。按顺序第一家承担赔偿责任的保险称为主保险人。例如，某投保人先在甲保险公司处投保了限额为20万元的保险，后在乙保险公司处投保了限额为30万的保险。该投保人在一次保险事故中发生了25万元的实际损失，那么按照顺序分摊方式，甲保险公司应承担20万元的赔偿责任，乙保险公司承担5万元的赔偿责任。

各国的保险判例和习惯一般认为，如在责任保险中存在重复保险，发生保险责任时，由各保险人平均分担。如均有赔偿限额或一方保险合同中订有最高赔偿限额，则在赔偿限额以内平均分配，超过部分由保险责任限额较高的保险单或没有限额的保险单承担。

（三）分摊原则的例外

在各国的保险实践和立法中，存在着一种分摊原则不必适用的情况：当保险人与投保人在保险合同中作出了特别约定，被保险人不可能因重复保险而获得双重补偿时，不适用保险的分摊原则。例如，规定："本保险单对于被保险人有权根据其他保险单获得任何补偿的索赔，不负赔偿责任。"或者规定："在被保险人有权根据其他保险单获得补偿的情况下，本保险单仅负责超过其他保险单承保金额的部分。"或者在保险市场上，各保险人之间订立了协议时，也可排除分摊原则。

本章小结

　　保险利益原则是保险特有的原则，它强调了保险利益在保险合同的签订和履行过程中的重要性。保险利益必须是合法的利益、确定的利益和经济上的利益。坚持保险利益原则的意义在于规定保险保障的最高限度、防止道德危险和使保险区别于赌博。

　　由于财产保险与人身保险的保险标的性质不同，因而对保险利益原则的应用也不尽相同。财产保险的保险利益来源于投保人对保险标的所拥有的各种权利，如所有权、经营权、使用权、承运权、保管权、抵押权和留置权等。而人身保险的保险利益来源于投保人与被保险人之间所具有的各种利害关系，如人身关系、亲属关系、雇佣关系和债权债务关系等。财产保险要求发生保险事故时被保险人对保险标的必须具有保险利益，否则保险人不承担经济赔偿责任。而人身保险则着重强调投保人在订立保险合同时对被保险人必须具有保险利益，保险合同生效后就不再追究投保人对被保险人的保险利益问题，法律允许人身保险合同的保险利益发生变化，合同的效力仍然保持。财产保险的保险利益价值的确定是依据保险标的的实际价值。而人身保险由于保险标的是人的生命或身体，是无法估价的，其保险利益也无法以货币计量，因而人身保险金额的确定是依据被保险人的需要和支付保险费的能力。

　　最大诚信原则是保险的基本原则之一。它要求保险双方在签订和履行保险合同时必须以最大的诚意履行自己应尽的义务，互不欺骗和隐瞒，恪守合同的认定与承诺，否则保险合同无效。坚持最大诚信原则是为了确保保险合同的顺利履行，维护保险双方当事人的利益。所以，从理论上来说，该原则适用于保险双方当事人，但在实践中更多的是体现在对投保人或被保险人的要求上。最大诚信原则的主要内容包括告知和保证。告知包括口头和书面的陈述，告知的立法形式有无限告知和询问回答告知两种。保证根据保证事项是否已存在分为确认保证与承诺保证，根据保证存在的形式分为明示保证与默示保证。明示保证与默示保证具有同等的法律效力，被保险人都必须严格遵守。违反最大诚信原则，保险人有权解除合同，不承担赔偿责任。

当保险人在处理因果关系较为复杂的赔案时，要根据近因原则。所谓近因是指促成损失结果的最有效的或起决定作用的原因。近因属于保险责任的，保险人应承担赔偿责任；反之，概不负责。坚持近因原则有利于正确、合理地判定损失事故的责任归属，从而有利于维护保险双方当事人的合法权益。在保险实务中，如何确定损失近因，要根据具体的情况作具体的分析。

损失补偿原则是保险的又一重要原则。它规定如果发生保险责任范围内的损失，被保险人有权按照合同的约定，获得全面、充分的赔偿，但不能由此而获得额外的利益。所以，保险人在履行赔偿责任时，必须以实际损失、保险金额和保险利益为限。损失补偿原则主要适用于财产保险以及其他补偿性保险合同，不适用于人身保险。但在财产保险实务中有一些特殊的情况，如定值保险、重置价值保险。

代位追偿原则是损失补偿原则派生的原则。它是指在财产保险中，保险标的发生保险事故造成推定全损，或者保险标的由于第三者责任导致保险损失，保险人按照合同的约定履行赔偿责任后，依法取得对保险标的的所有权或对保险标的的损失负有责任的第三者的追偿权。代位追偿包括代位求偿权和物上代位权。保险人的代位求偿权以保险人实际支付的保险赔偿金为限。保险人物上代位权的取得是通过保险委付，委付必须由被保险人向保险人提出，经保险人同意后才能生效。由于保险标的的保障程度不同，保险人在物上代位中所享有的权益也有所不同。代位追偿原则不适用于人身保险。

重复保险是指投保人以同一保险标的和同一保险利益，同时向两个或两个以上的保险人投保同一危险，保险金额总和超过保险标的的价值。在重复保险的情况下，当保险事故发生时，各保险人应采取适当的分摊方法分配保险责任，使被保险人既可得到充分的补偿，又不会超过其实际损失而获得额外利益。重复保险分摊原则也是损失补偿原则的派生原则，同样也不适用于人身保险。重复保险的分摊方式有：

比例责任分摊方式、限额责任分摊方式和顺序责任分摊方式。

重 要 概 念

保险利益原则 最大诚信原则 损失补偿原则 近因原则
代位追偿原则 告知 保证 确认保证 承诺保证 弃权
禁止反言 重复保险 定值保险 委付 比例分摊责任制
顺序分摊方式

复习思考题

1. 保险经营需要遵循哪些原则?

2. 保险利益的构成必须具备哪些条件?

3. 诚实信用原则包括的主要内容有哪些?

4. 弃权和禁止反言产生的原因是什么?

5. 什么是近因原则?如何判定保险事故的近因?

6. 损失补偿原则对赔偿金额有哪些限制?

7. 代位追偿原则包括哪些内容?

8. 重复保险的分摊金额如何确定?

9. 案例分析:

某外贸企业从国外进口一批货物,与卖方交易采取的是离岸价格。按该价格条件,应由买方投保。于是,企业以这批尚未运抵取得的货物为保险标的投保海上货运险。问保险公司是否愿意承保?

第四章　人身保险

近几十年来，人身保险在世界范围内迅速发展，对于稳定社会经济生活起到了特殊的作用。由于保险标的的特殊性，人身保险在风险责任、合同条款及经营实务等方面都与财产保险有着重要的区别。

第一节　人身保险概述

人身风险的客观存在是人身保险产生、存在和发展的前提。人身风险包括人的年老、疾病、伤残、死亡等。这些风险事故一旦发生，会使一些人减少以至丧失经济收入，或者增加一些人的经济负担。其结果是使发生人身风险的人或家庭生活受到影响，严重时会使生活陷入困境。因此，人身保险的保险责任包括人的生存、死亡、伤残、疾病、年老等各个方面。

一、人身保险的概念

人身保险是以人的生命和身体为保险标的的一种保险。当人们遭受不幸事故或因疾病、年老以致丧失工作能力、伤残、死亡或年老退休时，根据保险合同条款的规定，保险人对被保险人或受益人给付预定的保险金或年金，以解决病、残、老、死等所造成的经济困难。

人身保险的保险标的包括人的生命和身体两部分。当以人的生命作为保险标的时，以生存和死亡两种状态存在；当以人的身体作为保险标的时，以人的健康和劳动能力两种状态存在。2009年，我国保险费收入 11137.3 亿元，其中，人身险业务保费收入 8261.5 亿元，占保费总收入的 74.8%，由此可看到人身保险的重要性及其发展前景。

二、人身保险的特征

与财产保险相比较，人身保险具有以下几方面的特征：

（一）投保人与保险人协商确定保险金额

财产保险中，保险标的在投保时的实际价值是确定保险金额的客观依据，即投保人和保险人根据保险标的的实际价值（有时是重置价值或账面价值）商定保险价值，在保险价值限度内确定保险金额，作为保险人承担赔偿责任的最高限额。但是，人身保险的保险标的是人的生命或身体，人的生命或身体很难用货币准确地衡量出其实际价值的大小。因此，人身保险的保险金额无法根据保险标的的实际价值确定，而是由投保人依据被保险人的实际需要和投保人的缴费能力与保险人协商确定。一般情况下，人们对人身保险的需要包括丧葬费用、医疗费用、子女教育费用、遗属生活费用、退休养老费用、债务等。投保人的缴费能力则与其收入水平和负担状况有关。正是人身保险的这一特征，人身保险只能采用定额给付保险金的方式。

财产保险中，只有当发生保险责任范围内的保险事故造成保险标的损失时，保险人才负责赔偿，而且其赔偿金额不能超过其实际损失。人身保险是定额给付性保险（医疗保险除外），其保险金额由投保人根据需要和缴费能力协商确定，当发生保险合同约定的保险事件时，不论被保险人有无损失及损失金额是多少，保险人都要按照保险合同约定的金额给付保险金。因此，人身保险不适用补偿原则，不存在代位追偿问题，也不受重复保险的限制。

（二）保险金额的给付性

人身保险是定额给付性保险（补偿性的医疗保险除外），保险事故发生时，被保险人既可以有经济上的损失，也可以没有经济上的损失。即使有经济上的损失，也不一定能用货币来衡量。因此，人身保险不适用补偿原则，也不存在财产保险中比例分摊和代位求偿原则的问题，被保险人可同时持有若干份相同的保单，保险事故发生后，即可从若干保单同时获得保险金。如果保险事故是由第三方造成，并依法应由第三方承担赔偿责任，那么被保险人可以同时获得保险人支付的保险金和第三方支付的赔偿金，保险人不能向第三方代位求偿。

（三）保险合同中应当指定受益人

受益人是保险合同中由被保险人指定为接受保险金的人。投保财产保险，保险合同中被保险财产出险受损，提出保险金诉求者就是被保险人自己，通常不需要另外指定受益人，保险公司确定赔偿额后由被保险人本人领取保险金。但是，人身保险以人的生命或身体作为保险标的，绝大多数险种都包括死亡责任，如果被保险人因保险责任事故而死亡，保险人承担给付保险金的责任。这就要求在订立保险合同时，明确指定当被保险人死亡后由谁来领取保险金，以免引发不必要的争议。为此，投保人身保险时，应当由被保险人或者投保人指定受益人。投保人指定受益人时应征得被保险人同意。

（四）保险期限的长期性

一般地，财产保险的保险期限为一年或一年以内，是短期保险。而人身保险中，占其业务绝大部分的人寿保险都是长期保险，其保险期限短则几年，长则十几年甚至几十年，甚至有的险种还会为人们提供终身保障。

（五）人身保险具有储蓄性

传统财产保险的保险期限一般比较短，保险事故发生频繁且具有不确定性，因此保险人向投保人收取的保险费不能进行长期投资，财产保险不具有储蓄性。而人身保险中的人寿保险期限较长，由于在实际业务中采取均衡保险费（投保人每年交纳相同金额的保险费）的缴费方法，这使得在投保后的前一阶段，投保人实际支付的保险费大于应交保险费（即自然保险费，是依据被保险人在每一年内的死亡概率计算的应在当年交纳的保险费），多余的部分形成了保险费的预交，预交部分仍属于投保人所有，但由保险人保管使用，并取得收益，收益的一部分应以利息的形式返还给投保人，因此人身保险具有储蓄性。长期人身保险分期交付的保险费都要根据一定的利率，按复利计算利息，这样，每年都有一部分利息转化为本金，不断扩大储蓄积累。

近几年，我国保险公司推出投资型的险种较多，如投资连结保险、分红保险等。此类保险最早于 1776 年由英国的 Ole Equitable 保险公司以分红的形式出现，所收保险费中的一部分相当于传统人寿保险中的净保费，保险人用于保险金的给付；第二部分相当于传统人寿保险中的附加保费，保险人用于公司的各项开支；第三部分是传统寿险所没有的，即被保险人委托保险人进行投资以期有较高收益的部分。

（六）人身保险的被保险人都为自然人

财产保险的被保险人可以是法人，也可以是自然人，因为法人与自然人都可能是财产的权利主体。人身保险以被保险人的生老伤病死为保险标的，法人则不存在此类标的物。所以，人身保险的被保险人都为自然人，法人不可能成为人身险的被保险人。

三、人身保险的分类

对于众多的人身保险险种，如何进行科学的分类，世界上还没有统一的标准。实际上，人身保险险种的归类可以从不同的角度、按不同的标准来分类。

（一）按照保险责任划分

按照保险责任划分，人身保险可以分为人寿保险、人身意外伤害保险和健康保险。这是一种最常见的人身保险的分类方法。

人寿保险，是以被保险人的寿命为保险标的，以人的生存、死亡两种形态为给付保险金条件的保险。当发生保险合同约定的事故或合同约定的条件满足时，保险人对被保险人履行给付保险金责任。在实务中，人们习惯把人寿保险分为定期寿险、终身寿险、两全保险和年金保险。人寿保险是人身保险中最重要的部分。

人身意外伤害险，简称意外伤害保险。指的是被保险人在保险有效期内，因遭受意外事故，致使身体蒙受伤害而残废或死亡时，保险人按照保险合同的规定给付保险金的一种人身保险。在全部人身保险业务中，意外伤害保险只需支付少量保费就可获得高保障，投保简便，无需体检，所以承保人次较多，如旅行意外伤害保险、航空意外伤害保险等。

健康保险，是指以被保险人的身体为保险标的，保证被保险人在疾病或意外事故所致伤害时的费用或损失获得补偿的一种人身保险，包括重大疾病保险、住院医疗保险、手术保险、意外伤害医疗保险、失能收入损失保险等。

（二）按照实施方式划分

按照实施方式划分，人身保险可以分为强制保险和自愿保险。商业性人身保险的绝大部分业务都是自愿保险，只有非商业性的一些人身保险或者将保险费计入旅程车船票费中一并出售的类似于旅客意外伤害保险等极少数险种才具有强制性质。

（三）按照保险期限划分

按照保险期限划分，人身保险可以分为长期业务、一年期业务和短期业务。人寿保险一般是长期业务，人身意外伤害保险一般是一年期业务，但旅行意外伤害保险的期限则因旅程长短而异。健康保险中既有长期业务也有一年期业务。短期业务一般是那些只保一次航程、一次旅程的游客、旅客或公共场所游客意外伤害保险。

（四）按照投保方式划分

按照投保方式划分，人身保险分为个人保险和团体保险。个人保险是一张保险单只为一个人提供保险保障的保险。团体保险是一张保险单为某一单位所有职工或其中绝大多数职工提供保险保障的保险。人寿保险、人身意外伤害保险和健康保险都有个人保险和团体保险之分。

（五）按照有无分红划分

按照有无分红划分，人身保险可以分为分红保险和不分红保险。分红保险是投保人在实现风险转移的同时又参与寿险公司利润分红的一种投资型保险。只单一为转移风险而投保，不附带投资的目的，不参与寿险公司的利润分红的人身保险是不分红保险。

第二节　人寿保险

一、人寿保险的概念

人寿保险，简称寿险，是以人的生命为保险标的，以生死为保险事件的一种人身保险。当被保险人在保险期限内死亡，或者达到合同约定的年龄、期限仍生存时，保险人按合同的约定给付保险金。

人寿保险是人身保险的主要形式，以人的生存或死亡为给付保险金条件。人寿保险是定额保险，由投保人在投保时依据其需要和缴费能力与保险人协商确定保险金额，作为保险人承担给付责任的最高限额。

投保人寿保险，可以以自己的生命为保险标的，也可以以他人的生命为保险标的，如父母为子女投保或子女为父母投保。人们可以为自己投保任何种类的寿险，但为他人投保以死亡为给付保险金条件的人寿保险时，有两方面的限制：一是被保险人必须具有完全行为能力（父母为未成年的子女投保不受此限，但是死亡给付保险金额总和不得超过保险监督管理机构规定的限额），二是必须征得被保险人的书面同意并认可所保的金额。否则，合同无效。

投保人寿保险，可以为自己的利益投保，也可以为他人的利益投保。如为自己投保生存保险，或者为他人投保死亡保险而指定自己为受益人的是为自己的利益而投保；如为自己投保死亡保险而指定他人为受益人，或为他人投保生存保险，则是为他人的利益投保。不论为谁的利益投保，都应在合同中指定受益人。

二、人寿保险的特征

人寿保险是人身保险业务中的重要组成部分，它具备人身保险的一般特征，如保险标的的风险不可估价、保险金额的定额给付、保险利益是合同订立的前提等。与此同时，它还具有许多自身的特点，反映在业务经营上也有独到之处。

（一）风险特殊，经营稳定

人寿保险所面对的人身危险是人的生存或死亡。虽然"人终究是要死亡的"，但是死亡何时发生、生命可以延续多久却具有很大的不确定性。在人寿保险的实际操作中，保险人以生命表作为预测风险和计算、确定纯保险费的基础。生命表的数据来源于保险人多年经营人寿保险的实践中无数被保险人生存、死亡的生命情况，用以反映某一年龄的人生存或死亡的概率。由于资料来源广、基数大，观测时间又长，因此很大程度上排除了偶然性的因素，符合大数法则在统计学领域运用的要求，具有科学性、稳定性。与其他保险相比，人寿保险在风险处理方面，尤其是在预测保险事故发生的可能性上更加准确，因为根据生命表预计人的寿命长短和死亡率的大小与人们的实际寿命长短及死亡发生概率非常接近。这不仅表明人寿保险所承保的危险事故的发生相当稳定，而且也决定了人寿保险业务经营的稳定性。

（二）以长期性业务为主体

人寿保险的保险期限一般较长。从国际人身保险业的情况来看，保险期限在5年以下的人寿保险险种较少，大多数险种的保险期限为十几年甚至几十年。

人寿保险期限较长的原因在于：其一是"均衡保险费"方法的采用。其二是大多数生存保险是被保险人用于年老时养老之用的，因此很多是年金保险。而年金保险的保险期限大多是很长的，有的还是从投保之日直至终身。

也正因为人寿保险单大多是长期保险合同，所以无论对被保险人还是对保险人而言，利率、通货膨胀率等经济因素的影响都是十分显著的。因而一国宏观经济状况对于人寿保险业而言十分重要，没有稳定的政治、经济环境，寿险业就会出现这样或那样的问题，并会失去健康发展的可能。

（三）具有储蓄的性质，日渐成为投资手段的一种

人寿保险根据实际需要大多采用"均衡保险费"的方法收取保险费。在投保初期，实缴保险费势必高于根据生命表等计算得到的危险

保险费，这超出的部分由保险人代为保管，通过对保险基金的投资运作生息增值，用于以后危险发生时的保险给付或直接弥补投保后期均衡保险费的不足，这一部分保险费称为储蓄保险费。储蓄保险费是投保人存于保险人处的一部分资金，一般存放的时间比较长，在此期间保险人对之进行管理和运用，因此应当对这笔资金给予计息或分红。保险人一般都将储蓄保险费和利息、分红提存起来形成责任准备金。如果投保人未到满期申请退保，则需将责任准备金退还，而投保人获得的退保金往往要高于历年缴纳保费的总和。单就这一点看，人寿保险与储蓄一样都具有收益性质。

由于人寿保险具有资金返还以及收益的性质，在中途退保时人寿保险单具有现金价值，而且随着保险业的发展、金融业的创新，大多数的人寿保险单可以自由转让，这样便与股票等有价证券相类似，因此人寿保险日渐成为个人投资手段的一种，而且人寿保险几乎没有风险，稳定性强，又对未来的生活提供了保障，因而成为一种人们热衷的投资方式，被越来越多的人纳入自己的投资组合之中。

（四）保险费确定的方式以寿险精算为理论基础

人寿保险由于其所承保危险的特殊性质，形成了保险费的计算和责任准备金的确定上的一整套科学的、完备的体系，被人们称为寿险精算，这与健康保险、意外伤害保险以及其他保险制度有很大不同。人寿保险依据被保险人投保期间生存与死亡的概率，结合其在签订合同时的年龄、经济状况、健康情况、社会地位等基本要素，以及投保期限、保证利率等多种因素，经过经验的测算以及数学、统计学的方法，来确定保险费及责任准备金。

三、人寿保险的种类

人寿保险又称生命保险，是以被保险人的死亡或生存作为保险事故的人身保险业务。投保人向保险人缴纳一定数量的保险费，当被保险人在保险期限内死亡或生存到保险合同约定年龄或者期限时，由保险人向被保险人或者受益人给付保险金。为了满足人们多种多样的保险需求，寿险公司通常设计多种类型的寿险产品。

保障型寿险（生存保险、死亡保险、生死两全保险）和储蓄型寿险（年金保险）被认为是传统型寿险，准投资型寿险和投资型寿险被认为是新型寿险。传统型寿险指在市场上出现时间很久，已经比较成熟的寿险。而在市场上出现时间不太长，还不很成熟的寿险，就被称为新型寿险。新型寿险和传统寿险都是相对于一定的市场而言。在欧美等西方发达国家，人寿保险中的新型寿险是指投资型寿险，包括变额寿险、万能寿险和变额万能寿险。因为这三类寿险产品是20世纪70年代初才开始发展起来的，距今仅有30多年的历史。在中国，寿险新型产品除投资连结寿险产品、万能寿险产品之外，还包括分红型寿险（准投资型），而且分红寿险也被视为广义的投资型寿险。实际上分红型寿险在中国是2000年以后才陆续大量发售的，才只有几年时间。

（一）保障型的人寿保险

保障型的人寿保险有定期寿险、定期生存保险、终身寿险和两全保险，这些险种充分体现了保险的保障功能。

1. 定期寿险

定期死亡保险又称为定期寿险，是指被保险人在规定的保险期限内死亡的，保险人给付保险金的保险。如果被保险人在保险期限届满时仍生存，保险人不给付保险金，也不退还投保人所交的保险费。

定期死亡保险具有以下特征：

（1）该类险种的主要责任：各家保险公司该险种的责任不一，但大体包括：首先，给付重大疾病保险金。被保险人在保险合同生效之日起规定时限后初次发生、并经保险公司指定或认可的医疗机构确诊患重大疾病时，保险公司按保险金额给付重大疾病保险金，保险合同终止。其次，给付身故保险金。被保险人在保险期限内身故，保险公司按保险金额给付身故保险金，保险合同终止。最后，给付高度残疾保险金。被保险人在保险期限内身体高度残疾，保险公司按保险金额给付高度残疾保险金，保险合同终止。

（2）保险期限：从1年、5年、10年、15年到20年不等。也可根据被保险人的实际需要，出售保险期限短于一年的定期保险单。

（3）保险金额：多按份计算，可投保多份。

（4）保险费：分趸交、年交、半年交三种，由投保人选择。

（5）被保险人：该类险种的被保险人应在合同规定的年龄以下且身体健康，能从事正常的工作或劳动。

2. 定期生存保险

定期生存保险或称生存保险，是被保险人在保险期满时仍生存，保险人依照合同的约定给付保险金的一种保险。生存保险是以被保险人的生存为给付条件的保险，如果被保险人在保险期限内死亡，保险人不负任何责任，也不退还投保人所交的保险费。

3. 终身寿险

终身寿险是指为被保险人提供终身保障的人寿保险。终身寿险又称不定期死亡保险，保险期限到生命表的终极年龄为止。如果被保险人在生命表的终极年龄之前任何时候死亡，保险人都向其指定的受益人给付保险金。如果被保险人生存到生命表的终极年龄，保险人向其本人给付保险金。

终身寿险依据缴费方式的不同，可以分为满期缴费终身寿险和限期缴费终身寿险。满期缴费终身寿险又叫普通终身寿险。在首期缴费，合同生效后，投保人必须终身定时缴纳保险费，直到被保险人死亡，获得保险人给付保险金时为止。如果投保人中途停缴保险费，除合同另有规定外，保单的效力将会受到影响。

终身寿险的特征首先表现为，终身寿险是一种不定期的死亡保险，被保险人可由此得到终身的保险保障。该险种特别适合家庭负担重的被保险人。一般来说，终身寿险对被保险人的年龄与身体条件要求较高，被保险人投保时的年龄多在 65 周岁以下（近年来有延伸到 70 周岁的发展趋势），要经过保险人指定医院的体检，合格后方可入保。其次，终身保险保费的缴纳形式大体有三种：第一是趸交，即一次性把保险费全数缴清；第二是年交，即每年缴费，连续 10 年、15 年、20 年或至被保险人 65 周岁止，其后不再持续缴费，但保险合同在被保险人死亡，保险人给付前始终有效；第三是期交，即选择按月、按季度或每半年缴一次保费直至被保险人死亡，保险人给付，保险合同终止。

在实际业务中，多数投保人选择限期缴费方式投保，这样可以减轻投保人年老时的缴费负担。

4. 两全保险

两全保险又称生死合险，是以被保险人的生存或死亡为给付保险金条件的保险。即被保险人在保险期限内死亡，保险人按照保险合同的约定给付死亡保险金；被保险人生存至保险期限届满，保险人按照合同的约定给付生存保险金。

从上述定义中可以看出，两全保险是将生存保险和死亡保险合二为一的保险，因此投保两全保险所交纳的纯保费是同一时期生存保险和死亡保险纯保费之和，其费率较高，投保成本也大。两全保险兼有生存保险与死亡保险的性质与特点，具备双重保障性。被保险人突然死亡，受益人可以得到一笔保险金，取得精神上的安慰与财力上的支持；如果保险期限届满而被保险人健在，被保险人本人或他指定的受益人也可得到给付。

也正是由于它的这种合成性质，两全保险一定是定期的。订立保险合同时，该合同不可能是终生的，长短总要有个期限。它的期限分3年、5年、10年、15年、20年和30年等供投保人选择。其到期日是一个特定的日期。这一日期可以是合同年限的期满日，也可以是被保险人的某岁出生日。

（二）储蓄型的人寿保险——年金保险

年金保险是指在被保险人生存期间或一特定期间，保险人按合同约定定期向被保险人或其他年金受益人给付保险金的人寿保险。为与两全保险区别，通常规定连续两次年金给付的时间间隔不超过1年（含1年）。

年金保险因其在保险金的给付上采用每年定期支付的形式而得名，通常以被保险人的生存为条件，从支付首期年金开始，只要被保险人生存，保险人即按月或季、半年、年给付年金直至保险期满或被保险人死亡时为止。一旦被保险人在领取期内身故，年金即停止支付。如果被保险人在缴费期内身故，保险人通常将保单项下的保费累积支付给受益人。

与死亡保险不同，参加年金保险的被保险人，通常是身体健康、预期寿命长的人，因此无论团体投保还是个人投保，一般不需要进行体检。凡年龄在 65 周岁以下的居民，均可作为年金保险的保险人。年金保险在保障寿命较长者有稳定经济收入方面发挥了特殊的作用，这是因为在领取年金前已死亡者所交纳的保险费贴补了寿命较高者的年金给付。由于年金保险较好地解决了社会生活中高龄者生活安定的问题，世界各国对年金保险都十分重视。目前全世界已有 100 个国家和地区实行了老年、残废及遗属保险制度，其中绝大多数国家采取了年金给付方式，只是具体的名称和开办方式有所不同。

目前较常见的年金保险，主要有限期缴费终身年金保险、最低保证年金保险和变额年金保险。限期缴费终身年金保险，是指投保人在限期内交纳保险费，被保险人生存至一定时期后，按照保险合同的约定，按期领取年金，直到身故为止。退休养老金保险都属于限期缴费终身年金保险性质。年金受领人在年轻有固定工作收入时投保，按月交纳保险费至满 55 岁或 60 岁退休时止，从退休次月起按月领取年金至身故时止。该年金保险大多是为解决劳动者在年老或丧失劳动能力之后以获得经济生活保障开办的。

为适应某些年金购买者担心过早死亡而损失本金的心理，最低保证年金保险应运而生。最低保证年金分为两种：一种是确定给付年金，即规定一个最低保证给付年数，在规定期间内，无论被保险人生存与否均可得到年金给付。换言之，若被保险人领取年金的年数未满规定的年数而不幸身故，剩余期间的年金可由其受益人继续领取；若被保险人在领满固定年金后仍生存，可继续领取年金直至身故。另一种为退还年金，即当年金受领人死亡而其年金领取总额低于年金购买价格时，保险人以现金方式一次或分期退还差额。

变额年金保险是近几年来产生的一种新型的年金保险，也是一种投资连结保险。传统年金保险的支付额一般是固定不变的。由于年金给付时间长，受通货膨胀的影响较大，为保证若干年后的年金实际购买力不低于投保时的购买力，人们在年老时获得充分的经济保障，能够依靠保险企业提供的年金安度晚年，故采取变额年金的办法。变额年金保险的出现，克服了定额年金在通货膨胀条件下保障水平降低的缺点。在变额年金保险中，保险人支付的年金额与保险人的资金运用状况紧密联系，其相对于传统的寿险的特点在于：（1）保费趸交或灵活支付；（2）投资选择的多样性，具体表现为有多种基金可供选择，通常包括一个独立账户选择权，投资风险由投保人承担；（3）保障的最低死亡保险金为账户价值与保费以较低的利率累积的累积值中的较大者，或更为复杂。

（三）准投资型的人寿保险——分红保险

分红保险最初起源于1776年的英国，在国外已经有200多年的发展历史。分红保险是保险人在每个会计年度结束后，将该年度的部分可分配盈余，按一定的比例，以现金红利或增值红利的方式分配给保单持有人的一种人寿保险。这一"红利"来源于利差益（实际利率与预定利率差异所产生的盈余）、费差益（预定附加费率高于实际附加费率所产生的盈余）以及死差益（实际死亡率与预计死亡率的差异所带来的盈余）。所以，分红保险的保费费率高于单一以转移人身风险为目的的人身险费率。投保人和保险人事先在合同中订明，当保险人在经营中取得盈利时，保单持有人享有红利的分配权。分红保险是一种既有保险保障，又有投资收益功能的保险。

由于分红保险所积聚资金的大部分不是用来提供保险保障，且有许多业务人员片面宣传夸大该类保险产品的经济效益与保障程度，2003年10月，中国保险业监督管理委员会明令各保险公司停办分红健康保险。保监会认为，健康保险本身风险十分集中，加上分红因素，经营管理的难度很大，突出健康保险的保障功能更加重要，所以作出这项决定。

分红适用于各种类型的寿险险种，可与定期寿险、终身寿险和两全保险等结合形成多种分红保险，因此在国际寿险市场上占据重要地位。在美国，大约80%的寿险保单具有分红性质；在德国，分红保险占该国人寿保险市场的85%；在中国香港，这一数字更是高达90%。分红保险的红利主要来源于"三差收益"，即死差益、利差益、费差益，此外还有可能取得解约收益和资产增值等收益。分红保险的红利分配基于公平原则，按保单对公司盈余的贡献大小进行。红利分现金红利和增值红利，对现金红利的处置方式有领取现金、存入保险公司并按一定利率流动计息、抵缴保费等，增值红利则用于增加保险金额。分红保险的优势在于形成了客户与保险公司的利益共同体。客户不仅享有分红保险具有的固定的利率，而且直接参与经营利润的全面分红。同时，分红保险结构简单，易于客户理解。但其不足之处在于，灵活性较差。分红保险在产品设计上类似传统非分红保险，在保费缴纳、保额选择等方面没有选择性，客户一经确定便无法更改。此外，由于受到固定预定利率的限制，分红保险的资金运用较为保守，限制了利差空间。

从 2000 年 3 月下旬友邦保险公司推出我国寿险市场上的第一份分红保险开始，其他寿险公司也纷纷紧随其后推出分红保险。目前，市场上的分红保险险种主要有：友邦保险公司上海分公司的"年年红两全"、"节节高分期给付两全"分红保险；中国人寿的"国寿两全"、"国寿终身"分红保险；泰康人寿的"世纪长乐终身"分红保险和平安保险的"平安鸿利终身"、"平安千禧红两全"分红保险等。在这些险种中，只有中国人寿保险公司和中国平安保险公司的分红保险在全国范围内销售。

（四）投资型的人寿保险

在西方，从 20 世纪 80 年代开始，新的投资型保险在寿险市场的销售量逐步扩大，其发展趋势有如下特征：

第一，保单构成要素更加灵活、变化类型日益增多。

第二，人寿保险现金价值的利率紧密联系。投资型寿险产品的利率不是固定的，而是随市场利率的变动而变动。这种利率敏感型保单既弥补了通货膨胀造成的保障水平的降低，又使被保险人充分享受到经济发展的成果，成为寿险发挥长期保障功能的具体表现。

第三，人寿保险的投资功能大大加强。新型险种将资金运用所取得的收益返还投保人，减少通货膨胀因素的影响，保护被保险人的利益。新型保单已经作为一种金融资产，而不仅仅是保障手段。

第四，新型险种的营销方式充分促进了保险业和银行业的融合。保险业为了能更有力地参与竞争，借助银行的分支机构，迅速拓宽市场，增强自身的金融服务业务；银行也期望利用原有的客户向保险业渗透，发展银行保险业务，获得更多利润。

投资型寿险在我国是一个全新的保险品类，其实它在国外同样是一个诞生不过 30 年的保险家庭新成员。投资型寿险的推出可以说是寿险业的一次革命，它产生了三大趋势：消费者意识的提高、投资选择的自主性以及保险公司的经营创新。事实上，我国保险业在不长的发展过程中也同样经历了从保障型、储蓄型到投资型的变化。

1. 变额寿险

也称投资连结保险，是一种将保险和投资结合起来的新型金融产品，美国称之为变额寿险或万能变额寿险，近十多年来在国外得到了迅速发展。变额寿险是指包含保险保障功能并至少在一个投资账户拥有一定资产价值的人身保险产品。投资连结保险除了给予寿险保障外，还可将保费资金直接参与保险公司的投资活动。大部分费用以购买由保险公司专门设立的投资账户单位，参与公司的投资，由投资专家负责账户内资金的调动和投资决策。变额寿险其保险金额随其保费分立账户中投资基金的投资效绩的不同而变化。1976 年，变额人寿保险在美国被首次推销给一般大众。

变额人寿保险与传统寿险相比较，通常具有以下特点：第一，其保费的缴纳与传统寿险产品相同，是固定的，但保单的保险金额在保证一个最低限额的条件下，却是可以变动的。变额寿险也是因此而得名的。变额寿险保险金额的变动取决于投保人所选择的投资分立账户的投资效益。第二，变额寿险通常开立有分立账户（分立账户是美国的叫法，在加拿大叫独立账户，而在中国则叫投资账户）。在寿险公司内部，对应于传统终身寿险的保单责任准备金的资产都要记入保险公司的综合投资账户，为了使这些资金获得较为稳定的资产回报率，保险公司将之投资于一系列的较为安全的项目；而对应于变额寿险的保单责任准备金的资产，则单独开立一个分立账户或多个不同收益、风险特性的分立子账户，由投保人或保单所有人自由选择，由保险公司本身或委托基金公司专业经营。投保人缴纳的保费，在减去费用及死亡给付分摊额后被存入选择的投资分立账户。在该种保单的死亡给付中，一部分是保单约定的固定的最低死亡给付额，一部分是其分立账户的投资收益额。保险人根据资产运用状况，对投资分立账户的资产组合不断进行调整；保单所有人也可以至少每年一次地在各种投资产品中自由选择调整组合。所选择的投资分立账户的投资收益高则保单的现金价值高，死亡保险金即保险金额也高；反之，则保单的现金价值低，死亡保险金即保险金额也低。因此，变额寿险的第三个特点是：变额寿险保单的现金价值随着客户所选择投资组合中投资业绩的状况而变动，某一时刻保单的现金价值决定于该时刻其投资组合中投资分立账户资产的市场价值。

变额寿险产品除了具有保险的保障功能外，最显著的特点是其通过独立投资账户的投资基金来实现投资功能。客户的保费进入投资账户中，由保险公司或委托基金公司的投资专家进行投资运作，投资收益全部归客户所有，但投资账户不承诺投资收益，投资风险由保单所有人承担，保险人只是负责管理投资账户。保单的现金价值可能因投资账户的收益不好而为零。正是如此，在美国，变额寿险产品被认为是一种有价证券产品，经营变额寿险产品的保险公司须作为投资公司经纪商在美国证券交易委员会（SEC）注册，同时出售各种变额寿险保单的也必须在 SEC 注册，并且只有根据联邦证券法取得经纪人或交易商许可证和保险双重从业资格的销售代理人才有资格销售这类产品。但在加拿大等其他一些国家，仍把变额寿险视为寿险产品，由保险公司及其代理人在无特别许可的条件下也可销售。

变额寿险可以是非分红的，也可以是分红的。对于分红的变额寿险，分红的金额决定于该险种的费差益和死差益；而利差益扣除投资管理费用后，用于增加保单的现金价值。保费的缴纳方式为规则的均衡保费，若没有按时缴纳保费，保单就会失效；但也可以选择红利抵充保费或利用红利变更保单为减额缴清保险等红利领取方式使保单继续有效。由于未能及时缴纳保费导致保单的失效，同样可以按复效条款进行复效。

2. 万能寿险

万能人寿保险，简称万能寿险，是一种缴费灵活、保险金额可调整的寿险。万能寿险的最大特点在于其灵活性，该保单的出现是为了满足保费支出较低、缴纳方式要求灵活的消费者的需求。万能寿险的保费缴纳方式很灵活，保险金额也可以调整。投保人在缴纳了首期保费后，可以选择在以后任何时候缴纳任意数额的保费（但有时会有一定的整数要求，例如以 100 元为单位），只要保单的现金价值足以支付保单的各项保险成本和相关费用，保单就持续有效。投保人还可以在具有可保性的前提下，提高保额或降低保额。出于上述特点，万能寿险可以适应客户对人寿保险的个性化需求。

万能寿险具有保障和投资两方面的功能，即保险人将投保人所缴付的保险费分为两部分：一部分用于保险保障，另一部分记入个人投资账户，由保险公司进行运作。同时，万能寿险还引入了变额寿险的基本做法，可根据投保方的需求在一定的范围内调整保费和保额，还可调整保障与投资的比重。太平洋保险的太平盛世万能寿险就是采用保证中国人民银行颁布的二年期居民定期储蓄存款利率，当实际利率高于当日中国人民银行颁布的五年期居民定期储蓄存款利率时，高出部分的 20% 由保险公司享有的运作模式。从资金的运作渠道、运作方式及利益分配上来看，万能寿险和分红保险相似。

投保人在缴纳首期保费后，首期的各种费用、死亡给付分摊、附加优惠条件的费用等从中扣除，剩余部分为保单最初的现金价值。该部分价值按新投资率计息累积到期末，成为期末现金价值，同时也是下一周期的起初价值额。在第二周期，投保人根据自己的情况决定缴纳或不缴纳保费，若该周期的起初价值额足以支付第二期的费用及死亡给付分摊额，投保人就不用缴费；若现金价值额不足，投保人缴纳的保费不够，则保单会因此而失效。若投保人在第二期期初缴纳了保费，则第二期的期初现金价值额为上期末现金价值加第二期保费减去费用和死亡给付额。第二期的期初现金价值额按新的投资利率累积到期末，成为第二期的期末现金价值额。该过程不断重复，一旦其保单的现金价值额不足以支付保单的死亡给付分摊和费用，又未有新的保费缴纳，则保单失效。

通常情况下，保险人规定的首期保费较高，以支付足够的费用和死亡给付，同时也为了避免保单由于对保费缴纳没有严格的限制而过早终止。有时，保险人按保单签订时投保人的意愿建立目标缴费额，按照缴费目标进行开支计划，利用银行自动划拨的方式引导投保人缴费。有些保险人在保单中列入了基于缴纳最低保费时保单不失效条款，即在此条款下，即使保单已无现金价值，只要投保人缴纳保单规定的年最低保费，保单继续有效。

万能寿险保单的现金价值为保费扣除各种费用及死亡给付分摊额后的累积价值。保单通常都规定一个最低的现金价值累积利率，通常为4%或5%，在长期累积下，保单所有者仍有较大的收益。有的保险人提供滚动式利率，如外界的某一移动平均利率（如5年期国债利率）为最低利率，也有的保险人的万能寿险保单的利率基于其投资利率或投资组合收益率。

万能寿险的灵活性不仅表现在保费的缴纳方式上，还表现在保单持有者可以在一定的限制范围内选择所需要的保额。万能寿险的死亡给付通常有两种方式可供选择：A计划和B计划。A计划是一种死亡保险金不变，始终等于保单保险金额的万能寿险。B计划是一种死亡保险金会不断变化的万能寿险，其保险金等于保单保额与现金价值之和。在投保人投保时，可以选择固定的死亡保险金或随保单现金价值的变化而变化的死亡保险金，即可选择A计划或B计划。A计划与传统的具有现金价值的终身寿险相似：在保险有效期内，发生保险事故，受益人得到约定的死亡给付金。该计划的净危险额随着保单的现金价值的增加而减少。当保单的现金价值增加，危险额相应减少，则对应的所需缴纳的保费减少。在B计划中，死亡给付额为均衡的净风险保额与现金价值之和。现金价值的变化直接影响到死亡给付额的大小，如现金价值的增加将会使死亡给付额等额增加，但对净风险保额的大小没有影响。即：

A计划：死亡保险金 = 保险金额

净危险额 = 死亡保险金 - 现金价值

B计划：死亡保险金 = 保险金额 + 现金价值

净危险额 = 保险金额

万能寿险的另一个特点是保单运作的透明性。寿险公司向客户公开组成商品价格结构的各种因素，客户每年可以得到一份保单信息状况表，向客户说明保费、保险金额、利息、保险成本、各项费用及保单现金价值的发生数额及变动状况，从而便于客户进行不同产品间的对比，并监督保险公司的经营状况。

万能寿险设有独立的投资账户，个人投资账户的价值（即保单的现金价值）有固定的保证利率，但当个人账户的实际资产投资回报率高于保证利率时，寿险公司就要与客户分享高于保证利率部分的收益。

3. 变额万能寿险

变额万能人寿保险，简称变额万能寿险，是针对将寿险保单的现金价值视为投资的保单所有人设计。变额万能寿险是一种终身寿险，其将万能寿险的缴费灵活性、死亡保险金的可变性和变额寿险的投资弹性相结合。变额万能寿险遵循万能寿险的保费缴纳方式，保单持有人可以在规定限度内自行决定每期保费支付金额，或在具备可保性及符合保单最低保额的条件下，任意选择降低或调高保额；但其资产由分立账户保存，其现金价值的变化与变额寿险相同，且没有最低投资收益率和本金的保证。换而言之，最坏的预计现金价值可能会降至为零。因此，在美国此产品被认为是一种投资证券产品，必须在 SEC 注册，由有证券经纪商许可证和保险从业资格的代理人销售。

变额万能寿险的投资与变额寿险一样，是多种投资基金的集合。保单所有人可以在一定时期内将其现金价值从一个账户转移到另一个账户。但其死亡给付采取与万能寿险相同的方式，可由投保人选择。如为 B 计划，死亡给付随投资资产价值的大小不同而不同；如为 A 计划，则为均衡死亡给付额，投资收益的大小只反映保单的现金价值。

在变额万能寿险中，保单所有人承担了其投资账户上资产的全部投资风险。如果投资账户的投资增值则皆大欢喜，不会发生收益的减少，而且保单也有效；而一旦保单的现金价值减少为零，若投保人没有足够的保费缴纳，保单将会失效。

变额万能寿险与传统的保险产品完全不同，由于它具有很强的投资功能，加上其在保费缴纳上的灵活性、死亡保险金的可选择性，因此各国对其经营和管理都有较高要求。此类保险为高级投资连结产品。

第三节 人身意外伤害保险

一、人身意外伤害保险的概念

意外伤害包括意外和伤害两层含义。所谓"意外",从保险学的概念出发,是指侵害的发生是人们事先没有预见到,或违背人们的主观意愿。如人们乘坐的飞机起飞后因发生故障而坠毁,使乘客遭受伤害,因人们上飞机前无法预知飞机起飞后会发生故障而坠毁,这就是人们无法预见到的意外;又如旅客乘坐轮船时,船舱进水,乘客知道如不采取救生措施,会溺水而死,但是船上没有足够的救生设备,无法采取任何措施,这是违背人们意愿的意外。

"伤害",是指外来致害物体使人的身体受到侵害的客观事实。伤害由致害物、侵害对象、侵害事实三个要素构成,即伤害的主体、受体及结果三者缺一不可。致害物是造成伤害的物体或物质;侵害对象是致害物体侵害的客体,即人的身体;侵害事实是致害物体伤害人的身体的客观事实。如爆炸使人体受伤,即构成了伤害。

人身意外伤害保险的意外伤害是指在被保险人没有预见到或违背被保险人意愿的情况下,突然发生的外来致害物明显、剧烈地侵害被保险人身体的客观事实。意外伤害由意外和伤害两个必要条件构成,只有主观上的意外而无伤害的客观事实,不能构成意外伤害;反之,只有伤害的客观事实而无主观上的意外,也不能构成意外伤害。只有在意外情况下发生的伤害,才能构成伤害。

二、意外伤害保险的特点

人身意外伤害保险是当被保险人在保险期限内遭受合同所约定的意外伤害事故,导致死亡或残疾,保险人依照保险合同的约定给付保险金的保险。从上述定义中可知道,意外伤害保险是以意外伤害造成被保险人的死亡或伤残为给付保险金的条件，其他原因，如疾病等造成的死亡或伤残，或意外伤害事故造成的其他损失，如营业的中断、收入减少或员工心理上的伤害等，就都不在保险人的责任范围内。到目前，该类保险的给付只涉及被保险人肉体上的伤亡，精神上造成伤害的赔案却屡屡引发诉讼。例如，因车祸使被保险人得了抑郁症，保险人是不承担保险责任的。

构成意外伤害保险的保险责任必须满足三个条件：一是发生了意外伤害事故，即在保险期限内，必须有客观的意外事故发生；二是被保险人的身体在事故中遭受伤害，当即或在约定的责任期限内死亡或造成合同规定的伤残后果；三是意外事故的发生和被保险人死亡或残疾结果之间有着内在的、必然的联系，即被保险人遭受的意外伤害事故是其死亡或残废的直接原因或近因。上述三个条件缺一不可。

与人寿保险相比较，人身意外伤害保险有以下特点：

（一）承保的条件相当宽松而保险金的给付条件较为严格

投保人身意外伤害保险的被保险人几乎没有年龄、性别、身体状况等方面的限制，也不需要参加体检。人身意外伤害保险以被保险人在保险期限内遭受意外伤害事故而致其在责任期限内死亡或残废为给付保险金的条件，被保险人虽遭遇意外事故，但未造成特定的结果，保险人也不必给付保险金。

（二）保险期限较短且有责任期限的约定

人身意外伤害保险的保险期限一般是一年或一年以内，有的只有几个月，甚至短到一个多小时。例如，航空意外伤害险，被保险人通过安全检查进入候机室，保单生效，保险责任就开始。飞机抵达目的港，被保险人步出机舱，保险责任即告终止。像济南京飞北京、福州飞厦门这样短程的航线保险期限也就是一个多小时。正是由于这一特征，在仍然实行财产保险与人身保险分业经营的今天，我国现行的《保险法》仍许可财产保险公司经营人身意外伤害保险。

责任期限是指自被保险人遭受意外伤害事故之日起的一定时期（如90天、180天、1年等）。被保险人遭受意外伤害事故后，只有在责任期限内死亡或残废的，保险人才给付保险金。我国意外伤害保险中规定的责任期限是 180 天。

（三）纯费率完全依据职业和生活环境而定

人身意外伤害保险中，意外伤害事故的发生与人的年龄关系不大，而与被保险人的职业特点和生活环境关系密切，因此其纯费率是根据不同地区不同职业的人们的意外事故的统计资料计算的。从事危险性高的职业的被保险人，支付的保险费也会高一些。

（四）定额给付具有特殊性

在人身意外伤害保险中，当被保险人因遭受意外伤害事故而致死亡时，保险人按合同约定的保险金额给付保险金；当被保险人因意外伤害事故而致残废时，保险人按其规定的伤残程度给付比例乘以保险金额给付保险金。例如，信诚人寿保险公司长期意外伤害保险的《残疾程度与保险金给付表》将伤残分成 7 个等级共 34 个项目，给付比例高低相差 90 个百分点，该公司对不同部位、不同面积烧烫伤的保险金给付比例高低也相差 60 个百分点。

三、意外伤害保险的责任范围

意外伤害保险的保障项目包括两项：意外伤害造成的死亡和意外伤害造成的残废。因此：

第一，意外伤害保险的保险责任是被保险人因意外伤害所致的死亡和残废，不负责疾病所致的死亡和残废。

第二，在意外伤害保险中，有关于责任期限的规定。只要被保险人遭受意外伤害的事故发生在保险期限内，自遭受意外伤害之日起的一定时期内，即责任期间内（一般为 90 天或 180 天）造成死亡、残废的后果，保险人就要承担保险责任，给付保险金。即使被保险人在死亡或被确定为残废时保险期限已经结束，保险人仍要负责给付保险金。

四、意外伤害保险的给付

死亡给付：给付约定保额。

残疾给付：按伤残程度进行给付。

五、意外伤害保险的险种

两类最常见的意外伤害保险：

（一）个人意外伤害保险

包括：航空人身意外伤害保险、机动车驾驶学员人身意外伤害保险、驾乘人员人身意外伤害保险、游客意外伤害保险、铁路和公路旅客意外伤害保险等险种。

（二）团体意外伤害保险

包括团体人身意外伤害保险、学生团体平安保险等险种。

第四节 健康保险

一、健康保险的概念

健康保险是以人的身体为保险标的，保证被保险人在疾病或意外事故所致伤害时的费用支出或损失获得补偿的一种保险。如同人寿保险并不是保证被保险人在保险期限内避免生命危险一样，健康保险并不是保证被保险人不受疾病困扰、不受伤害，而是以被保险人因疾病等原因需要支付医疗费、护理费，因疾病造成残疾以及因生育、疾病或意外伤害暂时或永久不能工作而减少劳动收入为保险事故的一种人身保险。根据人身保险业界的习惯，往往把不属于人寿保险、意外伤害保险的人身保险业务全都归入健康保险中。

一般来说，健康保险的保障项目包括两个方面：一是被保险人因疾病或意外事故引起的医疗费用支出。就这一方面所提供的保险保障看，它是转移医疗费用风险的一种保险。二是因疾病或意外事故导致被保险人收入的损失，这类保险被称为收入损失补偿保险。

健康保险与人身意外伤害保险同属于短期保险，二者具有许多共同之处，因此国外一般将二者合二为一，统称为健康保险。其实，人身意外伤害保险与健康保险在保险责任上是有区别的，在保险合同的实务处理上也存在显著差别，这些我们将在随后的讨论中逐步比较，但这里首先必须明确的是：第一，二者虽然都要对被保险人的意外伤害提供保障，但意外伤害保险的保险责任仅限于意外伤害造成的死亡、残疾，其他原因如疾病、生育等引起的残、亡则不属于其保险责任范围，而属于健康保险的保险责任范围。第二，意外伤害保险是向被保险人或受益人给付死亡或残疾保险金，有些意外伤害保险品种可能还会给付医疗保险金，但对因意外伤害造成的其他损失（如劳动收入减少损失）则不属于意外伤害保险的保险责任，而属于健康保险的保险责任范围。

二、健康保险的特征

与人寿保险和意外伤害保险相比较，健康保险有以下特征：

（一）健康保险一般不指定受益人

受益人是享有保险金请求权的人，除合同另有约定，受益人为被保险人。只要被保险人生存，他就具有保险金请求权；只有当被保险人死亡时，受益人才享有受益权。健康保险的目的是为被保险人提供医疗费用或残疾收入补偿，使他们获得治疗，在生活上有一定的保障。为此，被保险人得到的保险金基本上是以被保险人的存在为条件的，无需指定受益人。

（二）健康保险合同多为短期合同

除少数承保特定危险的健康保险（如重大疾病保险、长期护理保险等）外，健康保险的保险期间多为1年，因此在保险条款中会注明在什么条件下失效，什么条件下又可自动续保。这主要是因为寿险保费计算有生命表和利息理论等科学的计算方法，可以比较准确地对被保险人未来多年甚至终身的生死概率作出预测，因此可以承保长期险。而健康保险的保费计算，以发病率、残疾率、替换死亡率为基础，没有类似生命表的"发病率表"、"残疾率表"来估计人们因疾病、分娩发生疾病和死亡的概率。而且发病率、残疾率受职业环境等因素的影响较大，从长期来看更不稳定，所以一般的健康保险都是一年期的。初次投保无论对保险人还是投保人而言都意味着复杂的手续和各项杂费，对于希望长期投保健康险的客户，反复投保一年期保单显然是不方便的，也是不现实的。因此，保险人往往通过在保单条款中的说明，使健康险保单变成为连续有效的保单，而且更新时还可以更改费率。

（三）合同中规定观察期（或等待期）

健康保险的主要风险是疾病，而疾病产生的因素及由疾病引起的医疗费用的确定都十分复杂，因而保险人在承保时十分谨慎，承保条件更为严格。为了防止已患病的人投保，通常在合同中规定观察期，被保险人在观察期内因疾病而支出的医疗费及收入损失，保险人不负责。观察期结束后保险合同才正式生效。

（四）在合同中规定免赔额、给付比例、给付限额

在健康保险中，一般都规定一定的免赔额，免赔额以下的医疗费用由被保险人自己承担，只有当实际支付的医疗费用超过免赔额时，保险人才负责。确定免赔额的方式有三种：一是每次医疗费用的免赔额，二是全年免赔额，三是集体免赔额。

对于超过免赔额以上的医疗费用，保险人也不是全额负责，而是规定一定的给付比例，如75%，即保险人负责偿付超过免赔额医疗费用的75%，剩余部分由被保险人自行承担。给付数额不得超过合同中规定的给付限额。

（五）健康保险（补偿性医疗保险）具有补偿性，适用于损害补偿原则和代位追偿原则

健康保险虽然是以人的身体为保障对象，是人身保险的一种，但由于以被保险人因疾病或意外事故所致的医疗费用支出和收入损失为保险责任，而医疗费用和收入损失都可以货币衡量其大小，有确定的数额，保险人支付的保险金不能超过被保险人实际支付的医疗费用或实际收入损失。因此，健康保险具有补偿性，是补偿性保险。如果由于第三者的责任致使被保险人遭受意外事故而支付医疗费或收入减少，保险人补偿后，可以取得代位追偿权，取代被保险人的地位向责任方追偿。

总之，在健康保险中，保险人只对超过免赔额部分的医疗费用按给付比例补偿，以给付限额为限。

三、健康保险的基本类型

（一）医疗保险

医疗保险，又称医疗费用保险，人们投保医疗保险的目的就在于补偿医疗费用的支出，是健康保险最重要的组成部分。医疗保险是指提供医疗费用保障的保险，保障的是被保险人因患疾病或生育需要治疗时的医疗费用支出，包括医生的医疗费和手术费、药费、诊疗费、护理费、各种检查费和住院费及医院杂费等。各种不同的医疗保险所保障的费用一般是其中一项或若干项医疗费用的组合。医疗保险有普通医疗保险、住院保险、手术保险、综合医疗保险、住院津贴保险和特种疾病保险等。

医疗保险的特征表现在：首先是出险频率高，保险费率高。人类健康既要受到生理、社会等多种因素的影响，也要受个人行为、群体行为等的影响。随着人们生活的日益丰裕，生存已不是问题，疾病成为侵袭人类最频繁的危险之一，几乎每个人每年都会因患疾病而需要得到医疗服务，由此决定了医疗保险具有高出险率、高损失率的特点。再加上医疗保险的技术性强，其费用总额也要高于其他人身保险，保险费率自然也要高于其他险种了。其次是赔付不稳定且不易预测。虽然保险公司可以通过历年的统计资料对某一地域某一时期人群的发病率、患病率、住院率以及门诊住院医疗费等事项作出大致预测，但人的健康状况受到诸多因素的影响，其中许多因素是不确定的，难以准确预测。另外，医疗条件的改善和医疗技术的日益发展，医疗费用开支中不能排除的人为因素，这些使得医疗费用总额的合理与否难以区分。再次是保险费率厘定困难，误差大。决定医疗保险费率的因素比人寿保险以及其他险种要多，而且这些因素很难进行可靠、稳定的测量，除了年龄、性别、健康状况、职业与嗜好等因素外，还包括：疾病发生率、残疾发生率、疾病持续时间、利息率、费用率、死亡率、损失率等因素。同其他险种一样，类似保单失效率、展业方式、承保习惯、理赔原则以及保险公司的主要经营目标等都影响着费率的高低。由于医疗保险承保内容的特殊，确定保费时对诸如医院的管理、医疗设备以及经济发展、地理环境等条件的依赖程度较大，这些方面的些许变化都会使保险人对未来的赔付的预测产生较大的影响。总之，影响因素是多方面的，各个因素又不易完整而准确地预测，从而给确定医疗保险保费带来一定的困难。

医疗保险中有责任期限的规定。责任期限是指被保险人自患病之日起的时间段，如果被保险人患病治疗超过保险期限，则保险人只负责责任期限内的医疗费用开支。也就是说，只有发生在保险期限内的保险事故才能享受责任期限的待遇，被保险人在保险期内患病但在保险期内还未治愈，则从患病之日期起的不超过责任期限内所消耗的医疗费用由保险人提供补偿保险金。责任期限一般可定为90日、180日、360日不等，以180日居多。在保险金额方面，医疗保险一般规定一个最高保险金额，保险人在此限额内支付被保险人所发生的医疗费用，无论被保险人是一次还是多次患病治疗；但超过之后，保险人就停止支付。除此之外，在实践中还可采取规定每次门诊费的保险金额、规定每日住院金额数（平均数）、即时限额补偿、疾病限额补偿等方式确定医疗保险的保险金额。在保障项目方面，被保险人患病治疗过程中，医疗费用涉及的范围很广，既有治疗疾病的直接费用，如药费、手术费，又有与治病无关但患者必须支出的费用，如假肢费、整形费。对于这些名目繁多的费用，究竟是否属于保障范围，是保险人在进行赔付之前必须仔细区分的。原则是直接费用予以负责，间接费用可负可不负，无关费用一律不予负责。

医疗保险的品种主要有普通医疗保险、住院医疗费用保险、手术保险、门诊医疗费用保险、综合医疗保险、高额医疗费用保险、特种医疗费用保险。普通医疗保险给被保险人提供治疗疾病的一般医疗费用提供保障，主要包括门诊费、医药费、检查费等。此险种是一种简单的医疗保险，比较适用于一般社会公众。住院医疗费用保险是为特定的住院费用提供保障的医疗保险。一般来说，由于住院所发生的费用比较可观，因此住院保险可作为一项单独的保险承保。为了防止被保险人的道德危险、无故延长住院时间，此险种的合同中一般都约定每日的给付金额、免赔天数和最长给付天数，保险人只负责承担超过免赔天数而未超过最长给付天数的住院费用。手术保险是为被保险人在患病治疗过程中进行必要的各种大小外科手术而消耗的医疗费用提供保障的医疗保险，保险人负责的主要是所有手术费用。门诊医疗费用保险是为被保险人的门诊治疗费用提供保障的医疗保险，门诊费用主要包括检查费、化验费、医药费等。综合医疗保险是保险人为被保险人提供的一种保障范围较全面的医疗保险，其保障项目包括医疗和住院、手术等的一切费用，它实际上是前面几个险种的板块式组合，如住院医疗费用保险已包括了住院的外科手术费用，但没涵盖在门诊接受外科手术的费用，如果将三者结合在一起，就形成了综合医疗保险。一般综合医疗保险的保险费率较高，同时还会确定一个较低的免赔额及适当的分摊比例。前述医疗费用保险是为被保险人因患病或伤残所花费的医疗费用所提供保障的基本险种，或可称之为基本医疗保险。基本医疗保险一般保险期限较短、保险金额较低，当人们对更为广泛的医疗保险保障产生更大的需求时，保险人为适应客户的需求而开始推出一些新险种，如高额医疗费用保险。高额医疗费用保险是在人身保险比较发达的地区非常流行的险种。此险种只限于医药费给付，包括住院费、医院杂费、手术费、就诊费、急诊费以及看护费。而除住院费一项之外，其他各项都设有最高金额的限制，每一次患病就医的医药费总数还有一定金额的限制。这种保险通常有免赔额规定，保单中一般还要明确保险金的给付以患病后多少时日所发生的医药费总额超过免赔额为条件，或90日，或1年不等。还有的保单约定超出免赔额的医药费由当事人双方各自以一定比例分担，或免赔额以下由被保险人自己承担，超出部分由保险人全部负担。保单条款一般是比较灵活的，由当事人双方协商而定。

（二）疾病保险

疾病保险，是指以保险合同约定的疾病的发生为给付保险金条件的保险。疾病保险的承保是可保疾病，构成可保疾病必须具备的三个条件：一是内部原因疾病，即使基本源于外界各种因素，也必然要在身体内部经过一段时间的酝酿才会发作、形成；二是非先天性疾病，一些潜伏性疾病如果在保险效力有效期间发作，应当视为与普通疾病一样，可以承保；三是偶然性疾病，客观上有药可治。

疾病保险的险种有重大疾病保险和特种疾病。其中，重大疾病承保包括某一种重大疾病的保险以癌症居多，另外还包括保障的疾病，一般有心脏病、冠状动脉旁路手术、脑中风、慢性肾衰竭、癌症、瘫痪、重大器官移植手术、主动脉手术等。其补偿方式分明细费用定额型和每日费用限额型两种。特种疾病保险主要有牙科费用保险、眼科保健保险、生育保险、母婴安康保险、健康婴儿保险、多胞胎保险等。

疾病保险和医疗保险都属于健康保险，都是以被保险人的健康为保险标的的，但他们也有很大的区别：

1. 保障范围不一样，医疗保险保障范围更广

疾病保险，主要是重大疾病保险，针对那些会威胁到生命或者花费比较大的重大疾病。而医疗保险保障范围就宽了很多，从一般的阑尾炎到癌症都在医疗保险保障范围之内。但医疗保险不保死亡，疾病保险都保死亡。

2. 赔偿标准不同

疾病保险是定额赔付。也就是只要患合同规定的重大疾病，保险公司立即按照保险金额赔付。比如保额 20 万，那保险公司就赔偿 20 万。医疗保险是按实际所用医疗费来赔付。比如保额 1 万，住院花费了 5000 元，那保险公司可能会赔偿 4000 元（实际费用的 80%）。

3. 保险期间不同

医疗保险的保险期间只有 1 年，今年投保，如果一年内没有住院，那保险合同就终止了，要想继续得到保障，就得再交钱续保。疾病保险的保险期限一般都在 20 年以上，甚至是终身型的。

（三）残疾收入补偿保险

残疾收入补偿保险，又称丧失工作能力收入保险、收入损失保险、收入保险等，是对被保险人因疾病或遭受意外事故而导致残疾、丧失部分或全部工作能力而不能获得正常收入或使劳动收入减少造成损失的补偿保险。它并不承保被保险人因疾病或意外伤害所发生的医疗费用。残疾收入补偿保险一般可分为两类，一类是补偿因疾病致残的收入损失，另一类是补偿因意外伤害致残的收入损失。因此，它并不承

保被保险人因疾病或意外伤害所发生的医疗费用。残疾收入补偿保险通常有一些特殊条款，如部分残疾保险金给付条款、加保选择权益条款、生活指数调整给付条款、免缴保险费条款。

残疾收入补偿保险的特征有：第一，残疾收入补偿保险的目的是对被保险人因病或意外伤害致残而导致的劳动收入减少损失提供经济保障，相当于对其收入中断的延续，因此它要求被保险人在投保时必须有固定的全职工作。否则，若原来就没有固定的收入，也就没有保险的必要了。第二，保险金额与保险金给付的确定。残疾收入补偿保险的目的不是维持被保险人丧失部分或全部工作能力前的收入不变，而是缓解被保险人因丧失工作能力给自身及家庭所带来的经济压力。一般来说，保险人在确定保险金额时，要参考被保险人过去的专职工作收入水平或社会平均年收入水平。但一个人的收入来源总是多渠道的，如在专职收入之外还有兼职收入，有时兼职收入甚至要高于专职收入，按照专职收入确定最高赔付额显然满足不了这类人的保障需求，因此保险人确定保险金额的难度较大。第三，保险责任。残疾收入补偿保险的保险责任是被保险人因病或遭受意外伤害而丧失的工作能力，丧失工作能力是指被保险人在最初的一段时间内（也称等待期，比如2年）无法从事其原有的工种，也没有从事其他任何工作，并且在等待期后仍然无法从事任何与其以往接受的教育和培训合适的工作。第四，保险费率的厘定。残疾收入补偿保险与医疗保险相比，受时间因素的影响程度更大。因此，在确定保险费率时，保险人还需要考虑货币的时间价值、通货膨胀状况等。为此，保险人在保单中往往要制定生活指数条款，规定保险人给付的保险金额按照生活指数进行调整。第五，残疾收入补偿保险的形式多样，它既可以作为独立险种进行承保，也可以作为主险的附加险。从保险期限看，也可长可短。在短期的残疾收入补偿保险中，保险人基本上把保险金额限制在被保险人每周收入的60%；在长期的残疾收入补偿保险中，保险人有时把保险金额限制在被保险人月收入的70%。绝大多数的保险人是把月最大保险金给付额限制在某一限额上，规定这些限额的主要目的在于防止道德危险因素的发生。

（四）护理保险

护理保险是为因年老、疾病或伤残而需要长期照顾的被保险人提供护理服务费用补偿的健康保险。这是一种主要负担老年人的专业护理、家庭护理及其他相关服务项目费用支出的新型健康保险产品。

典型长期看护保单要求被保险人不能完成下述五项活动之两项即可：吃、沐浴、穿衣、如厕、移动。除此之外，患有老年痴呆等认知能力障碍的人通常需要长期护理，但他们却能执行某些日常活动，为解决这一矛盾，目前所有长期护理保险已将老年痴呆和阿基米得病及其他精神疾患包括在内。

20世纪70年代，该险种起源于美国，随后进入法、德、英、爱尔兰等欧洲国家和南非。在亚洲，日本于2000年将长期护理保障作为公共服务产品引入国家社会保障体系，要求40岁以上的人都要参加新的长期护理方案。在我国，长期护理保险还处于起步阶段，仅有少数保险公司开设这一险种。

长期护理保险与其他保险产品相比，侧重于提供长期护理保障，有着显著的产品特点。从保障范围看，分为医护人员看护、中级看护、照顾式看护和家中看护四个等级。产品类型主要有日额津贴、费用补偿、服务提供等单一或相互交叉的形式，给付期限有1年、数年、终身等几种不同的选择，同时也规定有20天、30天、60天、90天、100天等多种免责期。免责期越长，保费越低。

长期护理保险一般都有保费豁免保障，在缴费期间，被保险人一经确定需要"长期护理"，保险公司将豁免以后各期保险费。此外，所有长期护理保险保单都是保证续保的，有一些甚至保证终身续保，保险公司不得在保单更新时针对个人提高保险费率。

长期护理保险的保费通常为平准式，也有每年或每一期间固定上调保费者，其年缴保费因投保年龄、等待期间、保险金额和其他条件的不同而有很大区别。一般都有豁免保费保障，即保险人开始履行保险金给付责任的60天、90天或180天起免缴保费。

长期护理保险的理赔一般基于两种标准：一是健康标准，二是失能标准。在健康标准下，被保险人提出索赔时需要满足：有专业医生提供的医疗必要性证明；接受了 3 天以上的住院治疗，并仍有必要继续接受护理等条件。在失能标准下，可通过日常活动能力损失、认知能力损失、特定疾病（阿尔茨海莫氏症、早老性痴呆、帕金森氏症等）等判定保险责任。

第五节　人身保险合同的常用条款

人身保险合同主体之间的权利、义务关系与其他保险合同有着很大的区别，它有法律规定的人身保险合同所特有的内容。

一、不可争条款

不可争条款又称不可抗辩条款，是指自人身保险合同订立时起，超过法定时限（通常规定为 2 年）后，保险人将不得以投保人在投保时违反如实告知义务如误告、漏告、隐瞒某些事实为理由，而主张合同无效或拒绝给付保险金。如投保人申报的年龄不真实，且真实年龄不符合合同约定的年龄限制的，在不可抗辩期内，保险人可以解除合同，并在扣除手续费后，向投保人退还保险费。

保险合同作为最大诚信合同，要求投保人在投保时必须根据实际情况报告个人的有关信息，其中包括健康、年龄、经济状况等。如果投保人没有履行告知的义务，保险人有权宣告保单无效。这样规定原本是为了保障保险人的正当利益的。但在实际中，特别是在早期的保险业务中，有的保险人却滥用这些项权利。在发生保险事故时，以投保人告知不实为由拒付保险金。这样做，不仅使被保险人失去了应有的保障，也影响了保险业的声誉。如果保单失效后又复效，可争时间又重新开始。从复效时起，经过 2 年再成为不可争合同。由于可争时间一般只有 2 年，因此保险公司必须在承保前或者承保 2 年之内做好审核工作。如果在 2 年之内没有提出什么问题，保险人就不能再否定保单的有效性。

二、年龄误告条款

本条款主要针对投保人申报的被保险人的年龄不真实，而真实年龄又符合合同限制年龄的情况下而设立的，并要求按真实年龄进行调整。

年龄误告条款包括三种情况：

第一，投保人申报的被保险人的年龄不真实，并且其真实年龄不符合合同约定的年龄限制的，保险人可以解除合同。

第二，投保人申报的被保险人年龄不真实，致使投保人支付的保险费少于应付保险费的，保险人有权要求投保人补交保险费，或者按照实付保险费与应付保险费的比例支付保险金。

在保险期限、保险金额相同的情况下，投保死亡保险、两全保险，被保险人的实际年龄大于申报年龄，或者投保生存保险、年金保险，被保险人的实际年龄小于申报年龄，都会造成投保人少付保险费。在这种情况下，有两种处理方法：一是由投保人补交保险费，二是按照投保人实际交纳的保险费调整保险金，调整的公式是：

$$实际给付的保险金 = 约定保险金额 \times \frac{实交保险费}{应交保险费}$$

设某被保险人 35 岁时投保祥瑞终身保险，保险金额为 10000 元，选择 20 年缴费期，每年应交保险费 320 元，但投保时误报年龄为 34 岁，实交保险费 310 元，保险事故发生时，保险人实际给付的保险金是：

$$实际给付的保险金 = 10000 \times \frac{310}{320} = 9689 \ 元$$

第三，投保人申报的被保险人年龄不真实，致使投保人实付保险费多于应付保险费的，保险人应当将多收的保险费退还给投保人。

在保险金额、保险期限相同的情况下，投保死亡保险、两全保险，被保险人的实际年龄小于申报年龄，或者投保生存保险、年金保险，被保险人的实际年龄大于申报年龄，会造成投保人多交保险费。在这种情况下，保险人应当将多余的保险费退还给投保人。在实际业务中，也可以根据投保人实际支付的保险费调整保险金。公式为：

$$实际给付的保险金 = 约定保险金额 \times \frac{实付保险费}{应付保险费}$$

假设某被保险人 35 岁时投保祥瑞终身保险，保险金额为 10000 元，选择 20 年缴费期，年交保险费应为 320 元，但投保时误报年龄为 36 岁，实交保险费为 330 元，保险事故发生时，保险人应支付的保险金为：

$$保险人实际支付的保险金 = 10000 \times \frac{330}{320} = 10313 元$$

在保险合同中规定此条款，是因为被保险人的年龄不同，其所面临的死亡率不同，即使他们投保的险种和保险期限相同，他们所应交纳的保险费也不同。

保险费或保险金调整的两种情况：

一是保险事件尚未发生或期限尚未到达。投保人支付的保险费少于应付保险费的，要补交或按原缴数额调整保险金额；投保人支付的保险费多于应缴保险费的，应及时清算退还。

二是，保险事件已发生或期限到达。投保人支付的保险费少于应付的保险费的，按实付保险费与应付保险费的比例给付保险金；投保人支付的保险费多于应付保险费的，多收的保险费应退还投保人。

三、宽限期条款

宽限期条款是对合同约定分期支付保险费的，投保人支付首期保险费后，未按时交付续期保险费的，法律规定或合同中约定给予投保人一定的宽限时间（通常为 30—60 天），在宽限期间，保险合同效力正常。

人寿保险一般是一种长期性的合同。在这个比较长的时期内，可能会出现一些偶然情况或意外事情从而影响到投保人按时缴费。因此，规定一个宽限期，可使投保人能弥补过失或从容筹款，由此避免保单失效。我国法定宽限期为 60 日。只要在宽限期内，即使投保人没有及时交保险费，合同仍然有效。若发生保险事故，保险人仍应承担责任。

超过宽限期后，投保人仍未支付保险费的，有两种结果：一是合同效力中止；二是按合同约定减少保险金额，投保人不必再交纳保险费。

四、复效条款

合同履行过程中，在一定时期内由于失去某些合同要求的必要条件，致使合同暂时失去效力，失去效力期间称为合同中止；一旦在法定或约定的时间内所需条件得到满足，合同就恢复原来的效力，称为合同复效。

复效和重新投保是不同的。复效是保留原来保险合同的权利和义务不变。如保险责任、保险期限、保险金额等，都按原全责规定办理。而重新投保是指一切重新开始。对投保人来说，如果保单失效后再重新投保是很不合算的。因为随着年龄的增加，费率也增加。此外，在有的时候，原保单还可能有一些新保单所没有的特征和条款。所以，一般情况下，投保人愿意申请复效，而不愿意重新投保。

通常中止期限为2年，超过2年就不可能申请复效了。申请合同复效手续必须齐全：（1）补交保费及利息；（2）提供被保险人近期体检证明、身体健康证明等。如果想让合同终止所办的手续为：交足2年保险费的，退还保单现金价值；未交足2年保险费的，扣除手续费，退还保险费。

五、自杀条款

所谓自杀，在法律上是指故意剥夺自己生命的行为。在人寿保险合同中，一般都将自杀作为责任免除条款来规定，目的是防止道德危险的发生。为保障投保方利益，合同规定生效一定期限后（通常是2年），对被保险人的自杀，保险人承担给付保险金责任。自杀条款的规定，可避免道德危险的发生，也可最大限度地保障被保险人、受益人的利益。

被保险人自杀，其合同满2年的处理方式：保险人可以按照合同给付保险金。被保险人自杀，其合同未满2年的处理方式：无论其是否交足2年以上保险费，保险人都应计算现金价值。时间的计算：合同成立之日起满 2 年；合同复效时重新计算。

六、不丧失现金价值条款

投保人享有保单现金价值的权利，不因保单效力的变化而丧失。投保人可以任选一种形式取得保单的现金价值。

（一）现金价值

现金价值是指带有储蓄性的人身保险单所具有的价值。长期人身保险中，保险费率组成中含有储蓄因素，特别是长期性带有生存给付保险的纯保险费往往含有很大比重的储蓄保险费。于是，保险单缴费达到一定时间后，逐年积存相当数额的责任准备金并随着时间的延伸而不断增加，这就形成了保险单的现金价值。

（二）现金价值的返还

1. 现金返还

2. 将原保单改为缴清保单

3. 将原保单改为展期保单

通常情况下，现金价值的积累时间通常为 2 年（自杀条款的规定除外）；投保人在规定期间内未交付保险费，保险人可用其保险单中的现金价值垫交保险费；投保人解除合同时，（即使投保方违规解除合同），保险人也应当退还保险单现金价值；投保人有权选择有利于自己的方式来处理现金价值，如申请退保、趸交保险费等；合同效力中止的，经保险人与投保人协商并达成协议，在投保人补交保险费和利息后，合同效力恢复。

七、自动垫缴保险费条款

分期支付保险费的人身保险合同，合同生效 2 年后，如果投保人逾期未支付当期保险费，保险人则自动以保单的现金价值垫缴保险费。

保险人以保单自动垫缴保费时，必须事先征得投保人同意。在垫缴保费期间发生的保险事故，保险人仍承担责任。垫缴的保费及利息达到保单现金价值数额时，保险合同自行终止。

八、保单贷款条款

长期性人身险保险合同，投保人可以以具有现金价值的保单作为质押，在现金价值数额内，向其投保的保险人申请贷款。保单质押是一种权利质押。在进行质押贷款时，投保人应将保险单交给债权人占有，如果债权人不是其投保的保险人，还应通知该保险人。

以死亡为给付保险金条件的保险合同，非经被保险人同意，投保人不得将保险单进行质押。

本 章 小 结

人身保险是以人的生命、身体和健康作为保险标的的一种保险。人身保险的保险事故的发生具有必然性和分散性，被保险人的死亡风险也随其年龄的增长而增加。

人寿保险是以被保险人在保险期限内死亡或保险期满时仍生存作为保险金给付条件的人身保险业务。人寿保险主要包括定期寿险、终身寿险和两全保险。定期寿险是一种以被保险人在规定期限内发生死亡事故为前提而由保险人负责给付保险金的人寿保险。终身寿险是不定期的死亡保险，自保单生效日起，被保险人不论何时死亡，保险人都将给付保险金，它主要分普通终身寿险、限期缴费的终身寿险和趸缴保费的终身寿险等。两全保险是指被保险人不论在保险期限内死亡还是生存到保险期限届满，保险人都给付保险金额的保险。

创新型的人寿保险主要有变额人寿保险、万能人寿保险、变额万能人寿保险和分红保险几种。与传统产品相比，它们在保费缴纳、保额调整和现金价值积累等方面具有更多的灵活性。

人身意外伤害保险的意外伤害是指在被保险人没有预见到或违背被保险人意愿的情况下，突然发生的外来致害物明显、剧烈地侵害被保险人身体的客观事实。常见的意外伤害保险有个人意外伤害保险和团体意外伤害保险。

健康保险是以人的身体、人体的健康状况以及与人体健康状况相关的利益作为保险标的的一种商业保险。健康保险的基本类型有医疗保险、疾病保险、残疾收入补偿保险和护理保险。

虽然不同国家不同寿险公司寿险保单的设计各有不同，但一般寿险保单都包括多种标准保单条款，如不可争条款、年龄误告、宽限期条款、复效条款、自杀条款、不丧失现金价值条款、自动垫缴保险费条款、保单贷款条款、不得用诉讼方式要求投保人支付保险费等。

重 要 概 念

人身保险　人寿保险　保险事故　死亡保险　定期寿险　终身寿险　生存保险　年金保险　两全保险　分红保险　变额人寿保险　万能人寿保险　变额万能寿险　意外伤害保险　健康保险

复习思考题

1. 什么是人身保险? 与财产保险相比较, 人身保险有哪些特征?

2. 人身保险如何分类?

3. 什么是人寿保险? 它有哪些特征?

4. 人寿保险有哪些种类?

5. 人身意外伤害保险及其特征是什么?

6. 健康保险及其特征是什么?

7. 健康保险有哪些类型?

8. 我国目前开办的人身保险险种有哪些?

9. 人身保险有哪些常用条款? 各条款的主要内容是什么?

10. 在我国"不可争条款"是如何规定的?

11. 年龄误告条款包括哪几种情况? 应如何处理?

12. 被保险人在保险有效期内自杀, 保险人在保险给付上如何掌握?

13. 什么是人身保险合同的现金价值? 投保人是否有权支配保单中的现金价值?

14. 投保人以死亡为给付保险金条件的保险合同抵押时要注意什么问题?

第五章　财产损失保险

在第一章中我们介绍了广义的财产保险，其保险标的包括有形财产、无形的潜在利益及责任等。当保险标的仅指有形财产时，我们称这种保险为财产损失保险。财产损失保险起源最早，发展程度最高；涉及范围也十分广泛。

第一节　财产损失保险概述

一、财产保险的概念及分类

（一）财产保险的概念

财产保险是指以各种财产物资和有关利益为保险标的，以补偿投保人或被保险人的经济损失为基本目的的一种社会化经济补偿制度。根据经营业务的范围，财产保险可以分为广义财产保险与狭义财产保险。其中，广义财产保险是指包括各种财产损失保险、责任保险、信用保证保险等业务在内的一切非人身保险业务；而狭义财产保险则仅指各种财产损失保险，它强调保险标的是各种具体的财产物资。本章阐述的是狭义财产保险。

（二）财产损失保险的分类

对财产损失保险的分类，通常根据保险标的来划分，按照属性相同或相近归属成几大业务种类，每一业务种类又由若干具体的保险险种构成，见图 5 - 1。

财产损失保险 {
火灾保险——财产保险基本险、财产保险综合险、家庭财产保险等

运输保险——货物运输保险、机动车辆保险、船舶保险、航空保险等

工程保险——建筑工程保险、安装工程保险、科技工程保险等

农业保险——种植业保险、养殖业保险等
}

图 5 – 1　财产损失保险的分类

二、财产损失保险的运行

（一）财产损失保险运行概述

考察财产损失保险的整个过程，可以发现其涉及面广、环节多、非常复杂，且总是不断地进行展业承保、防灾防损、再保险和理赔工作。保险人通过展业可以提高社会公众的保险意识，放大保险需求，使得被保险人的风险转嫁通过保险人的承保由可能变成现实。通过保险人的防灾防损，可以减轻社会财富的损失，降低财产保险企业的赔付率，进而可以以更优惠的费率为被保险人提供保障。通过再保险，可以转嫁保险人自身的经营风险，保证保险人的持续、稳定经营。而通过保险理赔，则使被保险人的财产损失能在保险责任范围内及时得到补偿，使得被保险人的生产和生活得以稳定。

（二）财产损失保险的展业与承保

展业又称为推销保单，是指保险的销售活动，它是保险运行的起点。展业是保险人为吸引更多的投保人投保而进行的活动，如宣传保险等。保险人只有通过展业争取到众多的投保人，才符合大数法则这一保险经营原则，才能达到以众人之力补偿少数人损失的目的。因此，展业是承保的基础。

保险人的承保主要包括核保和签单。核保是指保险人对投保人的投保进行审核以决定是否承保的过程。保险人对投保人的投保，并不是来者不拒的，保险人要在对投保人、投保标的、投保金额等进行审查和核实的基础上，决定保与不保以及以怎样的条件承保。因为保险人作为风险的购买者，如果对于购进的风险不加选择，必然会造成赔付率过高，影响保险业务经营的稳定。签单是指保险人经过核保，同

意投保人的投保要求，决定承保并签发保险单的行为。签单作为保险人承保的重要步骤，标志着保险人的承诺。签单的基本程序是缮制保险单、复核签章、收取保险费并出具保险费收据及单证签收等。

（三）财产损失保险的防灾防损

财产损失保险的防灾防损主要包括预防和抑制灾害损失两大措施。首先，保险人必须在灾害损失发生之前采取预防措施，以消除或减少灾害损失发生的原因，降低损失频率。如为蔬菜、瓜果等保险标的喷打农药就属于预防措施，这样能减少病虫害的发生。在采取预防措施之后，如果仍然发生了不幸事故，就需要进入防灾防损的第二个环节，即采取抑制措施。抑制措施就是直接面对风险采取措施，以控制灾害的扩大，减轻受损程度，也就是通常所说的施救、整理、保护措施。抑制措施一般采取于灾害损失发生过程中或发生后，重点在阻止损失蔓延，减轻损失程度。

（四）财产损失保险的再保险

财产损失风险分布的不平衡性和保险损失的集中性，决定了任何一家保险公司都不可能独立支撑起稳定的财务，任何一家保险公司都需要通过再保险来将自己的承保风险进一步在保险人之间进行分散。因此，再保险是财产损失保险经营中的必要环节。（详细内容参见第八章）

（五）财产损失保险的理赔

财产损失保险理赔是指财产保险公司对被保险人提出的索赔要求，根据保险合同进行处理的行为。理赔的程序包括受理被保险人的索赔—现场查勘—责任审核—损失核定—赔款计算—支付赔款等环节，前一个环节是后一个环节的基础，每一环节上的失误均可能损害保险人或被保险人的利益。财产保险的理赔工作是财产保险运行的重要环节。做好理赔工作对加强保险经营管理、提高保险企业的信誉、实现保险经济效益具有重要意义。

三、财产损失保险的特征

财产损失保险的特征不仅体现在保险标的方面，而且体现在财产损失保险业务的独特性质方面。具体体现在以下几方面：

第一，保险标的是有形财产。即财产损失保险承保的标的是实际存在的可以计量的物质财富。

第二，保险业务的性质是组织经济补偿。财产损失保险费率的制定，需要以投保财产的损失率为计算依据，财产损失保险基金的筹集与积累，也需要以能够补偿所有保险客户的保险利益损失为前提。当保险事故发生以后，财产损失保险讲求损失补偿原则，它强调保险人必须按照保险合同规定履行赔偿义务，同时也不允许被保险人通过保险获得额外利益，从而不仅适用权益转让原则，而且还适用重复保险分摊原则。

第三，经营内容具有复杂性。无论是从财产保险经营内容的整体出发，还是从某一具体的财产保险业务经营内容出发，其复杂性的特征均十分明显。主要表现在：一是投保对象与承保标的复杂。一方面，财产保险的投保人既有法人团体，又有居民家庭和个人，既可能只涉及单个法人团体或单个保险客户，也可能同一保险合同涉及多个法人团体或多个保险客户；另一方面，财产损失保险的承保标的，包括从普通的财产物资到高科技产品或大型土木工程，不同的标的往往具有不同的形态与不同的危险。二是承保过程与承保技术复杂。在财产损失保险业务经营中，既要强调保前危险检查、保时严格核保，又须重视保险期间的防灾防损和保险事故发生后的理赔查勘等，承保过程多、环节多。在经营过程中，要求保险人熟悉与各种类型投保标的相关的技术知识。

第四，防灾防损特别重要。责任保险与人身保险对风险的控制，重在承保前控制和承保时控制，在承保期间往往无法控制风险，而各种财产损失保险不仅需要保前控制风险，而且尤其需要重视保险期间对风险的控制。这样，保险公司就需要设置防灾防损机构，专门从事防灾防损工作。

第二节　火灾保险

火灾保险，简称火险，是指以存放在固定场所并处于相对静止状态的财产物资为保险标的，由保险人承担保险财产遭受保险事故损失的经济赔偿责任的一种财产保险。

一、火灾保险的发展

火灾保险制度起源于 14—15 世纪德国陆上的火灾"基尔特"制度。1666 年的伦敦大火，是火灾保险发展史上的第一个重大事件，这场火灾几乎烧毁了伦敦城，它不仅给人们带来了火灾危害的惨烈教训，更促使人们通过建立火灾保险制度、提供灾后经济补偿来化解火灾危险。

早期的火灾保险仅承保火灾，承保的对象亦限于不动产。随着社会经济的发展，物质财富不仅种类日益繁杂，而且面临的其他风险亦日渐扩大，因此火灾保险也在不断发展。从保险标的来看，从早期的只承保不动产，逐步扩大到动产，再发展到与动产或不动产标的有关的利益，如预期利益和租金收入等。从承保风险来看，早期的火灾保险只承保单一的火灾风险，并且只承保火灾风险所造成的直接损失；进入现代社会以后，火灾保险的承保风险扩展到包括火灾在内的各种自然灾害和意外事故，不仅可以承保直接损失，也可以承保间接损失，如营业中断损失、租金损失等，在承保形式上既有主险，亦有附加险。从赔偿范围来看，早期的火灾保险一般只负责赔偿保险标的的损失，而现在的赔偿范围通常都包括施救费用等在内。

二、我国保险公司开办的火灾保险

我国保险公司开办的火灾保险业务主要有以下几种：

（一）企业财产保险

企业财产保险是以投保人存放在固定地点的财产物质为保险对象的保险业务。它是我国保险业务中的主要险种之一。企业财产保险的适用范围很广泛。一切工商、建筑、国家机关、人民团体、交通运输、饮食服务业等均可投保企业财产保险。

1. 财产保险基本险

财产保险基本险，是以企事业单位、机关团体等的财产物资为保险标的，由保险人承担被保险人财产所面临的基本风险责任的财产保险，它是团体火灾保险的主要险种之一。该险种承担的保险责任如下：

（1）火灾。指在时间上或空间上失去控制的燃烧所造成的灾害。

（2）雷击。指由雷电造成的灾害，包括直接雷击和感应雷击两种。

（3）爆炸。包括物理性爆炸和化学性爆炸。

（4）飞行物体和空中运行物体的坠落。

（5）被保险人拥有财产所有权的自用的供电、供水、供气设备因保险事故遭受破坏，引起停电、停水、停气以及造成保险标的的直接损失，保险人亦予以负责。

（6）必要且合理的施救费用。

除上述责任外，其他均属于财产保险基本险的除外责任。

2. 财产保险综合险

它承保的责任范围较财产保险基本险大得多，除财产保险基本险承保的责任外，还承担暴雨、洪水、台风、暴风、龙卷风、雪灾、雹灾、冰凌、泥石流、崖崩、突发性滑坡、地面突然塌陷等自然灾害所造成的财产损失。

（二）机器设备损坏保险

它主要承保工厂、矿山等保险客户的机器本身的损失，保险人对各种安装完毕并已转入运行的机器设备因人为的、意外的或物理性原因造成的物质损失负责。该险种既可以单独承保，也可以作为财产保险基本险或财产保险综合险的附加险承保。

（三）家庭财产保险

家庭财产保险是以城乡居民等个人及其家庭成员的自有财产、代他人保管的财产或与他人所共有的财产作为保险对象的保险。附加险有盗窃险、家用电器维修险等。家庭财产保险的赔偿一般采用第一危险赔偿方式。

第三节　运输保险

一、运输保险的概念及分类

运输保险是以处于流动状态下的财产为保险标的的一种保险。在运输保险中，保险标的处于运动状态或经常处于运动状态，从而与火灾保险的保险标的要求存放在固定场所和处于相对静止状态是有区别的。在国际上，最早的运输保险是海上保险，它也是整个保险业的起源。中国的民族保险业也是从运输保险开始的，李鸿章创办的仁济和保险公司就以承保当时轮船招商局的船舶与货物为主要业务。

运输保险是财产保险的重要支柱，它承保各种交通运输工具及所承运的货物在保险期间因各种灾害事故造成的意外损失。它按照投保标的的大类划分为运输工具保险与运输货物保险两大类，运输工具保险包括机动车辆保险、船舶保险、航空保险等。在中国，机动车辆保险作为第一大财产保险险种，其保费收入在 20 世纪 90 年代以来占财产保险保费收入总额的 50% 左右，如果再加上其他运输保险业务，则该类业务在财产保险业中至少要占 60% 以上。因此，运输保险业务是各财产与责任保险公司非常重视的业务来源。

二、运输保险的特征

运输保险的最大特征是保险标的具有流动性。这一特征决定了运输保险的危险结构也是动态的和广泛而复杂的，包括陆地上的各种危险、内河及海洋中的各种危险以及各种空中危险，均可能带来运输保险的索赔。

运输保险的第二个特征是保险标的的出险地点多在异地，从而相对增加了保险人的理赔难度。如武汉市的车辆可能在北京发生碰撞事故，哈尔滨市的货物也可能在运往南京途中受损，飞机出险甚至可能在异国他乡等等。运输保险异地出险的现象，给保险人处理赔案增添了麻烦，为解决这一问题，通常需要采用委托查勘理赔的方式来处理运输保险赔案。

运输保险的第三个特征是第三者责任大。如车辆、船舶受损大多是碰撞事故所致，碰撞方或被碰撞方即构成了保险双方之外的第三方；运输中的货物更是直接控制在承运人的手上，其在运输中遭受的损失大多与保险双方之外的承运人密切相关。因此，运输保险关系虽然仅存在于保险人与被保险人之间，但客观上要涉及第三方。

三、机动车辆保险

机动车辆保险是运输工具保险中的主要业务，它以机动车辆本身及其第三者责任等为保险标的，其保险客户主要是拥有各种机动交通工具的法人团体和个人，其保险标的主要是各种类型的汽车，但也包括电车、电瓶车等专用车辆及摩托车等。在机动车辆保险中，车辆损失保险与第三者责任保险构成了其主干险种，并在若干附加险的配合下，共同为保险客户提供多方面的危险保障服务。

（一）机动车辆损失保险

机动车辆损失保险是指被保险人或其允许的合格驾驶员使用投保车辆过程中，遭受保险责任范围内的自然灾害或意外事故，造成本车毁损时，保险人依照保险合同的规定，在保险金额范围内对被保险人进行经济补偿的保险。

1. 保险责任

车辆损失保险的保险责任主要有：

（1）碰撞、倾覆、火灾、爆炸。

（2）雷击、暴风、龙卷风、洪水、破坏性地震、地陷、冰陷、崖崩、雪崩、雹灾、泥石流、隧道坍塌、空中运行物坠落。

（3）全车失窃在3个月以上。

（4）载运保险车辆的渡船遭受自然灾害或意外事故（仅限于有驾驶人员随车照料者）。

（5）发生保险事故后被保险人对车辆采取施救、保护措施所产生的必要和合理费用。

2. 除外责任

（1）竞赛、测试造成的损失。

（2）在营业性修理场所修理期间发生的损失。

（3）驾驶员饮酒后驾驶保险车辆造成的损失。

（4）吸毒、被药物麻醉后驾驶保险车辆造成的损失。

（5）不合格驾驶员驾驶保险车辆造成的损失。

（6）自燃造成的损失。

（7）地震损失。

（8）非被保险人或非被保险人允许的驾驶员使用保险车辆造成的损失。

（9）保险车辆肇事逃逸所引起的损失。

（10）玻璃单独破碎、轮胎单独损坏的损失或费用。

（11）保险车辆发动机进水后致使发动机损坏。

3. 保险金额和赔偿方式

一般采取协商方式确定机动车保险的保险金额。

机动车全部损失时按保险金额赔偿，但保险金额高于重置价值的，以不超过出险当时的重置价值为限；部分损失时采用比例赔偿方式。

（二）机动车交通事故责任强制保险

为了保障机动车道路交通事故受害人依法得到赔偿，促进道路交通安全，我国于 2006 年 7 月 1 日开始实施《机动车交通事故责任强制保险条例》。按照该条例，在中华人民共和国境内道路上行驶的机动车的所有者或者管理者都必须投保机动车交通事故责任强制保险（简称"交强险"）。

交强险是指由保险公司对被保险机动车发生道路交通事故造成本车人员、被保险人以外的受害人的人身伤害、财产损失，在责任限额内予以赔偿的一种强制性责任保险。其保险标的是被保险车辆因发生交通事故对第三者（不包括车上人员、被保险人及其家属）造成的人身伤害和财产损失而产生的赔偿责任。交强险对机动车交通事故导致的死亡伤残、医疗费用以及财产损失等方面的赔偿限额和内容都作了具体的规定。

交强险的一个重要特征是通过建立社会救助基金，对在道路交通事故中人身伤亡的部分情形的丧葬费用、部分或者全部抢救费用先行垫付，救助基金管理机构有权对道路交通事故责任人追偿。救助基金的主要来源有：交强险保费的一定比例、对未按规定投保的机动车所有者或管理者的罚款、向道路交通事故责任人追偿的资金、救助基金的孳息等。

（三）机动车第三者责任保险

机动车辆第三者责任险是承保被保险人或其允许的合格驾驶人员在使用被保险车辆时因发生意外事故造成第三者的人身伤害或财产损失，依法应由被保险人承担经济赔偿责任的风险。

下列人身伤亡和财产损毁，无论在法律上是否应当由被保险人承担赔偿责任，均不属于保险责任范围：

（1）被保险人所有或代管的财产。

（2）私有车辆的被保险人及其家庭成员，以及他们所有或代管的财产。

（3）本车的驾驶人员。

（4）本车上的一切人员和财产。

（5）拖带的未保险车辆或其他拖带物所造成的损失。

（6）保险车辆发生意外事故，引起停电、停水、停产、停业或停驶造成的损失以及各种间接损失。

（7）酒后开车或无有效驾驶证时造成的损失。

机动车交通事故责任强制保险是机动车辆所有人或管理人必须投保的，而机动车第三者责任保险是依据自愿原则选择投保的。机动车第三者责任保险仅对超过机动车交通事故责任强制保险各分项赔偿限额以上的部分负责赔偿。

四、船舶保险

船舶保险起源于海上保险，它是以各种船舶、水上装置及其碰撞责任为保险标的的一种运输工具保险，它是传统财产保险业务的重要险种之一，在保险业的发展史上具有特殊的地位。与其他运输工具保险相比，船舶保险不仅承保船舶在保险期间整个过程的危险，而且保险人同时承担着船舶损失、碰撞责任和有关费用三类保障责任，加之船舶在水上运行，发生事故后无法保留现场以备查勘，因此船舶保险业务经营较机动车辆保险业务经营难度更大。

五、航空保险

航空保险，是以飞机及其有关利益、责任为保险标的的运输保险。它是随着飞机的产生及其在民用领域的广泛运用，在海上保险和人身意外伤害险的基础上发展起来的一个保险领域。它通常由若干可以独立承保的基本险和若干附加险构成。在中国，航空保险的基本险有机身险、第三者责任险和旅客法定责任险三种，但航空公司在投保上述基本险的同时，还可以加保承运货物责任险、战争与劫持险等。

飞机机身保险是航空保险领域的主要险种，它承保飞机本身在飞行或滑行及在地面时因意外事故造成的损失或损坏。如飞机因坠落、碰撞、失火、灭失、失踪等造成全损或部分损失，以及清除残骸等费用，由保险人负责赔偿。飞机第三者责任险在性质上与机动车辆第三者责任保险是一致的，它主要承保飞机在营运中由于坠落或因机上坠人、坠物而造成第三者的人身伤亡或财产损失，应由被保险人承担的赔偿责任。旅客责任保险是以航空旅客为保险对象的一种航空责任保险业务，凡航空公司在营运过程中造成乘客人身伤亡和行李损失且依法应负的经济赔偿责任，由承保人负责赔偿。

六、货物运输保险

货物运输保险，是以运输中的货物为保险标的，承保其因自然灾害或意外事故而遭受的损失的一种财产保险。

（一）货物运输保险的基本特征

1. 保险期限采用仓至仓条款

每一批投保货物的保险责任起讫均以约定的运输途程为标准，即从保险货物离开起运地点的仓库或储存处所开始，直至到达目的地收货人的仓库或储存处所时终止。因此，货物运输保险一般不受具体时间的约束，也不会像火灾保险等那样出现各种保险合同期限基本一致的现象。

2. 保险估价具有定值性

货物运输保险采用定值保险，即保险金额是货物的结论性价值，赔偿时不受出险地同等货物价格波动的影响，这是由于保险货物的流动性所决定的。因为货物在运输过程中，在不同的地点其价格会有差异，故保险金额一般按双方约定的价值来确定，当发生损失时，就根据约定的价值按受损程度计算赔款，不受出险地货物市场价格波动的影响。

3. 承运方的影响巨大

在货物运输保险中，保险标的控制在第三方即对货物的运输负有承运责任的承运方手中，货物一旦交付运输，被保险人即不再对货物负有安全管理责任。所以，任何货物运输保险赔案都离不开承运方的配合与协助，其中许多赔案甚至与承运方有直接的责任关系，需要采用代位追偿的手段来维护保险双方的正当权益。

（二）货物运输保险的主要险种

由于货物的运输方式不同，它又分为以下不同的类别：

1. 海洋货物运输保险

它是以海上运输工具运载的货物为保险标的，保险人承担整个运输过程，包括内河、内陆运输保险标的遭受自然灾害和意外事故的损失。在目前的国际贸易中，买卖双方以投保海洋货物运输保险作为必要条件，通过海洋货物运输保险来获得经济保障已成为国际惯例。

2. 陆上货物运输保险

它是以陆上运输工具，包括火车、汽车等运载的货物为保险标的的保险。包括陆上货物运输保险和陆上货物运输一切险。

3. 航空货物运输保险

它是以航空运输的货物为保险标的的保险。包括航空货物运输险和航空货物运输一切险。

第四节　工程保险

工程保险是指以各种工程项目为主要承保标的的财产保险。它是适应现代工程技术和建筑业的发展，由火灾保险、意外伤害保险及责任保险等演变而成的一类综合性财产保险，它承保一切工程项目在工程期间乃至工程结束以后的一定时期的一切意外损失和损害赔偿责任。它主要包括建筑工程保险、安装工程保险和科技工程保险。

一、建筑工程保险

建筑工程保险承保的是各类建筑工程。在财产保险经营中，建筑工程保险适用于各种民用、工业用和公共事业用的建筑工程，如房屋、道路、水库、桥梁、码头、娱乐场、管道以及各种市政工程项目的建筑。建筑工程保险的被保险人可以包括以下各方：业主或工程所有人、首席承包商或次承包商、业主或工程所有人雇佣的建筑师、工程师、顾问等。

在一般情况下，建筑工程险的投保人多为所有人或承包人（或主承包人）。当存在多个被保险人时，对每一被保险人的赔偿以不超过其对保险标的的保险利益为限。由于建筑工程保险的被保险人不止一个，而且每个被保险人各有其本身的权益和责任需要向保险人投保，为避免有关各方相互之间的追偿责任，大部分建筑工程保险单附加交叉责任条款，其基本内容就是：各个被保险人之间发生的相互责任事故造成的损失，均可由保险人负责赔偿，无须根据各自的责任相互进行追偿。

建筑工程险一般都同时承保建筑工程第三者责任保险。建筑工程第三者责任险的保险责任是：在保险期间因建筑工地发生意外事故造成工地及邻近地区的第三者人身伤亡和财产损失且依法应由被保险人承担的赔偿责任，以及事先经保险人书面同意的被保险人因此而支付的诉讼费用和其他费用，但不包括任何罚款。洪水、地震、龙卷风、雷电、火灾、爆炸、盗窃等导致的损失，一般均在赔偿之列。

二、安装工程保险

安装工程保险是指以各种大型机器设备的安装工程项目为承保对象的工程保险，保险人承担着对被保险人在机器设备安装过程中及试车考核期间的一切意外损失的经济赔偿责任。如各种工厂的机器设备、储油罐、钢结构工程、起重机、吊车等的安装，均可投保安装工程保险，其基本内容与建筑工程保险相似。

三、科技工程保险

科技工程保险，是以各种重大科技工程或科技产业为保险标的的综合性财产保险，它是随着现代高新科学技术的发展和广泛应用而逐渐发展起来的一类特殊工程保险业务，主要有海洋石油开发保险、卫星保险和核电站保险等。

第五节　农业保险

农业保险的保险标的是农业种植业中的各种农作物，如水稻、小麦、棉花、烟叶等；养殖业中的各种牲畜、家禽，如牛、羊、鸡、鸭等。农业保险就是为农业生产者在从事种植业和养殖业生产和初加工过程中，遭受自然灾害或意外事故所造成的损失提供经济补偿的保险保障制度。

一、农业保险的基本特征

农业保险标的的种类繁多，出险责任不易划分，投保人的逆选择严重。往往是出险率高的地区、出险率高的险种人们争着投保；而出险率低的地区或险种，人们则不愿参加保险。道德风险在农业保险中更不易防范。农业保险的保险利益是一种难以事先确定的预期利益，其标的大都是活的生物，它们的生长、饲养的好坏在很大程度上取决于人的管理照料的精心与否。正是由于农业保险的这些特点，农业保险一般赔付率较高，保险公司经常出现亏损。因此，农业保险的发展离不开政府的支持，包括财政税收方面的支持、贷款政策方面的支持等。如美国的联邦农作物保险公司实质上是由美国政府投资设立的一家政策性保险公司，日本的村民共济制度亦获得了日本政府直接的财税支持。我国是农业大国，农业经济的发展是整体国民经济发展的基础，而农业保险在为农民解决后顾之忧、提高农业生产积极性方面，起着非常重要的作用，因此应该大力发展农业保险。

二、农业保险的主要险种

（一）种植业保险

1. 生长期农作物保险

生长期农作物保险是以各种农作物（如水稻、小麦、玉米等粮食作物；棉、麻、烟叶等经济作物；饲料和绿肥作物等）为对象，以各种农作物在生长期间因自然灾害造成收获量价值或生产费用（成本）损失为承保责任的保险。

2. 收获期农作物保险

收获期农作物保险是以粮食作物或经济作物收割（采摘）后的初级农产品为对象的保险。

3. 森林保险

森林保险是以天然林场和人工林场为承保对象，以林木生长期间因自然灾害、意外事故和病虫灾害造成的林木价值损失为承保责任的保险。

4. 经济林、园林苗圃保险

经济林、园林苗圃保险是对生长期内的各种经济林种及其产品、商品性名贵树木树苗由于自然灾害和意外事故、病虫害所造成的损失进行补偿的保险。

（二）养殖业保险

1. 牲畜保险

牲畜保险以役用、乳用、肉用、种用的大牲畜为承保对象，保险人负责在饲养使役期，因牲畜疾病或意外灾害造成的死亡、伤残以及因流行病而强制屠宰、掩埋所造成的经济损失。

2. 家畜、家禽保险

以商品性生产的猪、羊、兔等家畜和鸡、鸭、鹅等家禽为保险标的的保险。保险责任范围主要是各种自然灾害和意外事故以及疾病、瘟疫造成家畜、家禽在饲养期间的死亡。

3. 水产养殖保险

水产养殖保险是以商品性的人工养鱼、养虾、养蟹、育珠等水产养殖产品为对象的保险。在养殖过程中，凡因疾病、中毒、盗窃、自然灾害和其他意外事故造成的水产品收获损失或养殖成本损失，保险公司负责赔偿。

4. 其他养殖保险

针对养殖鹿、貂、狐等经济动物和养蜂、养蚕等提供的保险产品。

本 章 小 结

财产损失保险，它强调保险标的是各种具体的财产物资。财产损失保险的特征具体体现在以下几方面：第一，保险标的是有形财产；第二，保险业务的性质是组织经济补偿；第三，经营内容具有复杂性；第四，防灾防损特别重要。

财产损失保险是财产与责任保险公司的主要业务来源，它包括火灾保险、运输保险、工程保险、农业保险等大类业务及若干具体险种。

在经营实践中，既要注意各类财产损失保险业务共性的一面，又要注意区别各类业务乃至各具体险种的特征。

重 要 概 念

财产保险　财产损失保险的特征　火灾保险　财产保险基本险　财产保险综合险　机器设备损坏保险　家庭财产保险　运输保险　机动车辆保险　船舶保险　航空保险　货物运输保险　工程保险　农业保险　种植业保险　养殖业保险

复习思考题

1. 财产损失保险的运行包括哪些程序？

2. 财产损失保险有哪些主要的种类？

3. 运输保险具有什么样的特点？

4. 试比较各主要运输工具保险业务的异同。

5. 与其他财产保险相比，建筑工程保险的突出特点是什么？这种制度安排有什么优势?

6. 为什么保险公司的农业保险业务经常出现亏损? 查找相关资料, 了解我国农业保险市场的情况, 分析和研究政府可以在防范农业风险、促进农业保险市场发展方面起到什么样的作用?

第六章　责任保险

责任保险具有较强的经济补偿和社会管理功能，它是一个国家法律制度走向完善的结果，也是保险业直接介入社会发展进步的具体体现。本章第一节介绍了责任保险的产生与发展、责任风险与责任风险的法律依据、责任保险的特点、承保方式、种类及承保基础等，第二节至第五节依次介绍责任保险的四大险种——公众责任保险、产品责任保险、职业责任保险、雇主责任保险。

第一节　责任保险概述

责任保险是一种以被保险人对第三者依法应承担的民事赔偿责任为保险标的，以第三者向被保险人提出损害赔偿要求的保险，属于广义财产保险的范畴。我国《保险法》第六十五条第四款规定："责任保险是指以被保险人对第三者依法负的赔偿责任为保险标的的保险。"在各类生产活动和日常生活中，企业、团体、家庭和个人由于疏忽、过失等行为对他人造成人身伤害或财产损失，依法应承担的赔偿责任，可以通过投保相关责任保险转移给保险人。

一、责任保险的产生与发展

责任保险作为一种保险业务，产生于19世纪的欧美国家，20世纪70年代以后在工业化国家迅速得到发展。

1880年，英国颁布《雇主责任法》，当年即有专门的雇主责任保险公司成立，承保雇主在经营过程中因过错致使雇员受到人身伤害或财产损失时应负的法律赔偿责任。1886年，英国在美国设立雇主责任保险分公司。1889年美国自己的雇主责任保险公司成立。

与此同时，西方国家的保险人对其他的各种责任保险也开始以附加责任险的方式承保，并逐渐以新险种的形式出现和发展。如承包人责任保险始于1886年，升降梯责任保险始于1888年，制造业责任保险始于1892年，业主房东住户责任保险始于1894年，医生职业责任保险始于1890—1900年之间，契约责任保险始于1900年，产品责任保险——最早的险种即毒品责任保险始于1910年，运动责任保险始于1915年，航空责任保险始于1919年，会计师责任保险始于1923年，个人责任保险始于1932年，农户及店主责任保险始于1948年等。

目前绝大多数国家均采取强制手段并以法定方式承保的汽车责任保险始于19世纪末，并与工业保险一起成为近代保险与现代保险分界的重要标志。当时，英国的"法律意外保险公司"最为活跃，它签发的汽车保险单仅承保汽车对第三者的人身伤害责任，保险费按每辆汽车10—100英镑不等收取，火险则列为可以加保的风险；1901年，美国开始有现代意义的汽车第三者责任险——承保人身伤害和财产损失法律赔偿责任的保险。

进入20世纪70年代以后，责任保险的发展在工业化国家进入了黄金时期。首先是各种运输工具的第三者责任保险得到了迅速发展，其次是雇主责任保险成为了普及化的责任保险险种。随着商品经济的发展，各种民事活动急剧增加，法律制度不断健全，人们的索赔意识不断增强，各种民事赔偿事故层出不穷，终于使责任保险在20世纪70年代以后的工业化国家得到了全面的、迅速的发展。在20世纪70年代末，美国的各种责任保险业务保费收入就占整个非寿险业务收入的45%—50%左右，欧洲一些国家的责任保险业务收入占整个非寿险业务收入的30%以上，日本等国的责任保险业务收入也占其非寿险业务收入的25%—30%。进入20世纪90年代以后，许多发展中国家随着其市场经济的发展和法制的日益健全，也日益重视发展责任保险业务。

我国在新中国成立以前，就存在零星的电梯责任保险、旅游责任保险和第三者责任保险业务。1950 年，中国人民保险公司开办过汽车、飞机的附加第三者责任保险和船舶碰撞责任保险，但因宣传力度不够和认识的偏颇，不久就停办了。20 世纪 70 年代中期，为了满足各国驻华使领馆等外国人拥有的汽车保险的需要，人保公司恢复了涉外保险业务，开始办理汽车保险，承保各国驻华使馆等外国人拥有的汽车及其相关责任风险。20 世纪 70 年代末，为了适应出口产品的需要，我国配套设置了产品责任保险。但这一时期责任保险业务因国内保险业务的停办实质上处于完全休业状态。经国务院批准，1980 年我国恢复开办国内保险业务。保险业恢复经营以后，国内首先开展的责任保险业务仍然是汽车第三者责任保险，其他责任保险业务也相应得到了发展。据统计，1981 年我国已经开办的责任保险至少有机动车辆第三者责任保险、承运货物运输责任保险、公众责任保险、雇主责任保险、产品责任保险、展览会责任保险、修船责任保险、海上石油开发第三者责任保险等，但这时的责任保险业务均是以附加条款承保，独立存在的责任保险险种一直到 1984 年才真正出现。1984 年，人保武汉市分公司出具了国内第一张责任保险保单，承保"荷花"牌洗衣机产品责任险和产品质量保证保险。20 世纪 80 年代末以后，责任保险开始进入国内市场非涉外经济领域，从此我国的责任保险进入了加快发展期。

二、责任风险与责任风险的法律依据

(一) 责任风险的概念

责任风险是指法人或公民在生产经营、业务活动以及日常生活中，因疏忽或过失造成他人人身伤害或财产损失而依法应对受害方承担经济赔偿责任的可能性。

责任风险从其发生的因素来看，大致可分为以下三种：第一，直接责任风险。主要是指企业或个人因自己的行为和财产所有权或代他人保管财产而引起的责任风险。第二，转嫁的责任风险。一个人可能会面临间接的或转嫁的责任风险。有时直接责任落在另一方，但由于你与责任方有某种特殊的关系，最终责任可能会转嫁到你的身上。例如，当一个雇员代表雇主从事活动时，雇员的过失可能转嫁给雇主。第三，合同责任。是指企业或个人用一份书面或口头合同同意承担另一方的法律责任。如一家企业租用一栋建筑物，租约规定建筑物的所有人对因使用该建筑物而引起的任何责任事故不负责，而由该企业承担相应的责任。

（二）责任风险的法律依据

1. 成文法和普通法

成文法，是指由国家明文制定并公布实施的条文形式的法，如法律、法令、条约、行政法规等。普通法，是指未经国家立法程序制定，但由国家认可并赋予法律效力的习惯、判例、法理等。责任风险通常与过失行为有关，而在国外对过失行为的处置一般不属于成文法的范畴，因此，可以说普通法是责任风险的主要法律基础。

2. 侵权

除了将法分为成文法和普通法外，法还可以分为刑法和民法两大类。责任风险在很大程度上和民法有关，而与刑法关系不大。因为民法所研究的行为从整体上看并不是反对社会的，而是那些导致具体个人人身伤害或财产损失的行为。

一般来说，民法又分为合同法和侵权法。而大量重要的责任风险是由侵权引起的。侵权是指因违反法律规定的责任而导致他人人身伤害、财产损失的非法行为，对因侵权造成的损害各国法律一般都规定侵权行为人要给予受害方损害赔偿金。侵权还可以细分为以下几种：第一，过失侵权，这与责任风险密切相关，保险公司关心和讨论最多的也是这类侵权。第二，故意侵权，是一种故意造成他人人身伤害或财产损失的非法行为，如殴打、非法监禁、诽谤等都属于故意侵权行为，而责任保险保单大多将此风险作为除外责任，如果需要投保则需要具体说明，并与其他责任风险分开。第三，绝对责任或严格责任，指一个人不论有无过失或疏忽，凡致使他人人身伤害、财产损失的都要负赔偿责任，如美国对产品造成消费者损害之类的事故实行绝对责任。

三、责任保险的特点

从责任保险的产生与发展的历史过程以及责任风险的法律依据可看出，责任保险作为一种特殊的保险险种，有其自身的特点。

（一）责任保险产生与发展的基础是健全的法律制度

责任保险产生与发展的基础，不仅是各种民事法律风险的客观存在和社会生产力达到一定水平，而且还需要人类社会的进步带来了法律制度的不断完善。其中法制的健全与完善成为责任保险产生与发展最为直接的基础。正是由于人们在社会中的行为都是在法律制度的一定规范之内，才可能因触犯法律而造成他人的财产损失或人身伤害时必须承担起经济赔偿责任。因此，只有存在着对某种行为以法律形式确认为应负经济上的赔偿责任时，有关单位或个人才会想到通过保险来转嫁这种风险，责任保险的必要性才会被人们所认识与接受；只有规定对各种责任事故中致害人进行严格处罚的法律原则，才会促使可能发生民事责任事故的有关各方自觉地参加各种责任保险。事实上，当今世界上责任保险最发达的地方，是各种民事法律制度最完备、最健全的国家或地区，这说明责任保险产生与发展的基础是健全的法律制度，尤其是民法和各种专门的民事责任法律与法规。

（二）以保障被保险人的利益为直接目的，以保障第三者的利益为间接目的

在一般财产保险与人身保险实践中，保险人补偿的对象都是被保险人或其受益人，其赔款或保险金也是完全归被保险人或其受益人所有，均不涉及第三者。而各种责任保险却与此不同，其直接补偿对象虽然也是与保险人签订责任保险合同的被保险人，但被保险人的利益损失又首先表现为因被保险人的行为导致第三方的利益损失为基础，即第三方利益损失的客观存在并依法应由被保险人负责赔偿时，才会产生被保险人的利益损失。因此，尽管责任保险人的赔款是支付给被保险人，但这种赔款实质上是对被保险人之外的受害方即第三者的补偿。保险人的赔款既可以直接支付给受害人，也可以在被保险人赔偿给受害人之后补偿给被保险人。所以，责任保险是由保险人直接保障

被保险人的利益，间接保障第三者受害人利益的一种双重保障机制。

（三）责任保险只有赔偿限额而无保险金额

一般人身保险承保的是自然人的身体，财产损失保险承保的是有实体的各种财产，二者均可以在承保时确定一个保险金额作为保险人赔偿的最高额度。而责任保险承保的却是各种民事法律风险，是没有实体标的的。对每一个投保责任保险的投保人而言，其责任风险可能是数十元，也可能是数十亿元，这在事先是无法预料的，保险人对所保的各种责任风险及其导致的经济赔偿责任大小也无法采用保险金额的方式来确定。但如果在责任保险中没有赔偿额度的限制，保险人自身就会陷入无限的经营风险之中，这不利于保险公司经营。因此，保险人在承保责任保险时，通常对每一种责任保险业务规定若干等级的赔偿限额，由被保险人自己选择，被保险人选定的赔偿限额是保险人承担赔偿责任的最高限额，超过限额的只能由被保险人自行承担。

（四）责任保险赔偿处理中的复杂性

与一般人身保险和财产保险业务相比，责任保险的赔偿要复杂得多。首先，每一起责任保险的赔案出现，均以被保险人对第三者的损害并依法应承担民事法律赔偿责任为前提条件，从而必然要涉及受害的第三方，这就表明责任保险的赔偿处理并非像一般财产保险或人身保险赔案只是保险双方的事情。其次，责任保险的承保以法律制度的规范为基础，责任保险的赔案处理也是以法院的判决或执法部门的裁决为依据，从而需要更全面地运用法律制度。第三，责任保险赔款最后并非归被保险人所有，而实质上是支付给了第三者受害人。

从上述分析中，可以发现责任保险是具有自身鲜明特色的保险业务，在责任保险经营实践中，必须注意区分与一般财产保险和人身保险的区别，把握责任保险自身特有的规律。

四、责任保险的承保方式

责任保险的承保方式具有多样化的特征。从责任保险的经营实践来看，通常采用下列承保方式：

（一）作为完全独立的险种单独承保

在这种方式下，保险人签发专门的责任保险单，是完全独立操作的保险业务。如公众责任保险、产品责任保险、职业责任保险等。

（二）作为与财产险相联系的险种独立承保

在这种方式下，投保人可以只投保财产保险或只投保责任保险，也可以两者都投保，此时它属于独立的险种。如机动车辆第三者责任保险（在我国是由法律强制的险种——交通事故责任强制保险，简称"交强险"）、飞机第三者责任保险等。

（三）作为一般财产险业务中的附加险承保

在这种方式下，保险人签发责任保险单的前提是投保人必须投保一般的财产保险，即一般财产保险是基本险，责任保险则是没有独立地位的附加险。例如，建筑工程、安装工程的第三者责任保险，一般作为附加责任，即投保人在投保建筑工程和安装工程基本险的基础上才能投保附加第三者责任保险。

（四）作为一般财产险业务中的基本责任承保

在一些普通财产保险合同中，保险人主动或应被保险人的要求加入责任保险内容，在这种方式下，责任保险的内容既不需要签订单独的责任保险合同，也无需签发附加或特约条款，只需要参加该财产保险便使相应的责任风险得到了保险保障。例如，在船舶保险中，船舶的碰撞责任、油污责任以及清除航道、打捞沉船等责任本来就包括在财产保险的保障内容之中。

五、责任保险的种类

（一）以承保对象的不同进行分类

1. 公众责任保险

公众责任保险，又称一般责任保险或综合责任保险，是指以被保险人的行为损害公众利益时，依法应当承担的民事赔偿责任（公众责任）为保险标的的一种责任保险。该保险涉及的公众责任范围非常广泛，包括工厂、办公楼、旅馆、娱乐场所、住宅、商店、医院、学校、运动场、机场、展览馆、车站、电梯、建筑工地等各种公众活动的场所。这些场所的管理者或所有人都可以作为投保人投保该险种。

2. 产品责任保险

产品责任保险是以被保险人依法应对第三者承担的产品责任为保险标的的一种责任保险。所谓产品责任，是指产品的生产者或销售者因其生产或销售的产品有缺陷，致使消费者遭受人身伤害或财产损失时，依法应承担的经济赔偿责任。无论产品的生产者、批发商、零售商、进口商、出口商等都可以作为投保人投保该险种。

3. 雇主责任保险

雇主责任保险是以被保险人（雇主）对其雇员在受雇期间因遭受意外事故而导致伤、残、死亡或患有职业性疾病时，依法应承担的经济赔偿责任为保险标的的一种责任保险。

4. 职业责任保险

职业责任保险是以各种专业技术人员因职业上的疏忽或过失造成第三者的损害应负的经济赔偿责任为保险标的的一种责任保险。主要险种有：医生责任保险、律师责任保险、会计师责任保险、建筑师责任保险等。

（二）以引起责任发生原因的不同进行分类

1. 过失责任保险

过失责任保险要求行为人承担赔偿责任的条件之一是其主观上有过错，无过错则无责任，如汽车第三者责任保险、个人责任保险等一般属于过失责任保险。

2. 无过失责任保险

无过失责任保险也称严格责任保险，无论行为人在主观上是否有过错，只要给他人造成损害，就应当承担赔偿责任，如雇主责任保险、产品责任保险等一般属于无过失责任保险。

（三）以实施方式的不同进行分类

1. 强制责任保险

强制责任保险是指依据国家的法律规定，投保人必须投保的责任保险。如机动车交通事故责任强制保险（简称"交强险"）等。

2. 自愿责任保险

自愿责任保险是指保险双方当事人自愿形成的保险关系。投保人自主决定是否投保以及投保的险种和保险金额，保险人自主决定是否接受投保。大部分责任保险均属于该类保险。

六、责任保险的承保基础

责任保险的责任事故各个阶段有时候会间隔很久，因此，对于保险人来说，确立责任保险的有效期限是非常重要的。通常有两种方式——期内发生式和期内索赔式来作为承保基础。

（一）期内发生式

它是以责任事故发生的时间为承保基础，即只要应由被保险人负责的民事损害赔偿责任事故在保险期间内发生，不论责任事故何时被发现，也不论被保险人提出的索赔是在保险期间内还是在期满之后，保险人都应该承担赔偿责任。如图 6 - 1 所示。

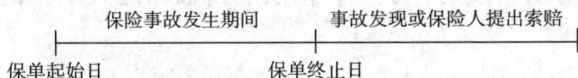

保险事故发生期间	事故发现或保险人提出索赔
保单起始日	保单终止日

图 6 - 1　期内发生式

采用这种方式时，常常会出现在保险期间内发生的事故拖到保单终止后很长一段时间才提出索赔的情况，使得保险人随时准备处理那些保单早已过期，但因为损失发现较晚而提出的索赔申请，即所谓"长尾巴"责任，这给保险人的业务管理和经营带来了极大困难。

（二）期内索赔式

以被保险人提出的索赔时间为承保基础，即不管责任事故发生在保险期间内还是保险期限之前，只要被保险人在保险期间内提出索赔，保险人均应予赔偿。如图 6 - 2 所示。

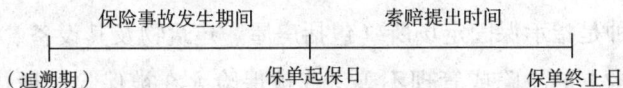

保险事故发生期间	索赔提出时间
（追溯期）	保单起保日	保单终止日

图 6 - 2　期内索赔式

采用这种方式时，对于保单到期后的索赔不承担赔偿责任，可以免除"长尾巴"责任。但这种承保方式可能会使保险人承担保单生效前很多年前发生的责任事故。为防止这种情况发生，保险人大多订有"追溯期"，规定在追溯期前发生的事故不给予补偿。

第二节　公众责任保险

一、公众责任保险概述

（一）公众责任保险的概念

公众责任保险，又称"普通责任保险"或"综合责任保险"，主要承保被保险人（企业、机关、团体、家庭、个人以及各种组织单位等）在各种固定场所或地点进行生产经营活动时，因发生意外事故而造成他人人身伤亡或财产损失，依法应由被保险人承担的经济赔偿责任。

（二）公众责任保险的分类

公众责任保险是责任保险中适用范围极为广泛的保险类别，为了满足投保人对公众责任保险保障的不同要求，保险公司设计了多种险种，主要有以下几类：

1. 综合公众责任保险

该保险是一种综合性的责任保险，它承担被保险人在任何地点因非故意行为或活动所造成的他人人身伤亡或财产损失依法应由被保险人承担的经济赔偿责任。从国外责任保险的经营实践来看，保险人除承保一般公众责任外，还承担着包括合同责任、产品责任、业主及工程承包人的预防责任、完工责任以及个人伤害责任等。

2. 场所责任保险

该险种是指承保固定场所（包括房屋、建筑物及其设备、装置等）因存在结构上的缺陷或管理不善，或被保险人在被保险场所内进行生产活动时因疏忽而发生意外事故，造成他人人身伤亡或财产损失依法应由被保险人承担的经济赔偿责任。场所责任保险又分为若干个具体的险种，主要有娱乐场所责任保险、展览会责任保险、餐饮场所责任保险、停车场责任保险、校方责任保险等。它是公众责任保险中业务量最大的险种。

3. 承包人责任保险

该险种主要承保承包人的损害赔偿责任，它主要适用于承包各种建筑工程、安装工程、修理工程施工任务的承包人。

4. 承运人责任保险

该险种承保承担各种客货运输任务的部门或个人在运输过程中可能发生的损害赔偿责任，主要包括旅客责任保险、货物运输责任保险等。根据我国《道路运输条例》的相关规定：客运经营者、危险货物运输经营者应当分别为旅客或者危险货物投保承运人责任险。因此，对于相关经营者，承运人责任保险已成为一项强制性保险。

5. 环境责任保险

该险种是指被保险人在生产经营活动过程中，由于非故意的原因，形成污染，进而造成第三人伤亡、财产损失或环境破坏时依法应由被保险人承担的经济赔偿责任。

6. 其他公众责任保险

除上述五类公众责任保险外，其他还有一些公众责任保险险种，如物业责任保险、个人责任保险等。这些保险同样承保被保险人由于意外事故而造成第三者的人身伤亡或财产损失，而应该承担的经济赔偿责任。

二、公众责任保险的主要内容

（一）公众责任保险的保险责任

一般来说，公众责任保险的责任范围包括以下三项：

（1）第三者人身伤亡或财产损失；

（2）事先经保险人书面同意的诉讼费用；

（3）发生保险责任事故后，被保险人为缩小或减少对第三者人身伤亡或财产损失的赔偿责任所支付的必要、合理的费用。

（二）公众责任保险的除外责任

一般的，公众责任保险的除外责任包括以下内容：

（1）被保险人故意行为引起的损害事故；

（2）战争、内战、叛乱、暴动、骚乱、罢工或封闭工厂引起的任何损害事故；

（3）人力不可抗拒的原因引起的损害事故；

（4）核事故引起的损害事故；

（5）有缺陷的卫生装置及除一般食物中毒以外的任何中毒；

（6）由于震动、移动或减弱支撑引起的任何土地、财产或房屋的损坏责任；

（7）被保险人的雇员或正在为被保险人服务的任何人所受到的伤害或其财产损失，他们通常在其他保险单下获得保险；

（8）公众责任保险单上列明的其他除外责任。

（三）公众责任保险的赔偿处理

若发生保险单承保的任何事故或诉讼时：

（1）立即通知保险人，并报告事故发生的经过、原因和损失程度。

（2）在未经保险人检查和同意之前，对事故现场不得予以改变，否则可能会妨碍保险人确定事故起因和损失范围，甚至赔偿处理方式。

（3）未经保险人书面同意，被保险人或其代表对索赔方不得作出任何责任承诺或拒绝、出价、约定、付款或赔偿。在必要时，保险人有权以被保险人的名义直接对索赔或诉讼进行抗辩。

（4）在诉讼或处理索赔过程中，保险人有权自行处理任何诉讼或解决任何索赔案件，被保险人有义务根据保险人的要求提供所有证明文件、资料和单据。

（四）公众责任保险的赔偿限额和免赔额

1. 赔偿限额

赔偿限额是指保险人在一个保险期间内的最高赔偿金额。赔偿限额的大小由保险双方根据被保险人可能发生的赔偿责任风险的大小协商而定。公众责任保险赔偿限额的确定通常有两种方法：一是规定每次事故赔偿限额，无累计赔偿限额；二是规定每次事故赔偿限额，同时规定保险期内累计赔偿限额。

国内公众责任保险单赔偿限额一般包括保险人对第三者人身伤亡或财产损失的最高赔偿限额及诉讼费用。国外同类的保单中，赔偿限额不包括诉讼费用在内。

2. 免赔额

免赔额是被保险人对每次事故的自负额。免赔额有绝对免赔额和相对免赔额之分，公众责任保险一般使用绝对免配额。公众责任保险一般只对财产损失规定每次事故的免赔额或免赔率，对人身伤亡一般没有免赔额的规定。

设立免赔额一方面可以增强被保险人的风险意识，有利于保险公司加强管理；另一方面可以减少小额赔案的处理，减少保险公司事务性开支。如果投保人愿意接受大额的免赔额，保险费率可以在一定程度内下浮。

（五）影响公众责任保险费率厘定的因素

根据公众责任保险的特点，除了考虑赔偿限额和免赔额的因素外，保险人在厘定费率时，还应考虑以下因素：

（1）被保险人的业务性质、产生损害赔偿责任可能性的大小；

（2）被保险人的风险类型；

（3）被保险人的管理水平与管理效果；

（4）被保险人以往事故和赔偿记录；

（5）承保区域范围的大小；

（6）司法管辖范围。

【案例分析】

某洗浴中心于开业初期向某保险公司购买了公众责任保险，保险期限为一年，自 2008 年 10 月 10 日至 2009 年 10 月 9 日，每次事故赔偿限额为 10 万元，累计赔偿限额为 100 万元。2009 年 2 月 5 日，顾客李某来此处消费，在从蒸浴间出来时，未注意到门前的窨井正在维修且窨井未加盖窨井盖，右脚不慎踩入井内，被井中阀门螺杆扎中右脚掌心，并因身体失去平衡摔在地上。后经诊断，李某的右足有外伤并感染，同时因为摔跤导致轻微脑震荡，住院治疗 64 天后出院，期间花费医疗费、护理费、交通费等近 14 万元。洗浴中心向保险公司提出索赔，经保险公司进行查勘确认，最终赔付洗浴中心 8 万元。但是该洗浴中心认为其要向客户支付赔款 14 万元，保险公司却只赔付其 8 万元，希望保险公司对其支付的赔款在 100 万元以内进行全额偿还。

分析：该案件属于对公众责任保险赔偿限额的理解问题。公众责任保险不同于一般财产保险，根据所保财产的价值约定一定的保险金额作为最高赔偿金额，而公众责任保险是根据客户的需求，商定一个赔偿限额作为保险人承担赔偿责任的最高限额。一般对赔偿限额的规定，除规定保险期内的累积赔偿限额外，还针对每次事故拟定一个赔偿限额作为每次保险事故发生后保险人赔付的最高金额。

此案中，李某到浴池洗澡，洗浴中心经营者理应为客户提供卫生、安全措施，但浴池由于维修窨井将井盖打开后未及时加盖，致使李某在洗澡时不慎踩入井内，将脚部扎伤，这是造成事故发生的直接原因，洗浴中心应对李某承担赔偿责任。这是属于保险责任范围，保险人应对被保险人（洗浴中心）的损失进行赔付。但保险公司的赔付是有条件的，是根据保险条款规定和与投保人拟定保险合同的约定承担责任的。该案保险单中明确列明每次事故赔偿限额为 10 万元，洗浴中心仍要求保险公司支付全部损失，有悖于保险合同的约定。

第三节　产品责任保险

一、产品责任保险概述

（一）产品责任保险的概念

产品责任保险是指承保因生产商和销售商生产、销售或修理的产品存在缺陷，致使用户或消费者在使用过程中由于意外事故发生而遭受人身伤害或财产损失，依法应由被保险人（产品的生产商、销售商或修理商）承担的经济赔偿责任。

（二）产品责任保险的特点

1. 不承担产品的本身损失，只承担因产品导致的非产品本身的损害

产品责任与产品质量有着内在的联系，产品质量越好，产品责任的风险就越小。此外，产品的种类越多，产品责任的风险就越复杂；产品的销售量和销售区域越大，产品责任的风险就越广泛。

2. 强调续保的连续性和保险的长期性

因为产品是连续不断地生产和销售的，具有连续性。

3. 要求保险合同双方有良好的协商和信息沟通能力

随着经济的不断发展，产品的更新和性能的改变速度也在加快，这就要求生产商和销售商在投保时要向保险人提供大量的产品资料和数据，这样保险人可以对被保险人的情况作深入了解而使被保险人得到更完善的保障和及时的解决方案。

4. 产品责任保险对于生产性企业，特别是外向型生产性企业的作用越来越重要

随着消费者的自我保护意识越来越强，对于与消费者关系密切的产品索赔也越来越多，产品的制造商和销售商投保产品责任保险的需求也就越来越大。我国是出口产品大国，并且很多欧美国家的产品责任索赔很多，金额巨大，因此大多数国外进口商要求我国出口产品厂商投保产品责任保险。

二、产品责任保险的主要内容

（一）产品责任保险的投保人与被保险人

生厂商、出口商、进口商、批发商、零售商及修理商等一切可能对产品事故造成损害负有赔偿责任的人，都可以投保产品责任保险。根据具体情况需要，可以由他们中间的任何一个人投保，也可以由他们中间的几个人或全体联名投保。产品责任保险的被保险人，除投保人本身外，经由投保人提出并经保险公司同意的其他有关各方也可作

为被保险人，并规定被保险人之间的责任一般互补追偿。

（二）产品责任保险的保险责任

产品责任保险的保险责任可以分为以下两项：

第一，在保险有效期内，由于被保险人所生产、销售的产品或商品在承保区域内发生事故，造成使用、消费或操作该产品或商品的人或其他任何人的人身伤害、疾病、死亡或财产损失，依法应由被保险人负责时，保险人在保单规定的赔偿限额内负责赔偿。保险人在替被保险人履行赔偿责任时应满足以下条件：（1）该产品事故必须在保险有效期内发生；（2）事故必须具有"意外"和"偶然"的性质；（3）最高赔偿金额不能超过保单中规定的赔偿限额。

第二，被保险人为产品事故应支付的诉讼、抗辩费用及其他经保险公司事先书面同意支付的合理费用，保险公司也负责赔偿，但本项费用与赔偿金额之和以保险单明细表中列明的责任限额为限。

（三）产品责任保险的除外责任

产品责任保险的除外责任一般包括如下几项：

（1）根据合同或协议应由被保险人承担的其他的责任；

（2）根据劳工法律制度或雇佣合同等应由被保险人承担的对其雇员及有关人员的损害赔偿责任；

（3）由被保险人所有、照管或控制的财产损失；

（4）产品仍在制造或销售场所，其所有权未转移至用户或消费者手中时的责任事故；

（5）被保险人故意违法生产、出售或分配的产品造成的损害事故；

（6）被保险产品本身的损失；

（7）不按照被保险产品说明安装、使用或在非正常状态下使用造成的损害事故等。

（四）产品责任保险的赔偿限额和免赔额

1. 赔偿限额

在产品责任保险中，通常实行每次事故赔偿限额和保单累计赔偿限额，即保险人对每一次产品事故规定一个最高赔偿限额，对保险有效期内的赔偿累计规定一个最高限额。

产品责任保险的赔偿限额应根据不同产品在不同销售区域发生事故后可能引起赔偿责任的大小确定，有些产品发生事故后可能造成众多人员或财产的损害，应该考虑设立较高的限额。

2. 免赔额

产品责任保险下的免赔额与公众责任保险下的免赔额的规定一样，仅限于对每次事故第三者的财产损失。无论受害人的财产损失有多大，免赔额以内的损失，保险人概不负责。免费额的高低可以试风险的大小以及被保险人的承受能力由保险双方协商确定。

（五）影响产品责任保险费率厘定的因素

产品责任保险承保的是各种不同类型的产品品种，产品的多样化和危险程度的差异性等，都要求保险人对不同的产品制定不同的费率。因此，在厘定费率时，应考虑下列因素：

1. 产品的特点和可能对人体或财产造成损害的风险大小

不同的产品对人体或财产造成伤害的风险不同。例如，药品对人体的伤害比服装要高、波及面也广，因而药品的费率比服装要高；烟花、爆竹的危险性大，应比乐器、玩具等产品的费率高。

2. 承保的地区范围

一方面，承保的地区范围越大，风险也越大，费率就越高；另一方面，承保销往产品责任严格的国家或地区，比其他国家或地区的责任风险大，因为这些国家或地区的索赔金额高，且实行绝对责任制原则，所以费率也高。

3. 产品制造者的技术水平和质量管理情况

产品制造者的技术水平高，质量控制好，产品检测严格，其产品的合格率就高，优良的产品本身就是避免或减少产品责任事故风险的关键。因此，其相应的费率就低些。反之亦然。

4. 赔偿限额与免赔额的高低

在产品其他条件相同的情况下，赔偿限额越高，费率越高；免赔额正好相反，免赔额越高，费率就越低。

【案例分析】

被保险人某生物医学工程公司的负责人向某保险公司报案,其所投保的产品出险。医学工程公司产品——人工股骨,植入病人高某体内 2 年后断裂在体内,现高某请求医学工程公司赔偿医药费、误工费等实际支出,要求按照医学工程公司与保险公司的产品责任险合同赔偿 10 万元人民币。高某委托代理人向某人民法院起诉,法院受理了此案,保险公司协助医学工程公司聘请代理人参加了本案诉讼。

法院委托国家医药管理局指定的医药产品鉴定单位对取出的人工股骨进行鉴定分析,结论为该人工股骨符合国家标准和国家医药管理局指定的行业标准,是合格产品。据此,一审法院判决驳回原告的诉讼请求,被告无民事损害赔偿责任,诉讼费用由原告承担。原告不服,上诉至上一级人民法院,二审法院经过审理后,判决驳回上诉,维持原判。

分析: 产品责任保险是指被保险人(产品的生产商、销售商或修理商)对第三者(用户或消费者)依法承担的经济赔偿责任为保险标的的保险,所以保险公司是否承担赔偿责任,完全取决于被保险人对第三者是否应负民事损害赔偿责任。因此,本案中保险公司承担保险责任的前提是,该生物医学工程公司应对人工股骨断裂引起的损失承担赔偿责任。

根据我国《民法通则》有关规定,因产品质量不合格造成他人财产、人身伤害的,产品制造者、销售者应当依法承担民事赔偿责任。据此,本案首先应确定所涉及的产品是否为不合格产品,然后才涉及责任赔偿。经国家医药管理局指定的医药产品鉴定单位对取出的人工股骨进行鉴定分析,结论是该人工股骨符合国家标准和国家医药管理局指定的行业标准,是合格产品。另外,人工股骨植入人体 2 年后断裂,不能说明产品是不合格产品。本产品是医药产品,产品出厂时并未作使用年限承诺,因为每个人的具体生理条件不同，况且目前科学技术的发展水平还未达到产品能够替代人骨终身使用的程度。

在本案中，经过医用产品鉴定单位的产品鉴定，产品是合格的。则高某的损失就不属于产品责任保险的赔偿范围了。

第四节　职业责任保险

一、职业责任保险概述

（一）职业责任保险的概念

职业责任保险是指承保各种专业技术人员因在从事技术工作时的疏忽或过失造成其客户或他人的人身伤害或财产损失，依法应由被保险人承担的经济赔偿责任。

（二）职业责任保险的特点

职业责任保险除具有一般责任保险的特点外，还具有以下特征：

第一，职业责任保险是以完善的法律制度作为其存在和发展的基础，民法和各种专门的民事法律以及各类与职业相关法律制度的颁布，对职业责任保险的发展起到积极的促进作用。

第二，职业责任保险承保的是被保险人因职业疏忽、过失造成的对第三者的赔偿责任，因此，除了与医疗相关的职业责任保险外，职业责任保险人较多地承担对合同方的经济赔偿责任。而一般责任保险更多地承担了因意外事故造成的被保险人对第三者的赔偿责任。

第三，因为职业责任保险责任事故的发生与索赔时间的不一致，因此职业责任保险多采用期内索赔式为承保基础。

第四，对于大部分职业来说，投保职业责任保险不仅是因为受到责任和风险的压力，更是为了以此来提高自身信誉，增强竞争实力。

第五，职业责任保险大多是以团体作为投保人。

（三）职业责任保险的主要险种

1. 医疗责任保险

医疗责任保险主要承保医务人员医疗责任事故而导致病人病情加剧、痛苦增加、伤残或死亡等，受害者及其家属要求赔偿且依法应当由医疗方负责的经济赔偿责任。

2. 律师责任保险

律师责任保险主要承保被保险人或其前任作为一个律师在自己的能力范围内在职业服务中发生的一切疏忽行为、错误或遗漏过失行为所导致的法律赔偿责任，包括一切侮辱、诽谤，以及赔偿被保险人在工作中发生的或造成的对第三者的人身伤害或财产损失。

3. 建筑工程设计责任保险

建筑工程设计责任保险主要承保从事各种建筑工程设计的法人团体（如设计院、所等）或个人因设计上的疏忽或失职而引发工程质量事故，造成工程本身的物质损失以及第三者的人身伤亡和财产损失依法应承担的经济赔偿责任。

4. 会计师责任保险

会计师责任保险主要承保因被保险人或其前任或被保险人对其负有法律责任的人，因违反会计业务上应尽的责任及义务，而造成他人损失依法应负的经济赔偿责任，但不包括身体伤害、死亡的损失。

此外，职业责任保险还有美容师责任保险、保险经纪人及保险代理人责任保险、退休人员责任保险等。

二、职业责任保险的主要内容

（一）职业责任保险的保险责任

职业责任保险的保险责任主要有以下三项：

1. 负责专业人员由于职业上的疏忽、过失行为造成他人的损失；

2. 负责被保险人自己外，还负责包括被保险人的前任、被保险人的雇员以及从事该业务的雇员的前任的疏忽行为所导致的职业责任损失；

3. 负责有关的诉讼费用以及经保险人同意的其他费用。

（二）职业责任保险的除外责任

职业责任保险的除外责任可以概括为以下几项：

1. 因文件的灭失或损失引起的任何索赔；

2. 因被保险人隐瞒或欺诈行为而引起的任何索赔。如被保险人投保时已经掌握或察觉的索赔，但没有如实向保险人报告，这种情形带有道德风险的因素，保险人不予负责。

3. 被保险人在投保或保险单有效期间内不如实向保险人报告应该报告的情况而引起的任何索赔。如使用药物将要过期等。

4. 被保险人被指控有对他人诽谤或恶意中伤行为而引起的索赔。如律师诽谤其原告或被告而导致的索赔，记者利用报导诽谤或中伤他人而引起的索赔等。

5. 被保险人的故意行为所导致的任何索赔。如医生用药物谋杀他人等违法行为，保险人不予承保。

6. 职业责任事故造成的间接损失（法律诉讼费用及经保险人同意支付或保险单上载明的费用以外）。例如，设计师提供有缺陷的图纸给建筑单位，使建筑单位不能如期施工或使用而导致的利润损失，保险人不予给付。

（三）职业责任保险的赔偿限额

职业责任保险对于赔偿限额的规定，保险人通常规定一个累计赔偿限额，而不是规定每次事故的赔偿限额，但也可以采用每次索赔或每次事故赔偿限额，而不规定累计限额；对于法律诉讼费用的赔偿，则在赔偿限额之外另行计算赔付，若被保险人最终赔偿金额超过了保险赔偿限额，则两者只能按比例分担法律费用。

（四）职业责任保险的承保方式

由于从职业责任事故的发生到受害方提出索赔，有可能间隔一个相当长的时间。比如，在建设工程设计责任保险中，工程设计人员设计完工交图后，工程往往要经过数年的建设期才能建成，建成后也可能经过数年的使用才可能出现由于设计上的错误导致的损失；医生误诊或误用药物给病人留下隐患或后遗症可能需要几年乃至几十年才能发现；律师疏忽、错误、遗漏给客户造成的经济损失在日后法庭开庭后才发现。这就容易造成保险人支付的赔款与保险人在保险期限内实际承担的风险责任不对应的问题，造成保险人可能承担更大的风险责任。因此，职业责任保险常采用期内索赔式的承保方式，也就是说，保险人仅对保险有效期内提出的索赔负责，而不管导致索赔的事故是否发生在该保险期限内。

（五）影响职业责任保险费率厘定的因素

保险费率的厘定是职业责任保险十分复杂而且重要的问题。各种职业都有自身的风险与特点，从而需要有不同的费率。从总体上讲，应着重考虑以下因素：

（1）职业种类。指被保险人及其雇员所从事的专业技术工作。

（2）工作场所。指被保险人从事专业技术工作的所在地区，如医院的所在地、会计师事务所所在地等。

（3）业务数量。指被保险人在保险期间内提供专业技术服务的数量、服务对象的多少等。

（4）被保险人单位的性质。如营利性或非营利性等。

（5）被保险人及其雇员的专业技术水平。

（6）被保险人及其雇员的工作责任心和个人品质。

（7）被保险人职业责任事故的历史统计资料及索赔、理赔情况。

（8）赔偿限额、免赔额和其他承保条件。

综合考虑以上因素后，保险人制定出标准不一的保险费率，以适应各类专业技术人员投保不同职业责任保险的需要。

【案例分析】

某医院向保险公司投保了医疗责任保险，保险合同规定了每起事故赔偿限额。在保险期间内，该医院为孕妇刘某做胎儿性别鉴定，结论是"胎儿性别为女性"。结果孕妇产下的却是男孩，由于该孕妇患有"杜氏进行性肌营养不良症"，这种疾病是家族病，其特点是生女不发病，生男必发病，且目前无医可解救，故男性一般均在成年前发病致死。刘某在此前已怀两胎，均因性别检验为男性而终止妊娠，这次因相信该医院的检验结论，谁知生下的是男孩。因此，全家人为之很痛苦，认为院方应承担损害赔偿责任。而医院不承认是医疗事故，只承认是一般的医疗差错，如果不是接受检验者有特殊的家族病，是不会出错的，并无实际损害。

分析：从本案来看，医院拒绝承担赔偿责任的主要理由是该事件是一般的医疗差错，而不是医疗事故。根据我国《医疗事故处理办法》相关规定，医疗事故是指医务人员在诊疗护理工作中的过失行为直接造成病人死亡、残疾、组织器官损伤导致功能障碍的情形，而医疗差错则指医务人员在工作中虽有诊疗护理过失，但尚未造成上述严重后果的情形。据此可以看出，医疗差错与医疗事故的唯一区别在于医务人员的过失行为所造成的后果不同。

本案中，正是由于医院的诊断失误，导致患者产下男婴，虽未"直接造成病人死亡、残废、组织器官损伤导致功能障碍"，但该男婴注定将在成年前发病死亡，也应认定为医疗事故，而非医院所称之"一般的医疗差错"，故医院应承担赔偿责任。而医疗责任保险是指依据相应的保险条款，医疗机构作为投保人和被保险人，向保险公司缴纳一定数额的保险费，从而将其因医疗事故或医疗意外应承担的民事赔偿责任转由保险公司承担的一种保险业务。因此，本案应属于保险公司应承担赔偿责任的范围。

第五节　雇主责任保险

一、雇主责任保险概述

（一）雇主责任保险的概念

雇主责任保险是指承保雇员在保险期间内从事本职工作时，遭受意外事故导致伤残、死亡或患有与职业有关的职业性疾病，依法或根据雇用合同应由雇主（被保险人）承担的经济损害赔偿责任。

（二）雇主责任保险与劳动保险的区别

1. 雇主责任保险是基于雇主因为过失或疏忽而产生的法律赔偿责任的保险，劳动保险虽然也承保雇员遭受人身伤亡或疾病时的雇主赔偿责任，但不考虑雇主有无过失责任。

2. 雇主责任保险由雇主支付保险费，而劳动保险常常由政府、雇主和雇员一起支付保险费。

3. 雇主责任保险的赔偿金由雇主领取，而劳动保险的赔偿金直接交给受伤雇员（或由法院交给雇员）。

4. 雇主责任保险属于商业保险，而劳动保险属于社会保险。

二、雇主责任保险的主要内容

（一）雇主责任保险的保险责任

雇主责任保险的保险责任主要有：

1. 凡被保险人（雇主）所聘用的员工（长期固定工、短期工、临时工、季节工等），在保险有效期内，在受雇过程中（包括上下班途中），从事与该保险单所载明的业务工作时，遭受意外事故而导致伤残或死亡，被保险人根据劳动合同或有关法律法规须承担相应的经济赔偿责任，保险人依据保险单的规定，在约定的赔偿限额内给予赔偿。

2. 被保险人（雇主）所雇用的员工因患有与业务相关的国家规定的职业性疾病而导致伤残或死亡，保险人依据保险单的规定，在约定的赔偿限额内给予赔偿。

3. 被保险人应付的医疗费，保险人依据保险单的规定，在约定的赔偿限额内给予赔偿。

4. 被保险人应付的相关诉讼费用，保险人亦在约定的分项赔偿限额内赔偿。

（二）雇主责任保险的除外责任

下列原因导致的责任事故通常除外不保：

1. 战争、暴动、罢工、核风险等引起雇员的人身伤害；

2. 被保险人的故意行为或重大过失；

3. 被保险人对其承包人的雇员所负的经济赔偿责任；

4. 被保险人合同下的责任；

5. 被保险人的雇员因自己的故意行为导致的伤害；

6. 被保险人的雇员由于疾病、传染病、分娩、流产以及由此施行的内、外科手术所致的伤害等。

（三）雇主责任保险的赔偿处理

雇主责任保险的理赔由于只涉及人员的伤残、死亡，不涉及财产损失，因此具体理赔工作较其他责任保险相对简单一些。被保险人在索赔时应提交有关材料，包括事故证明书；事故处理报告书；保险公司认可的医疗机构出具的医疗的证明、伤残证明、医疗费用单据等；发生死亡时，还应提供死亡及户口注销的证明文件。

（四）雇主责任保险的赔偿限额和免赔额

1. 赔偿限额

雇主责任保险的赔偿限额，通常是以雇员若干个月（一般为 12 个月、36 个月或 48 个月）的工资收入作为其发生雇主责任保险事故时的赔偿限额，具体的赔付金额还需通过计算每个雇员的月平均工资及伤害程度才能确定。每一个雇员只适用于自己的赔偿限额。其计算公式为：

赔偿限额 = 该雇员的赔偿限额 × 赔偿额度比例

在保险期限内，不论发生一次或多次赔偿，对被保险人每一雇员的赔偿不得超过保单规定的个人赔偿限额。同时，保单还规定有累计赔偿限额，即保单的最高赔偿限额。只要保险赔偿金额达到此限额，保险人即履行了该保险的全部保险义务，保单即行终止。

2. 免赔额

雇主责任保险的免赔额通常按两种方式确定，一是按金额确定，即设每次事故免赔金额；二是按时间确定，通常的免赔时间为 7—15 天（雇员的工资）。目前保险市场上的雇主责任保险单一般都是按时间确定免赔额的。

（五）雇主责任保险的费率与保费的计算

1. 费率

雇主责任保险的费率根据被保险人的工资总额（包括奖金、加班费以及津贴等）、工作地址、行业性质、风险程度或被保险人选定的赔偿限额来确定。

由于雇员从事工种的危险程度不同，对于不同工作类别的费率厘定也各不相同。一般而言，从事危险行业工作的雇员，费率较高；从事一般工作的雇员，费率中等；而像办公室职员如文秘工作的雇员，费率就比较低。这样制定详细的费率，体现出公平原则。

对于雇主责任保险的附加险，可以在基本险的费率基础上按一定比例提高费率，也可以按其风险程度确定单独的费率。

2. 保费的计算

对于计算雇主责任保险的应收保费，按工种分别计算并加总，计算公式为：

应收保费＝A 工种保险费（年工资总额×适用费率）＋B 工种保险费（年工资总额×适用费率）＋……

年工资总额＝该工种人数×年人均工资额

（六）雇主责任保险的附加险

1. 附加第三者责任保险

该险种承保被保险人（雇主）因其疏忽或过失行为导致雇员以外的他人人身伤害或财产损失的法律赔偿责任。

2. 附加雇员第三者责任保险

该险种承保被保险人（雇主）的雇员在执行公务时因疏忽或过失行为造成的对第三者的伤害且依法应由雇主承担的经济赔偿责任。

3. 附加医疗费用保险

该险种承保被保险人的雇员在保险期限内，不论是否遭受意外伤害，还是患职业病以外的疾病，包括正常的疾病、传染病、分娩、流产等需要支付的治疗费、医药费、手术费和住院费等医疗费用，都可以通过投保该险种获得保障。

【案例分析】

A公司为其下属——销售人员在某保险公司投保了雇主责任保险，合同确定了责任范围以及医疗、死亡最高赔偿金额。2008年3月的某一个星期日，A公司雇员王某在驻地突然倒地昏迷，经抢救无效死亡。后经调查发现，王某为A公司外派常住销售代表，事发前一天晚上饮酒后一直熟睡，直到第二天起床倒地昏迷。根据医院的抢救报告及《居民死亡医学证明书》，原因确定为"意外猝死，死亡原因待查"。为查清王某的死亡原因，经被保险人申请，当地公安部门进行了尸检，并出具了《居民死亡医学证明书》，确定死亡原因为"猝死"。保险公司以不在工作时间、非意外事故及酗酒为理由对本案实行拒赔。

分析：在处理责任保险业务的过程中，由于对责任范围约定的不明确、投保要素审核的不严格等问题，往往容易导致一些纠纷。本案就是因责任保险范围约定不明确引发的争议。案件的焦点是：王某的死亡是否为保险条款规定的责任范围。

雇主责任保险是指承保雇员在保险期间内从事本职工作时，遭受意外事故导致伤残、死亡或患有与职业有关的职业性疾病，依法或根据雇用合同应由雇主（被保险人）承担的经济损害赔偿责任。保险公司承担雇主责任保险合同下责任的前提是：雇员的伤残、死亡或职业性疾病须以从事与保险合同约定的有关工作（即与被保险人有关的业务活动），而在本案中，被保险人的雇员王某是在起床后就发生了昏迷，明显没有在从事工作，王某的死亡是因为其自身疾病造成的，不是职业性疾病引起的。所以，保险公司不应当承担保险责任。

本章小结

责任保险是一种以被保险人对第三者依法应承担的民事赔偿责任为保险标的，以第三者向被保险人提出损害赔偿要求的保险，属于广义财产保险的范畴。

公众责任保险，又称"普通责任保险"或"综合责任保险"，主要承保被保险人（企业、机关、团体、家庭、个人以及各种组织单位等）在各种固定场所或地点进行生产经营活动时，因发生意外事故而造成他人人身伤亡或财产损失，依法应由被保险人承担的经济赔偿责任。

产品责任保险是指承保因生产商和销售商生产、销售或修理的产品存在缺陷，致使用户或消费者在使用过程中由于意外事故发生而遭受人身伤害或财产损失，依法应由被保险人（产品的生产商、销售商或修理商）承担的经济赔偿责任。

职业责任保险是指承保各种专业技术人员因在从事技术工作时的疏忽或过失造成其客户或他人的人身伤害或财产损失，依法应由被保险人承担的经济赔偿责任。

雇主责任保险是指承保雇员在保险期间内从事本职工作时，遭受意外事故导致伤残、死亡或患有与职业有关的职业性疾病，依法或根据雇用合同应由雇主（被保险人）承担的经济损害赔偿责任。

重 要 概 念

责任保险　责任风险　期内发生式　期内索赔式　赔偿限额
公众责任保险　产品责任保险　职业责任保险　医疗责任保险
律师责任保险　建筑工程设计责任保险　会计师责任保险
雇主责任保险

复习思考题

1. 责任风险的法律依据是什么?

2. 责任保险的特点有哪些?

3. 责任保险的承保方式包括哪些?

4. 试比较以事故发生为基础和以索赔为基础的责任保险承保方式。

5. 公众责任保险有哪些种类?

6. 影响产品责任保险费率厘定的因素有哪些?

7. 职业责任保险包括哪些自身的特征?

8. 雇主责任保险的赔偿限额与保费是如何计算的?

第七章 信用保险和保证保险

在保险市场中，信用保险和保证保险是随着商品信用的发展而产生的一类新兴保险业务，是保险业务的重要组成部分之一。同时，他们也是保险公司积极参与金融活动的重要业务。因此，信用保险和保证保险是沟通保险市场与金融市场的途径之一。本章主要介绍信用保险和保证保险的概念、特征、作用以及分类，着重介绍商业信用保险、出口信用保险、投资保险、忠诚保证保险、确实保证保险以及产品保证保险。

第一节 信用保险

一、信用保险的产生与发展

信用保险起源于19世纪中叶的欧洲，最初开办的是国内信用保险业务。到19世纪下半叶，英国海外贸易不断开拓，收汇风险也日益增大，逐渐使英国国内信用保险向出口信用保险延伸。1919年，英国成立了出口信用担保局，最先推出官办的出口信用保险机构。第一次世界大战后，信用保险得到了迅速发展，欧美等国出现了众多的商业信用保险公司，一些私营保险公司还联合组织了专门承保出口信用保险的机构。1934年，各国私营和国营出口信用保险机构在瑞士伯尔尼联合成立了国际信用和投资保险人联合会（简称"伯尔尼联盟"）。此后，各国的信用保险业务虽屡屡受到经济动荡的冲击，但都逐步稳定的发展起来，至今在世界各国，特别是发达国家，形成了信用保险制度和固定的信用保险机构。

我国的信用保险始于 20 世纪 80 年代初期，且采用由国家指定保险公司试办的方法，并未普及开来。1983 年初，原中国人民保险公司上海分公司与中国银行上海分行达成协议，试办了我国第一笔中长期出口信用保险业务；1986 年初，原中国人民保险公司上海分公司按照有关协议，开始试办短期出口信用保险。1988 年，国务院正式决定由原中国人民保险公司试办出口信用保险业务，并在该公司设立了信用保险部。1994 年，中国进出口银行成立，同时也办理不同种类的出口信用保险业务。2001 年，作为政策性保险公司——中国出口信用保险公司成立，专门经营出口信用保险业务，成为中国第一家经营专门险种业务的保险公司。

二、信用保险的概念

信用保险是指权利人向保险人投保义务人信用的一种保险，其原理是把义务人的保证责任转移给保险人，当义务人不能履行其义务时，由保险人承担赔偿责任。因此，当权利人由于义务人的违约行为而遭受经济损失时，除非权利人主动放弃对义务人的追偿，保险人不论对于义务人行使代位追偿的结果如何，都必须首先履行对权利人的经济损失赔偿。

三、信用保险的特征

信用保险是以经济活动中人或机构的信用为保险标的的保险，承保的信用风险具有投机性和主观性，可以说是一类特殊的财产保险，与一般财产保险相比，信用保险具有以下特征：

（一）承保风险的特殊性

一般财产保险承担的风险是由于自然灾害和意外事故造成的损失的风险，保险人重点考察的也是保险标的物的风险情况。而信用保险承担的是一种信用风险，义务人能否如期偿付债务、履行条约、诚实守信，是信用保险的实际风险之所在。因此，保险人必须要在实现对义务人的资信情况进行严格审查的基础上决定是否投保。

（二）经营方式的特殊性

信用保险保险人的经营基础主要依靠资信调查，而不是一般财产保险所依靠的损失概率和大数法则。因此，在厘定费率时，信用保险主要依赖于义务人的资信状况，如财务状况、经营现状、经营历史以及所在国的政治与经济环境等。同时，由于信用风险主要是一种主观风险，实际经营过程中保险人进行的追偿成功率不高，保险人的经营风险控制尤为重要。为了控制经营风险，保险人非常重视资信调查工作和反担保措施的运用。

（三）保险合同的特殊性

一般保险合同在投保人与保险人之间确立保险关系，并不涉及第三方。但信用保险一般建立在信用经济关系或经纪合同基础上，其保险合同一般涉及三方关系：保险人、权利人、义务人。同时，保险合同是作为保险人对义务人的违约行为所造成权利人的损失这一附属性责任的书面承诺，是建立在权利人与义务人之间的主合同基础之上，因此属于附属性合同。

（四）对保险人要求的严格性

由于经营信用保险的保险人本身必须具有可靠的偿付能力，加之信用保险部分业务的复杂性及政策性，各国对经营信用保险的保险人要求极为严格。在国外，这类保险业务必须由政府批准的保险人或专门的信用保险公司经营；在我国，出口信用保险在 20 世纪 90 年代至 21 世纪初，由中国人民保险公司和中国进出口银行经营，在 2001 年底以后，则交由中国出口信用保险公司专营。

四、信用保险的作用

信用保险作为财产保险的重要组成部分之一，对社会和经济的作用主要体现在以下三个方面：

（一）帮助企业进行风险控制，提高企业的竞争能力

市场经济条件下，企业在生产经营过程中面临着大量的风险因素，信用风险便是其中之一，特别是应收账款不能及时收回和人员不忠诚

职守等问题在很大程度上影响了企业的正常经营活动。在信用保险服务中，保险公司会促进和帮助改善企业的信用风险管理，保障企业的稳定经营和发展。同时，还可以将保险范围内的应收账款作为保证手段向银行申请贷款，获得广泛的融资渠道和资金，对于促进企业的发展、提高企业的竞争能力都有着重要的保障作用。

（二）促进贸易活动的健康稳定发展

目前的商品贸易行为经常形成贸易链，例如，其中的某一方不能按时履行合同，或者贷款不能按期收回，导致商品交易关系中断，最终阻碍商品经济的健康发展。有了信用保险，无论在何种交易中出现信用危机，均有保险人提供风险保障。因此，即使某个环节出了问题，也能及时得到弥补，从而不至于使整个贸易活动受到影响，有利于促进商业贸易活动的健康稳定发展。

（三）有利于一国出口创汇

外贸出口面向的是国际市场。风险大，竞争激烈，一旦出现信用危机，出口企业就会陷入困境，进而影响市场开拓和国际竞争力。当企业投保了出口信用保险时，保险人在企业因商业风险或政治风险不能从买方收回货款或合同无法执行时提供赔偿。因此，出口信用保险有利于出口企业的经济核算和开拓国际市场，最终促使其为国家创造更多的外汇收入。此外，一旦发生欠款，可由出口信用机构出面追回，由于该机构具有国家背景，因此追讨往往较有成效。

五、信用保险的种类

信用保险是随着现代社会商业信用的普遍化和道德风险的频繁出现而发展起来的。现今世界各国的保险公司对买卖、租赁、借贷、工程承包、出口信用、信用卡、国际投资、新产品问世等诸多方面，都可提供信用保险。目前，我国的信用保险业务主要包括商业信用保险、出口信用保险、投资保险。

（一）商业信用保险

商业信用保险是指在商业活动中，一方当事人为了避免另一方当事人的信用风险，作为权利人要求保险人将另一方当事人作为义务人并承担由于义务人的信用风险而使权利人遭受商业利益损失的保险。在市场经济条件下，商业活动中的信用行为是一种普遍现象，一方当事人的违约和失信都会造成另一方当事人的商业利益损失。因此，通过投保商业信用保险的方式来保障权利人的利益就成为市场经济条件下权利人进行自我保护的重要形式。

有一种观点认为，提取坏账准备金已是一种自行保险，然而实际情况并非如此。对于小公司来说，可用于周转的资金量较小，一笔应收款项成为坏账就可能使整个企业陷于瘫痪状态，所提取的坏账准备也于事无补，发生这类情况的例子举不胜举；对于规模较大的公司来说，一般不会因少数几笔坏账就出现资金周转困难。但从我国发生的"三角债"拖垮企业的众多事例中，可以看出商业信用保险是一项能够减少信用风险、维持企业正常经营的有效措施。

1. 商业信用保险的险种

（1）赊销信用保险

赊销信用保险是保险人为卖方进行的各种形式的延期付款或分期付款行为提供信用担保的一种信用保险业务。在这种业务中，投保人是卖方（制造商或供应商），保险人承保的是买方（即义务人）的信用风险，目的在于保证被保险人（即权利人）能按期收回赊销货款，保障商业贸易的顺利进行。

赊销信用保险的特点是赊销期较长，风险比较分散，承保业务手续也比较复杂，保险人必须在仔细考察买方资信情况的条件下才能决定是否承保。从国外的实践来看，赊销信用保险适用于一些分期付款方式销售的耐用商品，如汽车、船舶、住宅及大批量商品等，这类商业贸易往往数额比较大，一旦买方无力偿还分期支付的货款，就会造成制造商或供应商的经济损失。因此，需要保险人提供买方信用风险保险服务。在我国，中国平安保险公司率先于1995年开办了这种业务，其险种依据销售的不同物品而定，如家电、汽车、住房等。

（2）贷款信用保险

贷款信用保险是保险人对银行或其他金融机构与企业之间的借贷合同进行担保并承保借款人信用风险的保险。在市场经济条件下，贷款风险是客观存在的，究其原因既有企业经营管理不善或决策失误的因素，又有灾害和意外事故的冲击等。这些因素都可能造成贷款不能安全回流，对此必然要建立起相应的贷款信用保险制度来予以保证。

在国外，贷款信用保险是比较常见的信用保险业务，它是银行转嫁发放贷款中信用风险的必要手段。在我国，已开办的贷款信用保险业务有：个人贷款购房综合险、个人抵押贷款房屋保险、住房抵押贷款保险等。

（3）个人信用保险

个人信用保险是以各类企事业单位和社会团体在与具有权利能力和行为能力的自然人发生民事行为中可能发生因自然人侵犯而产生的利益损失为保险标的的保险。在该险种中，具有权利能力和行为能力的自然人为雇员，投保人为雇主（各类企事业单位和社会团体），被保证人为雇员。雇主通过投保个人信用保险将由于雇员的不诚实行为可能对雇主造成的经济损失转嫁给保险人。

该险种的保险责任是雇员可能产生的不诚实行为，即雇员在从事雇佣工作中，由于盗窃、贪污、侵占、非法挪用、故意误用、伪造、欺骗等不诚实行为对雇主所造成的经济损失。在事故发生时，保险人首先向雇主履行赔偿责任，同时自动取得向不诚实的雇员行使代位求偿权。该业务通常采取全面承保的方式，即雇主投保个人信用保险时，必须将除了雇主以外的其他所有雇员统一投保，以避免逆选择。保险金额根据雇员的不同职位和岗位风险程度的不同分别确定，通常采取个人限额责任的方式。

2. 商品信用保险的保险责任和除外责任

在商品信用保险中，保险责任一般为买方由于各种原因产生的拖延、逃避或无能为力付款的行为；除外责任则需要重点避免卖方和买方之间共同进行的欺骗行为以及卖方可能的任何与延期或分期收款行为有关的允诺。

（二）出口信用保险

出口信用保险是承保出口商在经营出口业务的过程中因进口商的商业风险或进口国的政治风险而遭受损失的信用风险。它所承担的责任，主要是出口企业在发货后收不到货款的责任，有时也表现为出口企业由于买方毁约使货物不能出口而造成的损失。它所保障的风险，包括出口货物运输保险在内的其他常规保险所无法保障的风险。出口信用保险是以国家财力作为后盾，不以营利为目的，旨在鼓励发展对外贸易，保障出口商收汇安全、及时的机制，使本国出口商能在国际贸易中与他国出口商处于平等竞争地位。

我国的出口信用保险始于1989年，国家任命中国人民保险公司负责办理出口信用保险业务，以短期业务为主。1994年，政策性银行成立，中国进出口银行也有了办理出口信用保险业务的权力，出口信用保险业务开始由中国人民保险公司和中国进出口银行两家机构共同办理。2001年底以后，由中国出口信用保险公司专营。我国出口信用保险的一个鲜明特点是采用了"统保"的方式。所谓统保，就是说承保出口商所有的出口业务。出口企业在一定时期或一定区域市场上所有业务都要一次性办理出口信用保险。从承保人的角度来看，这一规定使承保面扩大，有利于分散风险。但从出口商的角度来看，对于风险不大的出口业务，如老客户或信用证结算方式的贸易则没有必要进行投保。统保方式不被出口商认同，这是我国出口信用保险发展缓慢、没有和对外贸易同步发展的主要原因之一。

1. 出口信用风险的种类

出口信用保险主要包括以下种类：

（1）出口信用保险按信用期长短，分为短期出口信用保险和中长期出口信用保险

短期出口信用保险，适用于信用期限不超过180天，最长不超过1年的出口合同。有两种方式承保，一种是特定方式承保，即一笔合同一个保单；另一种是采取"总括"方式进行承保，即被保险人必须将保单规定范围内的出口全部向保险人投保。承保的出口货物通常是一般性商品，如消费性制成品、初级产品和工业原材料，以及汽车、农用机械、机床工具等半资本性货物等。

中长期出口信用保险是指信用期在1年以上的出口信用保险，承保在延期付款条件下由于买方不能付款或不能按时付款而给出口企业

造成的损失。采取特定方式承保，即一份合同一张保单。通常适用于大型资本性货物，如飞机、船舶等大型运输工具，电站、工厂或矿山的成套设备，以及海外工程承包或专项技术转让或服务等项目的出口。

（2）根据保险责任起讫时间的不同，出口信用保险业务可以分为出运前的保险和出运后的保险

出运前的保险是保险人承保从合同订立日到货物起运日的信用风险。出运后的保险则是承保从货物起运日到保险单的终止日由买方的商业风险或买方所在国的政治风险导致出口商发生损失的风险。

（3）按承保风险的不同，可分为商业出口信用保险、政治出口信用保险和综合出口信用保险

2. 出口信用保险的保险责任

出口信用保险承保的风险主要包括商业风险和政治风险两种：

（1）商业风险

商业风险是指进口商付款信用方面的风险，也称买家风险，该风险一般包括：进口商破产或接近破产，无力偿付货款；进口商逾期不付款；进口商违约拒收货物或拒付货款，而这种行为并非被保险人（出口商）的过失所致，而是买方主动丧失信用或其他不道德的行为所致。

（2）政治风险

政治风险是指与被保险人（出口商）进行贸易的进口商所在国家内部的政治、经济状况的变化而导致买卖双方都无法控制的收汇风险，也称国家风险。该风险主要包括：进口商所在国家实行外汇管制，禁止或限制汇兑；进口商所在国家实行进口管制，禁止贸易；进口商的进口许可证被撤销；进口商所在国发生战争、动乱、骚乱或暴动等；进口商所在国或任何与之有关的第三国发生非常事件。

3. 出口信用保险的除外责任

在出口信用保险中，保险人不负赔偿责任的项目主要包括：

（1）卖方或其代表的故意行为带来的风险；

（2）出口货物在出口前已存在的风险；

（3）买方未能获得进口许可证或其他有关的许可而导致不能收货

付款的损失；

（4）买卖合同规定的付款币制违反国家外汇管理规定；

（5）汇率变动引起的风险；

（6）其他保险中承保的风险。

4. 出口信用保险的赔偿限额和费率厘定

为了控制风险责任，保险公司承保出口信用保险时，一般均规定每一保险单的最高赔偿限额，发生损失时，在赔偿限额内赔付。

厘定出口信用保险的费率一般考虑下列因素：买方所在国的政治、经济及外汇收支状况；出口商的资信、经营规模和出口贸易的历史记录；出口商以往的赔付记录；贸易合同规定的付款条件；投保的出口贸易额大小及货物的种类；国际市场的经济发展趋势等。

【案例介绍】

中国航空技术进出口北京公司投保了出口信用风险，在对外贸企业形成严峻考验的东南亚金融危机中，它的进出口总额不但没有下降，反而节节提升，从 1997 年的 6205 万美元增长到 1999 年的17876 万美元，进出口总额在全国外贸企业的排名也向前连跳了好几级。他们总结出的秘诀就是"出口信用保险为开拓国际市场减少了收汇风险，也给了公司竞争的信心"。

另一个例子是安徽技术进出口股份有限公司。1990 年该公司出口额仅为几百万美元，但由于他们在外贸出口业务上一开始就借力出口信用保险，顺利闯过了两次电机出口到美国的收汇风险，获得了出口信用保险提供的欠款赔付，大约为 120 多万美元。由于借助了信用出口保险的帮助，公司很快发展成为安徽省第一大出口公司，并重组进了五矿和安徽省进出口公司，2001 年公司出口额达到15631 万美元。

（三）投资保险

投资保险又称政治风险保险，承保去国外投资的本国投资者因东道国的政治局势动荡或政府某项法令变动所引起的在投资合同范围内的投资损失的信用保险。本国投资者是投保人，要求保险公司保障的是他们在国外的投资利益。改革开放以来，特别是金融危机以来，我国对外商投资者和中国企业在海外投资者均按国际惯例开办了投资保险业务，切实保障私人投资者的利益。

1. 投资保险承担的政治风险

（1）战争风险，即东道国发生的战争、罢工、恐怖行为及其他类似战争的行为；

（2）征用风险，即东道国政府有关部门强行对投资资产进行征用、没收、国有化、扣押等行为；

（3）汇兑风险，即外汇风险，投资者因东道国的突发事变而导致其在投资国与投资国有关的款项无法兑换货币转移的风险。

2. 投资保险的除外责任

投资保险对被保险人（本国投资者）的下列损失不予赔偿：

（1）被保险人及其代表违背或不履行投资契约，或故意违法行为导致东道国政府有关部门的征用或没收造成的损失；

（2）被保险人投资项目受损后造成被保险人的一切商业损失；

（3）被保险人未按东道国政府有关部门所规定的期限汇出款项造成的损失；

（4）由于原子弹、氢弹等核武器而造成的损失；

（5）在投资合同范围以外的任何其他财产的征用、没收所造成的损失。

3. 投资保险的保险期限

投资保险的保险期限分为短期和长期两种：短期保险期限为 1 年；长期保险期限最短的为 3 年，最长的为 15 年。保单到期后可以续保，但条件仍需双方另行商议。无论短期还是长期保险，保险期间内被保险人可随时提出退保，但保险人不能中途修改保险合同，除非被保险人违约。

4. 投资保险的保险金额和费率厘定

投资保险的保险金额以被保险人在国外的投资金额为依据，一般规定为投资金额的 90%，即被保险人须承担 10% 的风险责任。保险金额分为当年保险金额和最高保险金额，前者适用于只投保 1 年的短期风险；后者适用于长期投保，是指该项总投资金额下的最高保险金额。

投资保险费率的厘定，一般根据保险期间的长短、东道国的政治形式以及经济环境、投资者的能力及项目工程等因素确定。一般分为一年期的保险费率和长期保险费率两种。

第二节　保证保险

一、保证保险的产生与发展

保证保险首先出现于约 18 世纪末 19 世纪初，它是随着商业信用的普遍化和道德危险的频繁发生而发展的。最早产生的保证保险是诚实保证保险，由一些个人商行或银行办理。1852 年，英国几家保险公司试图开办合同担保业务，但因缺乏足够的资本而没有成功。1901 年，美国马里兰州的诚实存款公司首次在英国提供合同担保，英国几家公司相继开办此项业务，并逐渐推向了欧洲市场。

我国保证保险业务始于 20 世纪 80 年代初，中国人民保险公司开始办理保证保险，主要是引进了国外的工程履约保函，以英文条款为主。进入 20 世纪 90 年代后，具有中国特色保证保险的险种以条款形式也获得了一定的发展。

二、保证保险的概念与特征

（一）保证保险的概念

保证保险是指被保证人（债务人）根据权利人（债权人）的要求，请求保险人担保自己信用的一种保险。如果由于被保证人不履行合同义务或者其他行为致使权利人遭受经济损失，由保险人来承担经济赔偿责任。保证保险的出现，是保险业功能由传统的补救功能、储蓄功能，向现代的资金融通功能的扩展，对拉动消费、促进经济增长会产生积极的作用。

（二）保证保险的特征

保证保险属于广义的财产保险，和一般财产保险相比有以下特征：

第一，保证保险的当事人涉及三方：保证人，即保险人；被保证人，即投保人（债务人）；权利人，即被保险人（债权人）。而一般的财产保险的当事人只有两个，即保险人和投保人。

第二，保证保险中，保险人在保险事故发生且对被保险人进行赔偿后，有权利向投保人进行追偿。而在一般财产保险中，投保人不存在被追偿的责任。

第三，保证保险合同是保险人对投保人的债务偿付、违约或失误承担附属性责任的书面承诺。这种承诺是在保证保险合同所规定的履约条件已具备而被保证人不履行主合同义务的条件下，保险人才履行赔偿义务。因此，保证保险实际上是对权利人的担保。

第四，保险人必须严格审查投保人（被保证人）的资信。只有严格审查投保人的财力、资信、声誉的好坏以及以往的交易历史等内容，保险人才能决定是否代替投保人向被保险人承担经济赔偿责任。

第五，一般财产险的风险能不能承保，要看收取的保险费是否能够应付所承保风险发生的损失。而保证保险是基于无赔款基础上的保险业务，所收取的保险费实质上是保险公司以自身名义提供担保而收取的手续费用。

三、保证保险的种类

保证保险主要包括忠诚保证保险、确实保证保险和产品质量保证保险。

（一）忠诚保证保险

1. 忠诚保证保险的概念

忠诚保证保险是承保雇主因其雇员的不诚实行为而遭受经济损失时，由保险人作为保证人承担赔偿责任的一种保险。这里的不诚实行为包括盗窃、贪污、非法挪用、伪造、欺骗等。忠诚保证保险的投保人并不是被保证人，而是由权利人雇主自己投保，雇主既是投保人，也是被保险人，这一点与其他保证保险由被保证人投保不同。

2. 忠诚保证保险的种类

（1）指名保证保险

指名保证保险是指以特定的雇员为被保证人的忠诚保证保险。雇主遭受由被保证人所造成的损失，由保险人负责赔偿。指名保证保险又分为两种：一种是个人保证保险，是以特定的雇员单独为被保证人，一般由这个指名雇员提出保证申请，保险费由该雇员自己支付；另一种是表定保证保险，是指在同一保证合同中，承保两个以上的雇员，并列明被保证人的姓名以及各自的保证金额。

（2）职位保证保险

职位保证保险是指以各种职位及其人数作为被保证人的忠诚保证保险。它不列出被保证人的姓名，只列出各级职位和人数。职位保证保险也分为两种：一种是单一职位保证保险，是指同一保证合同承保同一职位的若干被保证人，如果同职位中有一人投保，那么其余人员也必须投保；另一种是职位表定保证保险，是指同一保证合同承保几个不同的职位，每一职位都有各自的保证金额。无论是单一职位保证保险还是职位表定保证保险，都以所约定的职位上若干人为被保证人，而不考虑由谁担任这一职务。

（3）总括保证保险

总括保证保险是指在同一个保证合同中承保雇主所有的正式员工。总括保证保险分为两种：一种是普通总括保证保险，是指对全体雇员不指出姓名，也不指出职位，只要认定损失由雇员的不诚实行为所致，保险人均承担赔偿责任。另一种是特约总括保证保险，是指承保各种金融机构的雇员由于不诚实行为造成雇主的损失，保险人给予赔偿。它最早起源于英国伦敦劳合社保险人开办的银行总括保证，以后逐步增加到各种金融机构。各金融机构中的所有货币、有价证券、金银条块以及其他贵重物品，因其雇员的不诚实行为造成的损失，保险人均负责赔偿责任。

（4）伪造保证保险

它承保因伪造或篡改背书、签名、收款人姓名或金额等造成损失的保证保险，分为两种形式：一种是存户伪造保证保险，承保被保证人或与被保证人往来的银行因他人以被保证人的名义伪造或篡改支票、汇票、存单及其他凭单票据等造成损失的保险；另一种是家庭伪造保证保险，承保个人在收支款项时因他人伪造所导致损失的保险。

（5）3D 保单

它指不诚实、损毁以及失踪的综合保单，承保企业因他人不诚实、盗窃、失踪、伪造或篡改票据遭受的各种损失。3D 保单有如下优点：对性质不明的风险，保险人不得借故拒赔；无到期日的规定；手续简便。

3. 忠诚保证保险的保险责任和除外责任

忠诚保证保险承保在保险期间内，被保险人（雇主）因所雇佣的员工在工作过程中的不诚实行为所导致的经济损失，主要包括：雇主的货币和有价证券的损失、雇主所有的财产损失、雇主有权拥有的财产或对此负有责任的财产、为保险单指定区域的可移动财产。

忠诚保证保险规定发现期。保证契约终止后，雇主有一段时间可以调查在保证契约有效时所发生的损失，在这段时期内发现雇员在保证期内造成损失，雇主仍可获得赔偿，一般规定为 6 个月（即最迟从该雇员退休、离职或死亡之日被注销起 6 个月或保单终止后 6 个月，两者以先发生为准），投保人必须在上述期限内提出索赔。

忠诚保证保险的除外责任包括：

（1）被保险人雇佣的员工与其工作无关的行为所致雇主的损失；

（2）在保险限 6 个月后或在雇员退休、被解雇或死亡 6 个月后发现雇员不诚实行为造成被保险人的损失；

（3）被保险人因擅自减少雇员的报酬或加重工作量导致雇员的不诚实行为所带来的损失；

（4）被保险人没有按照安全预防措施和尽责督促检查而造成的任何钱物损失。

（二）确实保证保险

1. 确实保证保险的概念

确实保证保险是被保证人因无力或不履行应尽义务而使权利人遭受损失时，由保险人负赔偿责任的保证保险。它是国际保险市场上常见的一种保证保险。其保险标的是被保证人的违约责任，它是对业主和其他权利人的保证。

2. 确实保证保险的种类

确实保证保险的种类很多，大致有如下几种：

（1）合同保证保险

合同保证保险承保因被保证人不履行各种合同义务而造成权利人的经济损失。最普遍的业务是建筑工程承包合同的保证保险。合同保证保险包括以下三种：

①工程保证保险，承保因建筑工程误期所遭受的各种损失。它又包括以下几种：一是投保保证，承保工程所有人因中标人不继续签订承包合同而遭受的损失；二是履约保证，承保工程所有人因承包人不能按时、按质、按量交付工程而遭受的损失；三是预付款保证，承保工程所有人因承包人不履行合同而受到的预付款损失；四是维修保证，承保工程所有人因承包人不履行合同规定的维修义务而受到的损失。

②完工保证保险，承保承包人因未按期完工和到期不归还借款而造成有关权利人的损失。

③供给保证保险，供给方因违反合同规定的供给义务而使需求方遭受损失时，由保险人承担赔偿责任。

（2）司法保证保险

司法保证保险按其保证内容分为诉讼保证保险和受托保证保险两种：

①诉讼保证保险。当原告或被告要求法院为其利益采取某种行动，而又可能损害另一方利益时，法院为了维护双方的合法权益，通常会要求申请人提供诉讼保证。其行动有扣押、查封或冻结某些财产等。诉讼保证保险又可分为保释保证、上诉保证、扣押保证、禁令保证。

②受托保证保险。它承保由法院命令为他人利益管理财产的人因其不尽职尽责而造成被管理人的财产损失。需要提供此保证的被保证人包括财产受托人、破产管理人、遗嘱执行人、遗产管理人、缺乏完全行为能力人的监护人。

（3）许可证保证保险

它是担保从事经营活动领取执照的人遵守法规或履行义务的保险。在有些国家，从事某种经营活动的人在向政府申请执照或许可证时，往往需要提供此种保证。常见的许可证保证保险有两种：一种是在被保证人（领照人）违反政府法令或其行为有损于政府或公众利益时，由保险人（保证人）承担由此引起的赔偿责任；另一种是保证被保证人（领照人）将按国家法律履行纳税义务。

（4）公务员保证保险

它是对政府工作人员的诚实信用提供保证的保险。

（5）存款保证保险

它是以银行为投保人，保证存款人的利益，当发生银行对存款人取款方面支付能力的风险时，由保险人负赔偿责任。

（6）贷款保证保险

它是由保险人保证从银行或其他金融机构取得贷款的债务人，将确实履行债务，如果债务人不履行债务致使债权人（银行或其他金融机构）遭受损失时，由保险人向债权人负赔偿责任。

（三）产品质量保证保险

1. *产品质量保证保险的概念*

产品质量保证保险是指被保险人因制造或销售的产品丧失或不能达到合同规定的效能而应对使用者承担经济赔偿责任时，由保险人对质量有缺陷的产品本身以及由此引起的相关间接损失与费用负赔偿责任的保险。

2. *产品质量保证保险的保险责任和除外责任*

产品质量保证保险的保险责任有：

（1）被保险人对消费者负责修理或更换有质量缺陷产品的费用和损失；

（2）赔偿消费者因产品质量不符合使用标准而丧失使用价值的损失以及由此引起的额外费用，如公交公司因汽车制造商提供不合格的汽车而造成的停业损失（包括利润和工资损失）以及为继续营业临时租用他人汽车而支付的租金等；

（3）被保险人根据法院的判决或有关政府部门的命令，收回、更换或修理已投放市场的有质量缺陷的产品所遭受的损失和费用。

产品质量保证保险的除外责任：

（1）保险公司不负责产品消费者故意行为或过失引起的损失；

（2）消费者未按说明书要求安装、调试和使用所引起的损失；

（3）产品的自然消耗或磨损；

（4）产品生产时国内市场技术水平尚不能发现的缺陷；

（5）产品在运输途中因外部原因造成的损失和费用；

（6）因产品的缺陷而致使他人人身伤亡的医疗费用、住院和护理等其他费用或财产损失。

3. 产品质量保证保险与产品责任保险的区别

虽然两者都与产品有关，但产品质量保证保险与产品责任保险是两种完全不同的险种。产品质量保证保险承保的是被保险人生产或销售的产品质量有缺陷而对有缺陷产品本身的赔偿及由此引起的损失或费用。而产品责任保险是指承保被保险人（产品的生产商、销售商或修理商）生产、销售或修理的产品存在缺陷，致使用户或消费者在使用过程中由于意外事故的发生而遭受人身伤害或财产损失，依法应由被保险人负责时，保险人在约定的赔偿限额内负责赔偿的一种保险。它对被保险人应承担的诉讼费用也可以负责赔偿。但对于有缺陷的产品本身的损失以及由此引起的间接损失和费用，产品责任保险是不予赔偿的。

产品质量保证保险与产品责任保险的区别主要有：

（1）性质不同。产品质量保证保险是保证保险的一种，而产品责任保险则属于责任保险。

（2）赔偿范围不同。产品质量保证保险只赔偿由于质量问题引起的产品本身的损失，不负责因为产品缺陷导致第三者的损害责任。产品责任保险正好相反，只赔偿由于产品缺陷引起的损害责任，而不赔偿产品本身的损失。

（3）承担责任的条件不同。产品质量保证保险的赔偿不以消费者或使用者的损害为要件，只要产品不符合合同规定的质量要求就可提出索赔。而产品责任保险赔偿的前提是因产品缺陷导致侵权行为，即造成消费者或使用者的损害发生。

4. 产品质量保证保险的保险金额

产品质量保证保险的保险金额一般按投保产品的购货发票金额或修理费用收据金额来确定。如产品的出厂价、批发价或零售价等都可以作为确定保险金额的依据。

5. 产品质量保证保险的赔偿处理

发生消费者对承保产品提出索赔时，保险人按照下列处理方式进行赔偿：

（1）因设计、制造等原因导致产品零部件、元器件失效或损坏时，赔偿该部件或元器件的重置价和修理费用；

（2）整件产品需要更换、退货时，其赔偿金额以产品出厂价格或销售价格为限，若出厂价格或销售价格高于购买的重置价格时，其赔偿金额以重置价格为限；

（3）保险人负责赔偿因产品修理、更换、退货引起的鉴定费用、运输费用和交通费用，合计赔偿金额在同一赔案中不得超过保险责任项下赔偿金额的30%；

（4）更换或退回的产品残值作价在赔偿中扣除后归被保险人所有。

本 章 小 结

信用保险是指权利人向保险人投保义务人信用的一种保险，其原理是把义务人的保证责任转移给保险人，当义务人不能履行其义务时，由保险人承担赔偿责任。

信用保险具有以下特征：承保风险的特殊性、经营方式的特殊性、保险合同的特殊性、对保险人要求的严格性。

信用保险的作用主要体现在：第一，帮助企业进行风险控制，提高企业的竞争能力；第二，促进贸易活动的健康稳定发展；第三，有利于一国出口创汇。

信用保险业务主要包括商业信用保险、出口信用保险、投资保险。保证保险是指被保证人（债务人）根据权利人（债权人）的要求，请求保险人担保自己信用的一种保险。

保证保险主要包括忠诚保证保险、确实保证保险和产品质量保证保险。

重 要 概 念

信用保险 商业信用保险 赊销信用保险 贷款信用保险
个人信用保险 出口信用保险 商业风险 政治风险 投资保险
保证保险 忠诚保证保险 指名保证保险 职位保证保险 总
括保证保险 确实保证保险 合同保证保险 司法保证保险 许
可证保证保险 公务员保证保险 存款保证保险 贷款保证保险
产品质量保证保险

复习思考题

1. 信用保险有哪些特征和作用?

2. 商品信用保险的险种有哪些?

3. 出口信用保险有哪些承保风险和除外责任?

4. 投资保险的保险期限是如何规定的?

5. 与一般财产保险相比,保证保险有哪些特征?

6. 什么是忠诚保证保险的发现期?

7. 产品质量保证保险与产品责任保险的区别是什么?

第八章 再保险

再保险是保险人之间分散风险损失的一项经营活动。世界各国的保险公司，无论规模大小，都需要根据自身的偿付能力和业务结构状况，将其所承担的大小不一的风险责任在本国或国际保险市场上办理再保险以稳定保险经营。因此，再保险已成为现代保险经营过程中必不可少的重要环节。本章主要阐述再保险的基本概念、再保险的业务方式、产生与发展以及再保险市场的概况，以期使读者对再保险有一个整体上的认识。

第一节 再保险的产生和发展

再保险的本质和基础是保险，再保险的产生和发展，自然与保险的发展相联系，是伴随着保险的发展而产生和发展起来的。

一、再保险的产生

再保险与原保险都是首先从海上保险开始萌芽的，再保险大约于14世纪萌芽于海上保险。从14世纪开始，海上保险在西欧各地商人之间流行，逐步形成了保险的商业化和专业化。随着海外贸易和航运业的发展，保险人承担的风险责任越来越大，客观上产生了分保的需求。1370年，一位意大利海上保险人 Gustav Cruciger 首先将自己承保的一笔自意大利的热那亚到荷兰的斯卢丝的海上航程保险业务中风险较大的一段航程保险责任，转让给其他保险人。这种做法与现代再保险分配保额或分担赔款以控制责任的办法不同，但从分散风险的原理来看，仍属再保险的开端，其当时用拉丁文书写的协议书被视为世界上第一个再保险协议。

到了15世纪末16世纪初，欧洲至亚洲和美洲的海上新航线的开辟，使世界贸易中心从地中海一带逐渐转移到大西洋沿岸，保险和再保险也随之由意大利传至欧洲大陆，并得到进一步发展。17世纪中叶到18世纪中叶，英国已发展成为国际贸易中心，贸易、金融、航运和保险业都得到迅速发展，同时也推动了再保险业务的进一步发展。1666年伦敦大火后，火灾保险开始深入人心，城市重建时因保额增加，对再保险的需求也有所增加。当时，劳埃德咖啡馆和英国皇家保险交易所都经营再保险业务。

据史料记载，世界上第一张火灾再保险单是纽约雄鹰火灾保险公司（Eagle Fire Insurance Company）与联合保险公司（Union Insurance Company）于1813年签订的，承保联合保险公司全部火灾分保业务。1820年，德国Valertandish火灾保险公司拟定了第一份火灾再保险合同，它基本具备了现代再保险合同的各项特点。随后，法国巴黎国民保险公司、巴黎政府保险公司等先后分别与比利时产业主保险公司、英国帝国保险公司签订了火灾再保险合同，这标志着火灾国际再保险的产生。

随着人寿保险的发展，人寿再保险也开始出现。据史料记载，世界上第一份人寿分保契约大约在1844年签订于英国。1849年，苏格兰17家人寿保险公司联合签订了一份合约，规定人寿再保险的费率、自留额和分出额，此后又多次进行修订，从而促进了国内人寿再保险业务的统一。

二、再保险的发展

18世纪中叶以后，工业革命兴起，随着工商业的繁荣与发展，带动了保险业的相应发展，也使再保险从内容、方法到组织形式诸方面都发生了深刻变化。

在再保险产生之初，再保险交易都是临时性的，其特点是再保险的办理完全出于当时的业务需要，是纯粹临时的、个别的契约行为，再保险当事人双方有完全的自主权，不受任何约束。由于临时再保险原保险人必须与再保险人逐笔洽谈分保业务，手续繁琐，费时费力，且在未商妥之前，原保险人处于无保障状态。随着再保险的发展，这种再保险安排方法满足不了保险业务发展对再保险的需要，于是，合同再保险便应运而生了。合同再保险由分保双方事先签订分保合同，约定业务范围、分保条件、额度、费用等，在合同期内，原保险人必须分出，再保险人必须接受，无需具体通知，自动生效，双方定期结算盈亏。这种分保方法不仅简化了分保手续，提高了分保效率，也使分保双方建立了长期稳定的业务关系，因此它逐渐成为一种主要的分保方法而为世界各国保险同业所普遍采用。

再保险业务发展的初始阶段是在经营直接保险业务的保险人之间进行，即各保险人既经营直接业务又兼营再保险业务，相互之间进行分出与分入业务。到了19世纪中叶，这种原保险人之间的相互分保已不能满足再保险发展的需要，客观上需要专门经营再保险业务的再保险公司，实行再保险业务的专业化经营，为原保险人提供专门的、高质量的再保险服务，增加再保险供给。1852年，德国科隆再保险公司创立，成为世界上第一家独立的专业再保险公司。此后，各国纷纷设立专业再保险公司。1863年，赫赫有名的瑞士再保险公司成立。1907年，英国商业综合再保险公司成立。1890年，美国成立了第一个专业再保险公司。专业再保险公司的产生进一步推动了再保险事业的发展，促进了分保合同条款的设计和分保技术水平的提高。

传统的再保险方式是比例再保险，即以保险金额为基础确定原保险人的自留责任和再保险人的分保责任。进入20世纪以来，随着工业的持续发展和科学技术的日新月异，使巨灾风险和巨额损失不断增加，带来了对再保险的新的需求。为解决巨灾风险和巨额风险的保障问题，以赔款为基础计算分保双方责任额的另一种分保方式——超额损失再保险便产生和发展起来了。1906年，美国旧金山发生了强烈地震，美国哈脱福特公司向劳合社提出对包括地震在内的巨灾损失提供保障的需求。为此，希思设计了巨灾分保方式。1910年，英国第一次签订了这种分保合同。超额赔款再保险有效解决了巨灾风险和巨额损失的保障问题，使再保险业务及承保技术进一步完善。

随着再保险业务的发展，产生了一些世界性的再保险公司，如慕尼黑再保险公司、瑞士再保险公司等，它们在许多国家的重要城市设立分支机构，吸收当地保险公司的再保险业务，逐渐形成了国际再保险市场。目前，世界上主要的再保险市场有伦敦、欧洲大陆、纽约和东京四大市场。再保险市场的形成和发展，便利了再保险交易，使得保险风险得以在全球范围内分散，进一步保障了保险经营的安全和稳定，同时也进一步推进了现代保险和再保险的国际化、专业化进程。

第二节　再保险概述

一、再保险的定义

再保险也称分保，是保险人通过签订合同而把自己承担的风险责任全部或部分转移给另一个保险人的保险。对于前者是分出保险业务，对于后者是分入保险业务。

在再保险交易中，分出保险业务的保险人称为原保险人或分出公司，接受分保业务的保险人称为再保险人或分入公司。和直接保险转嫁风险一样，再保险转嫁风险责任也要支付一定的保费，这种保费称为再保险费或分保费；同时，为了弥补原保险人在直接承保业务过程中支出的费用开支，再保险人也必须向原保险人支付一定的费用报酬，这种费用报酬称为分保手续费或分保佣金。如果分保接受人又将其接受的业务再分给其他保险人，这种业务称为转分保或再再保险，双方分别称为转分保分出人和转分保接受人。

再保险是保险人之间分散风险损失的一项经营活动。根据再保险合同，当被保险人发生保险责任范围内的灾害损失或人身事故时，原保险人按保险合同约定负责赔偿被保险人的损失或给付保险金，再保险人按承担责任份额分摊赔款，即原保险人可以从再保险人那里摊回分保部分的损失赔款。可见，再保险是对保险人的保险，即保险的保险。

再保险可以发生在一国范围内，也可以发生在国家与国家之间。对于一些较大的保险项目，如航天飞机、万吨巨轮、大型工程、核电站、卫星发射等，当其超过国内保险市场承受能力时，通常要跨越国界，在世界范围内进行分保。因此，再保险具有明显的国际性。

二、再保险与原保险的关系

再保险是保险人将原保险业务分给其他保险人的过程。当原保险合同约定的保险事故发生时，再保险人按照再保险合同的规定对原保险人承担的损失予以补偿。因此，再保险与原保险具有十分密切的关系，二者是相辅相成、互相促进的，它们都是对风险的承担与分散。

原保险与再保险的关系可用图 8-1 说明。

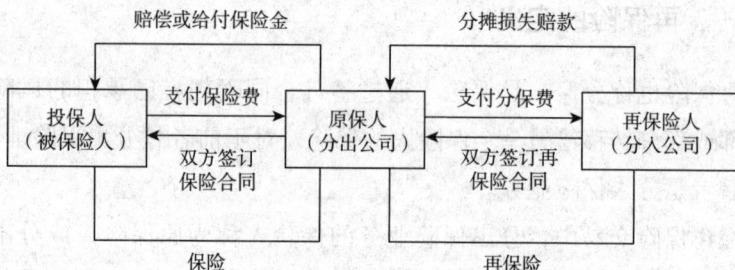

图 8-1　原保险与再保险关系示意图

由图 8-1 可知，再保险是原保险的延续，原保险在前，再保险在后，再保险人对原保险人的赔款支出按照一定的方式进行分摊。原保险是再保险的基础，再保险是由原保险派生的，再保险是对原保险的保险，再保险支持和促进原保险的发展。

再保险虽然是原保险的延续，但并不是原保险的组成部分，再保险合同是独立合同。再保险合同与原保险合同在法律上没有任何继承关系，因为原保险与再保险没有必然联系，除法定再保险业务外，是否再保险以及分出多少业务，都由原保险人根据自己的资产和经营状况自主决定。再保险与原保险的区别如下：

第一，保险关系的主体不同。原保险主体一方是保险人，另一方是投保人与被保险人；再保险主体双方均为保险人。

第二，保险标的不同。原保险中的保险标的既可以是财产、利益、责任、信用，也可以是人的生命与身体；再保险中的保险标的只是原保险人对被保险人承保合同责任的一部分或全部。

第三，保险赔付的性质不同。原保险人在履行赔付职责时，对财产保险是损失补偿，而对人身保险则是给付性的，所以原保险合同包括补偿性合同和给付性合同两种；而再保险人对原保险合同的分摊，无论是财产再保险还是人身再保险，都是对原保险人承担的风险损失的补偿，所以再保险合同均为补偿性合同。

三、再保险的基本分类

再保险是原保险人将其所承担的保险责任部分或全部转移给再保险人的过程。由于原保险人转移保险责任的方式方法不同，形成不同类别的再保险。

（一）按责任限制分类，再保险可分为比例再保险和非比例再保险

比例再保险是按保险金额的一定比例确定原保险人的自留额和再保险人的分保额，同时也按该比例分配保费和分摊赔款的再保险。比例再保险又可细分为成数再保险、溢额再保险以及成数溢额混合再保险。对于各种保险的具体内容，将在下一节中进行详尽的阐述。

非比例再保险以赔款金额为基础确定每一危险单位的自留额和分保额。因为这种再保险的分保费不按原保险费率计算，而是由原保险人和再保险人协议商定，再保险人承担的责任、分入的保费与原保险金额无比例关系，所以称为非比例再保险。

（二）按照分保安排方式分类，再保险可分为临时再保险、合同再保险和预约再保险

临时再保险是最早采用的再保险方式，是指在保险人有分保需要时，临时与再保险人协商，订立再保险合同，合同的有关条件也都是临时议定的。临时再保险的本质在于，一方面，对于某一危险，保险人是否要进行再保险、再保险多少，完全由本身所承受的风险责任情况以及自留的多少来决定，逐笔与再保险人接洽；另一方面，再保险人是否接受、如何接受、接受多少，可根据危险的性质、本身的承保能力、与原保险人的业务关系等，酌情自行决定。

合同再保险也称固定再保险，是分出公司和接受公司通过契约将业务范围、地区范围、除外责任、分保佣金、自留额、合同限额、账单的编制与发送等各项分保条件用文字予以固定，明确双方的权利和义务。对于约定的义务，原保险人必须按约定的条件分出，再保险人也必须按约定的条件接受，双方无须逐笔洽谈，也不能对分保业务进行选择，合同约定的分保业务在原保险人与再保险人之间自动分出与分入。

预约再保险也称临时固定再保险，是介于临时再保险与合同再保险之间的一种安排方式。一般而言，它对于分出公司来说相当于临时再保险，而对于接受公司来说则相当于合同再保险。这种安排对分出公司而言，业务是否要办理再保险或分出多少，完全可以自由决定；但对于接受公司来说具有强制性，凡属预约分保范围内的每笔业务不能加以挑剔选择，都必须接受。

四、再保险的作用

再保险的产生主要是出于保险人对风险分散的需要。随着保险及再保险的发展，在当今国际保险市场中，再保险已必不可少。如果说保险是社会的稳定器，那么再保险则是保险经营的稳定器，从而也是社会的稳定器。所以，再保险的作用可以从微观和宏观两个方面来看。

（一）再保险的微观作用

再保险的微观作用是指再保险对保险企业经营管理方面所产生的作用。具体体现在以下几个方面：

1. 分散风险，控制责任，稳定业务经营

保险作为风险的承担者，在它直接承保的大量业务中，不可避免的会有一些巨额责任保险，特别是随着现代化生产和科学技术的高度发展，财产的价值越来越昂贵，使保险人承担了前所未有的巨额风险。

同时，由于生产的扩大、财富的增加、人口的集中，一次大的自然灾害如洪水、地震、飓风或意外事故所造成的损失可达几亿、几十亿，甚至几百亿美元，这都不是一家保险公司或一国保险市场的资金或财力所能承担得了的。而通过再保险，将巨额的保险责任转分给几个再保险人，而再保险人再通过转分保，实现风险在全球范围内的分散。这样，一旦巨额损失发生，由于有众多的保险人共同承担，其损失对各保险人带来的财务冲击就小多了。

例如，1986 年墨西哥发生地震，损失约 30 亿美元；1988 年 9 月，被称为世纪飓风的"吉尔伯特"飓风在短短的几天内横扫加勒比海和其他几个中美洲中部国家，造成损失达 80 亿美元。这些损失都通过再保险使保户及时得到了经济补偿。举世瞩目的"9·11"事件发生后，劳合社、慕尼黑再保险公司、瑞士再保险公司和伯克希尔·哈撒威保险集团所承担的保险损失分别为 29.13 亿美元、24.42 亿美元、23.16 亿美元和 22.75 亿美元，损失赔付责任最低的荷兰国际（ING）也达到 4.4 亿美元。据有关媒体报道，世界上共有 100 多家保险公司涉及"9·11"赔款，已知受理赔款金额为 250 多亿美元。

保险企业是经营风险的特殊企业，当其承保的业务赔款和费用支出之和超过保险费收入时，就会出现亏损；反之，当赔款和费用支出之和小于保险费收入时，就有盈利。由于风险发生的偶然性，各年的损失率必然呈现一定的波动，造成保险业务经营的不稳定。保险公司通过再保险，虽然在损失较少的年份因付出分保费而减少了盈利数额，但在损失较多或发生巨额损失时可减少其赔偿金额。这样，保险公司就可以将自身的责任限定在一定范围，从而每年能获得均衡利润，稳定业务经营。

2. 扩大承保能力，增加业务量

保险公司的承保能力受其资本和准备金等自身财务状况的限制。资本薄弱的保险公司，不能承保超过自身财力的大额业务。即使是资本雄厚的保险公司，也不敢轻易承保大额业务，这势必影响保险公司的业务来源及业务量。而且，为了保护被保险人的利益，许多国家的保险法律规定，保险人的业务量必须与其资本额保持一定比例。例如

《中华人民共和国保险法》第 102 条就规定："经营财产保险业务的保险公司当年自留保险费，不得超过其实有资本金加公积金总和的四倍。"第 103 条规定："保险公司对每一危险单位，即对一次保险事故可能造成的最大损失范围所承担的责任，不得超过其实有资本金加公积金总和的百分之十；超过的部分应当办理再保险。"

有了再保险的支持，保险公司就可大胆承担超过自身财力的大额业务，从而扩大了业务量。由于保险公司通过再保险将超过自身财力的部分责任转移出去了，因而其承担的责任仍控制在正常标准的范围内。

3. 控制赔款损失，均衡业务质量

保险经营的稳定性不仅取决于扩大承保面，而且取决于各风险单位的承保金额是否处于均衡状态。因为根据风险分散的原理，保险单位越多，保额越均衡，保险人的财务稳定性就越好。当某类业务承保标的中有少量保险金额特别高时，将使这类业务的稳定性变坏。但通过再保险，可将超过一定标准的责任转移出去，使自留的同类业务保额均衡化。这样，既不用减少接受的业务量，又达到了提高经营财务稳定性的目的。

（二）再保险的宏观作用

再保险的宏观作用是指再保险对社会经济总体所产生的效用，具体体现在以下几个方面：

1. 形成巨额的联合保险基金

保险人通过再保险，可以将各个独立的、为数较少的保险基金联合起来，形成巨额保险基金。虽然这种联合没有明文规定，但通过再保险的分出、分入业务，客观上起到了联合保险基金的作用。有了这种联合的、巨额的、全球性的保险基金，就可以承保一家保险公司或一国保险市场无法承担的巨额风险，满足现代化生产和高新技术发展对巨额保险的需要。

2. 促进国内保险业的健康发展

再保险对国内保险业的促进作用体现在：第一，提高保险企业的经营管理水平。办理再保险比直接保险业务涉及面要广泛得多，需要的知识也更丰富。这就要求保险企业加强科学管理和经济核算，及时掌握保险市场信息，培养具有相当业务技术知识和专业素质的人才。因此，再保险具有促进保险企业加强管理、提高经营管理水平的作用。第二，增强与国际保险市场的联系。由于再保险业务大多是在国际范围进行的，因此通过分保联系，可以密切同国外同业之间的关系，增进对国际保险、再保险市场情况的了解。第三，增强国内保险市场的承保能力。有了再保险的支持，原保险人就能够承担超过自身承保能力的风险，从而扩大了原保险人及国内原保险市场的承保能力。

3. 促进国际经济合作

随着世界经济的发展，各国之间的经济往来日益频繁，在经济交往中，无论是国际贸易还是人员、技术交流都离不开保险，而再保险作为保险的保险自然不可或缺，如全世界远洋船舶约有80%以上是直接或间接（即再保险）在劳合社取得保障；中国人民保险公司从与民航部门签订飞机保险合同那一天起，就通过再保险，把80%以上的风险金额转分给国外多家保险公司和再保险公司。现在，世界各国都十分重视通过再保险分出、分入保险业务，以此推动和开展国际间的经济合作。

4. 为国家创造外汇收入

由于再保险通常是要越出国界，属于国际再保险，因此其分入业务所收取的外汇再保险费以及向国外再保险公司分出业务摊回的赔款，均可增加国家的外汇收入，增强本国的国际支付能力。目前，各国保险人都利用保险业务的分出、分入，收取分保费、摊回赔款和费用，力争收大于支，为国家争创外汇。

第三节　再保险的实施方式

再保险实际上是原保险人为了业务经营的稳定性把已承担的责任限制在一定范围内，将超出部分的责任转让出去。限制和转让责任可以以保险金额为基础，也可以以赔款为基础。以此为依据，再保险可分为比例再保险和非比例再保险。

一、比例再保险

比例再保险是以保险金额为基础来确定分出公司自留额和接受公司责任额的再保险方式，又称金额再保险。它主要包括成数再保险和溢额再保险。

（一）成数再保险

成数再保险是指原保险人与再保险人在合同中约定保险金额的分割比率，将每一危险单位的保险金额，按照约定的比率在分出公司与分入公司之间进行分割的再保险方式。保险费和保险赔款按同一比例分摊。

例如，有一个成数再保险合同，每一危险单位的最高限额规定分别为 80 万元、300 万元、为 500 万元，自留部分为 40%，分出部分为 60%，则合同双方的责任分配如表 8－1 所示。

表 8－1　成数分保责任分配表

单位：万元

保险金额	自留部分 40%	分出部分 60%	其　他
80	32	48	0
300	120	180	0
500	200	300	0

成数再保险的优点是手续简便，且合同双方利益一致。成数再保险是典型的比例分保，分出公司和接受公司之间的责任、保费和赔款分配都按事先约定的同一比例计算。因此，合同双方的命运始终紧密相连，其利害关系完全一致。不论业务良莠大小，双方共命运，不论经营的结果是盈是亏，双方利害关系一致。它的主要缺点是缺乏弹性，难以达成风险责任均衡化。在成数再保险合同中，只要属于合同的承保范围，任何业务分出人均应按照约定的比例自留和分出，没有选择的余地。原保险合同中存在的保险金额高低不齐的问题，在成数分保之后仍然存在。成数再保险适用于小公司、新公司和新业务，特别受

分入公司的欢迎。此外，一些特种业务，如牲畜险和建工险等也适用这种形式。

（二）溢额再保险

溢额再保险是指原保险人与再保险人以保险金额为基础，规定每个风险单位的一定额度作为自留额，将每一危险单位的保险金额超过自留额的部分分给分入公司，并按实际形成的自留额与分出额的比率分配保险费和分摊赔款的再保险方式。

危险单位是指保险标的发生一次灾害事故可能造成的最大损失范围。自留额是分出公司的责任限额。对于每一危险单位或一系列危险单位的保险责任，分出公司根据自身偿付能力所确定承担的责任限额称为自留额。在溢额再保险合同中，分出公司首先要对保险金额确定自留额，对于每一笔业务，将超过自留额的部分转移给再保险人，但以自留额的一定"线"数即倍数为限。一"线"相当于分出公司的自留额。自留额和分出额与保险金额之间的比例分别称为自留比例和分保比例。自留比例和分保比例随不同保险标的保险金额的大小而变动。例如，某一溢额分保合同的自留额为 100 万元，现有三笔业务，保险金额分别为 100 万元、200 万元和 400 万元，第一笔业务的保险金额在自留额之内，无须分保；第二笔业务的保险金额超过自留额，需要分保，实际自留额为 100 万元，分出额为 100 万元；第三笔业务的保险金额超过自留额，需要分保，实际自留额为 100 万元，分出额为 300 万元。本例第二笔业务的自留比例为 50%，分保比例为 50%；第三笔业务自留比例为 25%，分保比例为 75%。每笔业务按照实际形成的分保比例分配保险费和分摊赔款。

分出公司由于承保业务的保额增加，或是由于业务的发展，有时需要设置不同层次的溢额，依次称为第一溢额、第二溢额、第三溢额等。第二溢额合同的"自留额"为第一层次溢额合同分出公司自留额与分入公司的分入限额之和。超过"自留额"以上的部分分给第二层次溢额合同的分入公司，直至其分入限额。同样，第三层次溢额合同的"自留额"为第二层次溢额合同分出公司自留额与分入公司的分入限额之和。超过"自留额"以上的部分分给第三层次溢额合同的分入公司，直至其分入限额。如有更高层次的溢额合同，均依此类推。

例如，某分出公司就海上货物运输保险安排了两个层次的溢额再保险合同。危险单位按每一船每一航次划分，自留额为20万美元，第一溢额合同限额为5线，第二溢额合同限额为10线。有关保险金额的分割、保费的分配和赔款的分摊计算如下（见表8-2）：

表8-2 分层溢额分保计算示意表

货币单位：元

船名		A 船	B 船	C 船	D 船	E 船
总额	保险金额	200000	400000	800000	1000000	2000000
	总保费	2000	4000	8000	10000	20000
	总赔款	40000	100000	0	200000	400000
自留部分	保额	200000	200000	200000	200000	200000
	比例	100%	50%	25%	20%	10%
	保费	2000	2000	2000	2000	2000
	赔款	40000	50000	0	40000	40000
第一溢额	分保额	0	200000	600000	800000	1000000
	分保比例		50%	75%	80%	50%
	分保费	0	2000	6000	8000	10000
	分摊赔款	0	50000	0	160000	200000
第二溢额	分保额	0	0	0	0	800000
	分保比例					40%
	分保费	0	0	0	0	8000
	分摊赔款	0	0	0	0	160000

在溢额再保险中，分出公司可以根据不同业务种类、质量和性质以及自身承担风险的能力，确定自留额，凡是在自留额以内的业务不必分出。因此，溢额再保险在业务选择和保费支出方面均具有相当的灵活性，比较符合合理分散风险的再保险原则。但溢额再保险的保费及赔款的计算较成数再保险繁琐。

溢额再保险是实际中应用最广泛的再保险方式。在海上保险方面，包括船体保险和运输保险，均可以用溢额保险来分散风险。对于火灾风险而言，溢额再保险是基本的再保险安排方式。在国际分保交易中，溢额分保也是大家均乐于接受并经常使用的方式之一。

二、非比例再保险

非比例再保险又称超过损失再保险。它是以赔款为基础来确定再保险当事人双方的责任的分保方式。在这种再保险方式中，分出公司和分入公司的保险责任和有关权益与保险金额之间没有固定的比例关系，所以称其为非比例再保险。

与比例再保险相比，非比例再保险具有以下几个优点：一是非比例再保险使分出公司能将风险控制在一定的限度之内，有利于其业务经营的稳定。对于巨额赔款，超过起赔点以后的部分，直至规定的限额，分出公司都可以从分入公司那里摊回，使分出公司可以有效的控制风险，保障经营稳定。二是非比例再保险起赔点以内的大量小额赔款由分出公司承担，因此分出公司付出的分保费较少，有利于资金的周转和运用。三是在非比例再保险中，分入公司可以较早得到保险费，而且既不需要提存保险费或赔款准备金，也不需要支付保险手续费，可以充分地运用资金。

非比例再保险主要有三种基本形式，即险位超额赔款再保险、事故超额赔款再保险和赔付率超额赔款再保险。

（一）险位超赔再保险

险位超赔再保险是以一次事故中每一危险单位所发生的赔款金额为基础来确定分出公司的自负责任额和分入公司最高责任限额的再保险方式。若赔款金额在自负责任额以内，则由分出公司自己负责；超过自负责任额以上的赔款，由分入公司负责。例如，某一分出公司的自负责任额为10万元，分入公司接受20万元的分入责任。若实际赔款为20万元，则分出公司自赔10万元，分入公司赔付10万元；若实际赔款为8万元，则全部由分出公司自赔。

（二）事故超赔再保险

事故超赔再保险是以一次事故发生的赔款总额为基础来确定分出公司自负责任额与分入公司最高责任额的再保险方式。它可以被看成是险位超赔再保险在空间上的扩展。举例来说，假定分出公司一次事故的自负责任额为500万元，分保额为500万元。若在某次事故中有三个风险单位受损，其损失金额分别为 100 万元、400 万元和 500 万元，总计损失为 1000 万元，则分出公司自赔 500 万元，分入公司赔付 500 万元。

在事故超赔再保险中，由于一次事故的责任较大，它可以进行分"层"设计，即将整个超赔保障数额分割为几层，便于不同的分入公司接受。例如，某保险人对承保的 5000 万元的风险责任，可安排四个层次的事故超额赔款再保险合同。第一层为超过 100 万元以后的 400 万元，即原保险人的自负责任为 100 万元的赔款，超过 100 万元至 500 万元的赔偿责任由第一层次事故超赔再保险合同的分入公司承担。第二层为超过 500 万元以后的 500 万元，即超过 500 万元至 1000 万元的赔偿责任，由第二层次事故超赔再保险合同的分入公司承担。第三层为超过 1000 万元以后的 1000 万元，即超过 1000 万元至 2000 万元的赔款责任，由第三层次事故超赔再保险合同的分入公司承担。第四层为超过 2000 万元以后的 3000 万元，即超过 2000 万元至 5000 万元的赔偿责任，由第四层次事故超赔再保险合同的分入公司承担。以上四个层次的超赔责任范围，可分别由四个再保险人来承担。其中二、三、四层的超赔分保，是把原保险人的自留责任与前几层的分保责任合并，作为本层的起赔点。

（三）赔付率超赔再保险

赔付率超赔再保险又称累积超赔再保险，是按年度赔款与保费的比率来确定自负责任和再保险责任的一种再保险方式。在约定的年度内，当赔付率超过分出公司自负责任比率时，超过的部分由分入公司负责。赔付率超赔再保险可以被看成是险位超赔再保险在时间上的延伸。

在赔付率超赔再保险中，只有在分出公司因赔付率太高而受损时，分入公司才负责赔偿。因此，在赔付率超赔再保险中，正确确定赔付率限额是至关重要的。

在保险业务实践中，通常采用本年度的净保费收入与赔款净额的比率计算赔付率，即：

$$赔付率 = \frac{赔款净额}{年净保费收入} \times 100\%$$

其中，年净保费收入＝毛保费＋加保费－退保费佣金－再保费支出－保费税款－盈余佣金，

赔款净额＝已发生赔款（包括理赔及诉讼费用）－收回的赔款（赔款之追偿）－摊回的再保险赔款。

在赔付率超赔再保险中，分出公司的自负责任比率与分入公司的最高责任比率赔付率的确定，要考虑营业费用和业务的经营效果两个方面的因素。通常，在营业费用率为30%时，分出公司的自负责任比率（起点赔付率）规定为70%，分入公司的最高责任比率一般确定为营业费用率的两倍即60%。也就是说，分入公司负责赔付率在70%至130%部分的赔款。

第四节　再保险市场

再保险市场是建立在发达的保险市场基础上的一种新型的保险市场。再保险市场是指从事各种再保险业务活动的再保险交换关系的总和。再保险市场不仅有买方、卖方和中介，还包括市场的环境、组织和管理等各个方面。再保险买方主要有：经营直接业务的保险公司、专属保险公司、劳合社承保组合等；再保险卖方主要包括专业再保险人和再保险集团、劳合社承保组合、专属保险公司等。再保险经纪人是再保险市场的中介组织。

目前，世界上主要的再保险市场有：欧洲再保险市场、北美洲再保险市场和亚洲再保险市场。

一、欧洲再保险市场

欧洲各国的再保险市场主要是由专业再保险公司及一些实力较强的大公司承担和安排的。欧洲再保险市场的特点是完全自由化、商业化。在国际上最大的20家经营再保险业务的保险和再保险公司中，欧

洲市场就有 7 家。欧洲再保险市场主要由英国伦敦再保险市场和欧洲大陆再保险市场组成。

（一）伦敦再保险市场

伦敦再保险市场是随着伦敦作为国际保险的中心而发展起来的，由劳合社再保险市场和伦敦保险人协会再保险市场两部分组成，以劳合社市场为主。再保险供给主体主要是劳合社承保组合与经营直接业务的保险公司，专业再保险公司在伦敦再保险市场并不重要，专业再保险公司的业务量未超过整个市场的 1/6。伦敦再保险市场具有巨大的承保能力及一流的技术人才，它的业务主要来自世界各地，是世界再保险中心之一。在世界保险市场中，航空航天保险及能源等保险的承保能力的 60% 以上集中在伦敦再保险市场中。

（二）欧洲大陆再保险市场

欧洲大陆再保险市场主要由专业再保险公司构成，其中心在德国、瑞士和法国等。欧洲大陆拥有世界上最大的两家专业再保险公司——德国慕尼黑再保险公司和瑞士再保险公司。在业务经营方面，规模较大的专业再保险公司一般通过直接与分出公司联系来获取业务，小规模的则大多通过经纪人来接受业务。欧洲大陆最大的再保险中心是德国，在世界前 15 家最大的再保险公司中，德国占了 5 家。德国的再保险市场很大程度上是由专业再保险公司控制的，直接保险公司做再保险的业务量很有限。

二、北美洲再保险市场

北美洲再保险市场由纽约再保险市场和百慕大专属再保险市场构成。

纽约再保险市场主要由国内和国外的专业再保险公司组成，公司的规模有大有小，组织结构多种多样，市场广大，保费收入几乎占全球保费收入的一半，其业务偏重于互惠交换、共同保险和联营方式，主要来源于美洲和伦敦市场。它拥有世界上著名的再保险公司，如美国雇主再保险公司和综合科隆再保险公司。

百慕大市场一直是以自保为中心的市场，在新注册的公司中，几乎一大半是属于专属保险公司，它首先推出的离岸落户保险和管理以及金融再保险等均走在世界自保市场的前列。

三、亚洲再保险市场

亚洲再保险市场主要包括日本再保险市场、韩国再保险市场以及新加坡再保险市场和巴林再保险市场。

日本再保险市场主要是通过与某些再保险集团的成数分保或业务交换来实现市场的稳定。日本再保险市场有两家专业再保险公司——东亚再保险公司和杰西再保险公司，其他都是属于兼营再保险业务的保险公司。日本国内再保险市场向日本非寿险公司提供了大量的再保险责任，在全国范围内充分分散风险，获得高水平的利润，有效地保证了再保险市场的稳定。

巴林是中东的主要金融中心和再保险中心。巴林有中东最大的保险公司——阿拉伯保险集团（ARIG），由阿拉伯国家共同投资，1981年10月成立，总部设在首都麦纳麦，资本30亿美元，现已列入世界100家最大再保险集团。

新加坡是东南亚的金融中心，政治稳定，海上交通方便，良好的基础设施和优越的金融服务部门有助于再保险中心的形成。新加坡再保险市场现有多家专业再保险公司、混合再保险公司和企业专属保险公司。新加坡再保险公司按法律规定接受当地各公司5%的分保及其他业务2.5%的分保。

本 章 小 结

再保险也称分保，是保险人通过签订合同而把自己承担的风险责任全部或部分转移给另一个保险人的保险。对于前者是分出保险业务，对于后者是分入保险业务。再保险的本质和基础是保险，再保险的产生和发展，自然与保险的发展相联系，是伴随着保险的发展而产生和发展起来的。

再保险按责任限制分类分为比例再保险和非比例再保险。比例再保险（Proportional Reinsurance）是按保险金额的一定比例确定原保险人的自留额和再保险人的分保额，同时也按该比例分配保费和分摊赔款的再保险。比例再保险又可细分为成数再保险、溢额再保险以及成数溢额混合再保险。非比例再保险（Non-proportional Reinsurance）以赔款金额为基础确定每一危险单位的自留额和分保额。非比例再保险主要有三种基本形式，即险位超额赔款再保险、事故超额赔款再保险和赔付率超额赔款再保险。再保险按照分保安排方式分类可分为临时再保险、合同再保险和预约再保险。

再保险的作用可以从微观和宏观两个方面来看。再保险的微观作用是指再保险对保险企业经营管理方面所产生的作用。具体体现为：分散风险，控制责任，稳定业务经营；扩大承保能力，增加业务量；控制赔款损失，均衡业务质量。再保险的宏观作用是指再保险对社会经济总体所产生的效用，具体体现为：形成巨额联合保险基金；促进国内保险业的健康发展；促进国际经济合作；为国家创造外汇收入。

再保险市场是指从事各种再保险业务活动的再保险交换关系的总和。再保险市场不仅有买方、卖方和中介，还包括市场的环境、组织和管理等各个方面。目前，世界上主要再保险市场有：欧洲再保险市场、北美洲再保险市场和亚洲再保险市场。

重 要 概 念

再保险　比例再保险　非比例再保险　临时再保险　合同再保险　预约再保险　成数再保险　溢额再保险　险位超赔再保险　事故超赔再保险　赔付率超赔再保险　再保险市场

复习思考题

1. 再保险对于保险公司和投保人都有什么样的重要意义？再保险对于保险业发展有什么样的意义？

2. 试分析再保险与原保险的关系。

3. 试分析再保险的职能与作用。

4. 比较成数分保和溢额分保。

5. 比较比例再保险和非比例再保险。

6. 临时分保和合同分保各有什么特点和优缺点？

7. 试分析再保险的责任分担方式。

8. 简述建立再保险关系的方式。

第九章 保险经营

第一节 保险经营的特征与原则

一、保险经营的特征

（一）保险经营是一种特殊的服务活动

保险经营以特定风险的存在为前提，以集合尽可能多的风险单位为条件，以大数法则为数理基础，以分散风险和经济补偿为基本功能。保险企业所从事的经营活动，与一般的物质生产和商品交换活动不同，是一种特殊的服务活动。首先，保险服务活动依赖于保险从业人员的专业素质。如果保险企业能够拥有一批高素质的业务人员，为客户提供承保前、承保时和承保后的系列配套服务，社会公众对保险企业的信心就会增强，保险企业的竞争能力就会得到提高。其次，保险经营服务活动的产品质量影响重大。如果保险企业能够根据保险市场需求，精心设计保险条款，合理确定保险责任，科学厘定保险费率，所开发的保险险种就能切合实际，保险合同数量就能逐渐增加；而承保范围越大，保险经营就越稳定。最后，保险经营活动充分体现经济效益与社会效益并重。在追求经济效益的同时，由于保险企业经营以经济补偿、救灾防损为内容，具有经济正外部性，因此较之于一般工商企业，其经营结果在客观上实现了经济效益与社会效益共同获得满足。

（二）保险经营的负债性

多数企业以雄厚的资本作为其经营后盾，保险企业经营也要求有一定数量的资本金，尤其是在开业初期。我国《保险法》第六十九条规定："设立保险公司，其注册资本的最低限额为人民币二亿元。保险公司的注册资本必须为实缴货币资本。"在经营过程中，保险公司以保险费中所提取的各种准备金，形成保险基金，用于实现其组织风险分散、进行经济补偿的职能及开展公司的投资业务。由此可见，保险公司经营的资产相当部分是来源于保险人所收取的保险费，而这些保险费正是保险公司对被保险人未来赔偿或给付责任的负债。

（三）保险经营的成本和利润的计算具有特殊性

与普通商品的相对确定成本比较，保险经营成本则具有不确定性。由于保险商品当前价格的制订所依据的成本是过去、历史支出的平均成本，而现在的价格又是用来补偿将来发生的损失，即过去成本是现在价格产生的基础，现在价格将用来补偿未来的成本费用。而保险历史成本的确定，需要大量的统计数据和资料，一般保险公司往往无法获得足够的历史资料和数据；况且影响风险的因素随时都在变动，这就使得保险人现时价格的确定具有不确定性，既不能与历史成本吻合，又难以与将来成本相一致。保险经营成本的不确定性决定了保险价格的合理性不如其他商品高，保险成本与保险价格的关系也不如其他商品密切。保险利润的计算也与一般企业不同。经营一般商品时，企业只需将出售商品的收入减去成本、税金，剩下来的就是利润。而保险公司的利润是从当年保费收入中减去当年的赔款、费用和税金外，还要减去各项准备金和未决赔款，因为年终决算时必定有大量未了责任存在，如果提存的各项准备金数额较大时，就会对保险利润有较大的影响。

（四）保险经营具有分散性和广泛性

一般企业的经营过程通常是对单一产品、单一系列产品或少数几种产品进行生产管理或销售的过程，其产品只涉及社会生产或社会生活的某一方面，即使企业破产倒闭所带来的影响也只会涉及某一行业或某一领域。而保险经营则不然，保险公司所承保的风险范围之广、经营险种之多、涉及的被保险人之广泛是一般企业无法相比的。例如，被保险人包括法人和自然人。就法人来说，包括来自工业、农业、交通运输业、商业、服务业不同所有制的法人和各种事业单位以及国家机关；就自然人来说，有各行各业和各个阶层的人士。无论是自然人还是法人，既可以在国内的不同地区，又可以在世界各个国家和地区。一旦保险经营失败，保险公司丧失偿付能力，势必影响到全体被保险人的利益乃至整个社会的安定。所以说，保险经营的过程，既是风险大量集合的过程，又是风险广泛分散的过程。众多的投保人将其所面临的风险转嫁给保险人，保险人通过承保将众多风险集合起来，而当发生保险责任范围内的损失时，保险人又将少数人发生的风险损失分摊给全体投保人。

二、保险经营的原则

保险业是一个风险管理行业，它是以集中起来的保险费建立保险基金，用于对被保险人因自然灾害或意外事故造成的经济损失给予补偿，使整个社会再生产得以正常进行。保险经营的原则是指保险企业从事保险活动的行为准则。由于保险企业经营行为具有特殊性，因此保险经营既要遵循企业经营的一般原则，还要贯彻保险企业的特殊经营原则。

（一）风险大量原则

在可保风险范围内，保险企业根据自己的能力，努力承保尽可能多的风险和标的，这就是风险大量原则。风险大量原则是保险经营的基本原则。原因在于：首先，保险经营的过程实际上就是风险管理的过程，而风险事件的发生具有偶然性和不确定性，如果承保的风险数量不够多，可能导致风险集中，增加保险企业可持续经营的风险。只有承保大量的风险和标的，才能建立实力雄厚的保险基金，保证保险经济补偿职能的履行。其次，只有承保大量的风险和标的，才能比较精确地计算损失概率和保险费率，保障经营的稳定性。最后，扩大承保数量是保险企业提高经济效益的一个重要途径，承保的标的越多，就越能节省非营业性开支，从而降低保险成本。

（二）风险选择原则

保险企业为了保证保险经营的稳定性，在承保时不仅需要以大量的保险合同为基础，同时还需要对承保的风险加以选择。风险选择原则要求保险企业充分认识和准确评价承保标的的风险种类和风险程度，并进行风险分类，根据风险大小、发生概率及损失情况确定费率基础，比较投保金额与费率基础是否恰当，从而决定是否接受承保。保险企业对风险的选择表现在两个方面：一是尽可能选择同质风险标的承保，使风险能够从量的方面准确测定；二是淘汰超出可保风险条件或范围的保险标的。保险企业对风险的选择，目的在于使保险企业在自身处于有利的条件下承保，以稳定企业的业务经营，提高企业的服务质量。在进行风险选择时，不能轻易作出拒绝承保的决定，而需要通过协商和调整投保条件、保险费率等，尽可能满足社会公众对保险服务的需要。

（三）风险分散原则

风险分散原则是指由多个保险人或被保险人共同分担某一风险责任。保险企业在承保了大量的风险后，如果所承保的风险在某段时间或某个地区内过于集中，一旦发生较大的风险事故，保险企业可能无力进行赔付，从而损害被保险人的利益，同时也威胁保险企业的可持续性发展。因此，保险企业在承保时除了进行风险选择外，还必须遵循风险分散的原则，尽可能将承保的风险进行分散，以确保保险企业健康、稳定的经营。

第二节　保险经营的环节

保险经营活动通常包括展业、承保、防灾、理赔及保险资金运用等环节。这些经营环节相互促进、相互制约，只有做到各环节连续通畅，才能实现保险企业的稳健发展。

一、展业

保险展业是保险企业积极主动争取保险业务的一项重要环节，也是为社会公众提供保险保障的一项服务工作。通过展业可以扩大保险公司保费来源，积累雄厚的保险基金，增强企业在保险市场上的竞争力。保险展业是保险经营活动的基础，是保险企业所有活动的先导，在保险企业经营中有着重要作用。一般来说展业可采用以下方式：

（一）直接展业

直接展业是指保险企业依靠自己的业务人员去争取业务，办理承保业务。直接展业的保险质量一般比较好，是保险业务的重要来源。保险企业依靠自己的业务人员直接展业，可以充分利用保险企业的信誉打消投保人的顾虑心理，在短期内迅速打开保险业务的局面，收到较好的展业效果。直接展业需要保险企业拥有大量的业务人员，要求他们有相当的业务水平，并需要增设管理人员和机构，而工资和业务费用的支出也将提高保险经营成本，直接影响到保险企业的经营效益。

（二）代理人展业

保险代理人是受保险人委托，代表保险人接受保险业务，出具保单，代收保险费和处理保险赔案的人。代理人展业有利于保险企业降低经营成本，提高保险企业的经营效益。保险代理人因其业务关系，广泛而直接地与投保人打交道，能够比较详细地掌握投保人和被保险人的情况，不仅可以为保险公司招揽业务，而且可以为被保险人提供各种服务，加强保险宣传。此外，保险代理人与保险企业间的非雇佣劳动关系，使保险企业不必为其承担日常开支，保险人对保险代理人所支付的代理费用，是按照业务量计算的，这减轻了保险企业的负担。保险代理人展业是当前保险公司开展人身保险业务的主要渠道。

（三）经纪人展业

保险经纪人是为被保险人提供保险咨询或基于被保险人的利益，代向保险人办理投保手续，签订保险合同，并向被保险人或保险人收取佣金的人。保险经纪人能够为保险合同双方当事人服务，无论在保险技术和信息上，还是在保险展业方式上，都可以提供较高水平的专业服务。保险经纪人展业的优势在于可以基于投保人或被保险人的利益为其提供专业服务，增强投保人投保的信心。保险经纪人在保险人与投保人间牵线搭桥，促进保险合同的达成及履行。经纪人展业是当前保险公司开展财产保险业务的主要渠道。

二、承保

承保是指签订保险合同的过程，即投保人和保险人双方通过协商，对保险合同的内容取得一致意见的过程。主要分为投保人提出投保要求和保险人接受投保两个步骤。承保的主要内容和中心环节是核保，核保是指保险人对招揽的业务依据保险条款和承保原则进行风险评估和业务选择，从而确定是否承保、承保份额、承保条件和确定保险费率的全过程。

（一）承保的一般程序

1. 投保人提交投保单

投保人购买保险，首先要提出保险申请，填写投保单。投保单是投保人向保险人申请订立保险合同的依据，也是保险人签发保单的凭证。

2. 审核验险

保险人在收到投保单后，须详细审核投保单的各项内容，发现问题须及时处理。审核的内容主要包括投保标的的项目、存放地址、保险期限、投保明细表、运输工具行驶区域，以及人身保险投保单的内容是否齐全、真实等。验险是对投保标的的风险情况进行检验，确定风险等级，科学地进行承保选择和风险控制，制定合理的保险费率。以财产保险为例，财产保险的验险包括：查验投保财产所处的环境，查验投保财产的主要风险隐患和重要防护部位及防护措施状况，查验有无正处于危险状态中的财产，查验各种安全管理制度的制定和落实情况。验险的内容因保险标的的不同而有差异。

3. 保险人接受投保单

在审核保险申请单后，如果符合投保条件及要求，保险人将接受保险申请。

（二）承保的主要内容——核保

核保是保险业务选择的重要环节，通过核保，可以防止非可保风险，排除不合格的投保人和保险标的，对保险经营具有重要意义。

1. 审核投保条件

保险人在接到客户的投保申请后，核保人员应首先审核投保单及其他单证要素的真实性和正确性，审核投保人的权利能力和行为能力以及是否具有保险利益等资格，审核投保标的是否属于保障范围内的财产。我国《保险法》规定，投保人必须具有相应的民事权利能力和民事行为能力，投保人对保险标的必须具有法律上承认的利益。对于不符合保险条款规定的投保人和财产，保险人在初审后即可拒保。

2. 确定承保条件及费率

对于"标准风险"，按标准保单费率承保；对于风险低于平均水平的，则以较低的保费和相同的保险责任承保；对于风险高于平均水平的，可以设置比标准保障更多的限制性条件，包括设定自付额，或者给予标准保障，按高于标准保单的费率承保。根据已确定的保额、期限和费率计算保险费。对于那些即使修改某些条件或费率仍不合格的投保人，则予以拒保。另外，在承保前或承保后根据需要安排再保险或共同保险。

3. 审批

核保人员审核完毕并签字后，经业务负责人或主管领导审批。如需修改条件，则可反馈回去，再审核并作出抉择。对于某些标的，有时为了争取时间，可先签发暂保单，经反复审核后，再换发正式保单或终止暂保单。核保的事后选择包括两方面内容：一是对于投保人隐瞒、欺诈等严重违约行为，一旦发现可以解除未满期合同；二是拒绝续保。一般来说，财产保险所签发的保单都是不保证续保的，如果保险人发现某一不良风险，可能以收取高保费为条件续保，也可能拒绝续保，保险人应向被保险人说明其理由。

三、防灾

防灾是保险经营过程中不容忽视的重要环节，也是提高保险企业经营效益的重要手段。保险防灾是指保险人与被保险人事先对所承保的保险标的采取防护措施，防止或减少灾害事故造成的损失，从而降低保险成本、增加经济效益的一种经营活动。实施防灾防损，维护人民生命与财产安全，减少社会财富损失，既是提高保险公司经济效益和社会效益的重要途径，又是强化社会风险管理和安全体系的必要措施。保险的基本职能是对自然灾害及意外事故导致的损失进行经济补偿，防灾防损是其重要的派生职能之一，是其社会管理功能的重要体现。加强防灾防损工作，强化风险防范与控制，把防灾防损工作做在灾害事故发生之前，最大限度地减少甚至避免保险财产的损失，比灾后补偿更有效，更有利于企业生产经营和城乡居民生活的稳定。

（一）保险防灾与社会防灾

保险防灾是社会防灾工作的一部分，但二者有着明显的区别，主要表现在以下的几个方面：

1. 防灾的主体不同

保险防灾的主体是保险企业，社会防灾的主体是社会专门防灾部门或机构。

2. 防灾的对象不同

社会防灾的对象十分广泛，遍及社会所有的团体和个人，而保险防灾的对象主要是保险企业所承保的保险标的。由此可见，保险防灾的对象是特定的，与社会防灾相比，其覆盖面更窄。

3. 防灾的依据不同

保险公司是企业形式的经济组织，依据保险经营的特点，根据保险合同关于权利和义务对等关系的规定开展防灾工作。社会防灾部门则是各级政府主管防灾工作的部门，根据国家有关法令和规定，对防灾对象的防灾工作提出要求、督促检查。

4. 防灾的手段不同

保险企业是向被保险人提出防灾建议，促使其采取措施进行风险防范。如果拒不整改，则不予承保或不承担赔偿责任。社会防灾部门则可以运用行政手段促使单位和个人采取措施消除危险隐患，对不执行或违反规定的单位和个人可以给予一定的行政或经济处罚。

（二）保险防灾的内容

保险防灾防损的内容很多，归纳起来，主要有以下几个方面：

1. 加强同各防灾部门的联系与合作

防灾防损是社会各经济单位共同的责任和义务，保险公司作为社会防灾防损组织体系中重要的一员，以其特有的经营性质和技术力量，受到社会各界的重视，发挥着越来越重大的作用。因此，保险人一方面要注意保持和加强与各专业防灾部门的联系，积极派人参加各种专业防灾部门的活动，如公安消防部门对危险建筑的防灾检查等；另一方面要充分利用保险公司的信息和技术优势，向社会提供各项防灾防损服务，如防灾技术咨询服务、风险评估服务、社会协调服务、事故调查服务、灾情信息服务和安全技术成果推广服务等。

2. 进行防灾宣传、检查与监督

在我国，目前人们的防灾防损意识还比较薄弱，保险公司应运用各种宣传方式，向投保人和被保险人宣传防灾防损的重要性，提高安全意识，普及防灾防损知识。防灾检查应以所承保的单位和个人为主要对象。通过防灾防损检查，发现不安全因素和事故隐患时，保险人要及时向被保险人提出整改意见。

3. 参与抢险救灾

保险人在接到重大保险事故通知时，应立即赶赴事故现场，直接参与抢险救灾。抢险救灾的主要目的在于防止灾害蔓延并妥善处理好残余物资，将损失减少到最低。同时，还可以提高保险公司的声誉，加强与保户之间的联系，扩大保险的社会影响。

4. 提取防灾费用，建立防灾基金

保险公司每年要从保险费中提取一定比例的费用作防灾专项费用，用以建立防灾基金，主要用于增强保户防灾设施投入和保险公司应付突发性重大灾害时的急用。例如，资助地方消防、交通、医疗卫生部门，帮助他们添置公共防灾设备，奖励防灾部门和人员等。

5. 积累灾情资料，提供防灾技术服务

保险公司除了搞好防灾工作以外，还要经常对各种灾情进行调查研究并积累丰富的灾情资料，掌握灾害发生的规律性，提高防灾工作的效果。从以往发生的灾害事故来看，许多是由于缺乏防灾防损技术原因造成的。因此，保险企业还应开展防灾技术服务活动，帮助事故发生频繁、损失额度大的投保人开展防灾技术研究，在技术上予以指导帮助，将事故隐患消灭在萌芽状态。

（三）保险防灾的方法

1. 法律方法

在保险经营过程中，法律是防灾管理的主要方法之一。大多数国家的法律都规定，被保险人如不加强防灾措施，保险人可根据具体情况，有权终止保险责任或拒绝赔偿损失。我国《保险法》规定：被保险人应当遵守国家有关消防、安全、生产操作、劳动保护等方面的规定，维护保险标的的安全。投保人、被保险人未按照约定履行其对保险标的安全应尽责任的，保险人有权要求增加保险费或者解除合同。

2. 经济方法

经济方法是当今世界普遍运用于保险防灾的重要方法。保险人在承保时，通常根据投保人采取的防灾措施情况，决定保险费率的高低，从而达到实施保险防灾管理的目的。即在相同的条件下，保险人通过调整保费来促进投保人从事防灾活动。对于那些重视防灾工作、防灾设施完备、防灾组织健全的投保人采用优惠费率；而对那些懈怠防灾、缺乏必要防灾设施的投保人则收取较高的保险费率或减少赔款，以促进其加强防灾。

3. 技术方法

保险防灾的技术方法可以从两个角度来理解：一是通过制定保险条款和保险责任等体现保险防灾精神，主要表现在以下三个方面：首先，在设计保险条款时标明被保险人防灾防损的义务。其次，在保险责任的认定上，要有防止道德风险的规定。例如，现行的保险条款中，都订有凡属被保险人的故意行为所造成的损失，保险人不负赔偿责任。最后，在保险理赔上提出了抢救和保护受灾财产的要求。二是运用科学技术成果从事保险防灾活动，通常是指保险公司专门设立从事防灾技术研究部门，对防灾进行有关的技术研究和推广活动。

四、理赔

保险理赔是指保险人在保险事故发生，被保险人提出索赔的要求后，根据保险合同的规定，对事故的原因和损失的情况进行调查并予以赔偿或给付的行为。保险的基本职能是分散风险，实现经济补偿。被保险人通过与保险人签定保险合同的方式，转移面临的或潜在的风险。保险理赔正是保险经济补偿功能的具体体现。

（一）理赔原则

保险理赔涉及保险双方的权益和保险公司乃至保险业的声誉，为了更好地贯彻理赔，体现保险人的诚信，要求保险人遵循下列原则：

1. 重合同、守信用的原则

保险人同被保险人之间的保险关系是通过保险合同建立起来的，保险理赔是保险人根据保险合同履行义务的具体体现。在保险合同中，明确规定了保险人与被保险人的权利和义务，保险合同双方当事人都应遵守合同约定，履行合同义务。对于保险人来说，在处理各种赔案时，应严格按照保险合同的条款规定，受理赔案、确定损失；理算赔偿金额时，应有根有据，拒赔时更应如此。

2. 实事求是的原则

在保险合同中，对灾害事故后的经济补偿责任作了明确的规定。但是，被保险人提出的索赔案件形形色色，案发原因也错综复杂。因此，对于一些损失原因复杂的赔案，保险人既要按照条款规定处理赔案，又要做到实事求是，合情合理，具体问题具体分析。此外，实事求是的原则还体现在保险人的通融赔付方面。所谓通融赔付，是指按照保险合同条款规定和案情，对介于可赔与可不赔之间的赔案，由于一些其他原因的影响，保险人适当放宽条件，给予全部或部分损失补偿或给付。当然，通融赔付不是无原则的随意赔付，而是对保险损失补偿原则的灵活运用。具体来说，保险人在通融赔付时应掌握原则如下：第一，有利于保险业务的稳定与发展；第二，有利于维护保险公司的信誉和获得市场竞争地位；第三，有利于社会的安定团结。

3. 主动、迅速、准确、合理的原则

保险人为提高保险服务水平，争取更多客户，获得竞争优势，必须贯彻主动、迅速、准确、合理的理赔原则。我国《保险法》规定：保险事故发生后，投保人、被保险人或受益人提出索赔时，保险公司如果认为需补交有关证明和资料，应当及时一次性通知对方。《保险法》第二十三条规定："保险人收到被保险人或者受益人的赔偿或者给付保险金的请求后，应当及时作出核定；情形复杂的，应当在三十日内作出核定，……。保险人应当将核定结果书面通知被保险人或者受益人；对属于保险责任的，在与被保险人或受益人达成赔偿或者给付保险金的协议后十日内，履行赔偿或者给付保险金义务。"第二十四条规定"对不属于保险责任的，应当自作出核定之日起三日内向被保险人或受益人发生拒绝赔偿或者拒绝给付保险金通知书，并说明理由。"第二十五条规定，"保险人自收到赔偿或者给付保险金的请求和有关证明、资料之日起六十日内，对其赔偿或者给付保险金的数额不能确定的，应当根据已有证明和资料可以确定的最低数额先予支付；保险人最终确定赔偿或者给付保险金的数额后，应当支付相应的差额。"上述规定指出了保险人应当在法律规定和保险合同约定的期限内及时履行赔偿或者给付保险金的义务。

主动、迅速，即要求保险人在处理赔案时积极主动、不拖延并及时深入事故现场进行查勘，及时理算损失金额，对属于保险责任范围内的灾害事故所造成的损失，应迅速赔付。准确、合理，即要求保险人在审理赔案时，分清责任，合理定损，准确履行赔偿义务。对不属于保险责任的案件，应当及时向被保险人发出拒赔的通知书，并说明不予赔付的理由。

保险服务包括展业、承保、防灾、理赔、资金运用等方面，其中最关键的是理赔。因为消费者购买保险的根本目的在于，一旦发生保险事故能够得到及时的理赔，可以稳定其生产经营和生活的正常进行。所以，理赔工作做得如何，是衡量保险公司服务质量的根本所在，也是保险企业体现诚信度、提高信誉度、在竞争中生存并发展的根本所在。从我国保险业目前的现实看，能否及时理赔已成为社会关注的焦点。因此，保险企业应高度重视理赔工作，切实提高服务质量，树立诚信品牌。

（二）理赔程序

1. 损失通知

保险事故发生后，被保险人或受益人应将事故发生的时间、地点、原因及其他有关情况，以最快的方式通知保险人。发出出险通知是被保险人必须履行的义务。接受出险通知书意味着保险人受理案件，保险人应立即将保险单与索赔内容详细核对，安排现场查勘等事项，然后将受理案件登记编号，正式立案。被保险人发出损失通知一般有时限的要求，例如被保险人在财产保险遭受保险责任范围内的盗窃损失后，应在 24 小时内通知保险人，否则保险人有权不承担责任。因为，只有在保险事故发生后尽快通知保险人，保险人才能够及时对灾害事故及损失情况进行调查和取证，同时也便于保险人争取时间，采取有效措施，防止损失进一步扩大。如果被保险人未履行及时通知的义务，以致造成损失的扩大，保险人有权拒赔或减少赔款。有的险种没有明确的时限规定，只要求被保险人在其可能做到的情况下，尽快将事故损失通知保险人。此外，如果被保险人在法律规定的或合同约定的索赔时效内未通知保险人，可以认为放弃索赔权利。我国《保险法》规定：人寿保险以外的其他保险的被保险人或受益人，向保险人请求赔偿或给付保险金的权利，自其知道保险事故发生之日起 2 年内不行使而消灭。人寿保险的被保险人或受益人对保险人的请求给付保险金的权利，自其知道保险事故发生之日起 5 年内不行使而消灭。被保险人发出损失通知的方式可以是口头的，也可以是函电或其他形式，但是随后必须及时补发正式书面通知，并提供各种索赔单证，如保险单、账册、出险证明、损失鉴定、损失清单、检验报告等。如果损失涉及第三者责任，被保险人还需出具权益转让书给保险人，由保险人代为行使向第三者责任方追偿的权利。

2. 现场勘查

保险人在接到出险通知后，根据被保险人的出险通知内容，应立即派有关人员到现场对受损标的进行查勘。通过现场勘查查清核实以下事项：

（1）出险的时间与地点。各种保单对保险责任的起讫时期都有明确的规定，这是划分保险责任的重要依据。勘查出险地点的目的是为了确定出险地点的受损财产是否属于保险财产，以便根据实际情况进行处理。

（2）出险的原因和经过。包括引起灾害事故损失的原因，灾害事故的责任方，受损标的名称、数量及损失程度和范围。勘查出险原因和经过的目的在于保障被保险人的利益，明确保险人的赔偿责任。

（3）施救整理过程及残余处理。当保险企业的理赔人员到达出险地点时，可能灾情仍在继续蔓延，或灾情已经得到控制，但是保险财产还存在受损的可能。这时候，理赔人员须与被保险人合作，组织抢救或整理受损物资。在财产保险中，受损的财产一般都会有一定的残值，保险人可以将损余物资折价给被保险人以冲抵赔偿金额。

（4）取得行政主管部门出具的有关事故的证明。根据保险合同规定，被保险人在发生灾害事故后，在向保险人索赔时，应提供有关部门出具的出险证明、事故调查报告、检验化验证明及其他有关证明。

3. 责任审核

根据现场查勘记录及提供的报告，核对有关账单、报表以及有关证明。保险人依据保险条款规定，结合具体情况，确定赔偿责任和赔偿范围。责任审核的内容包括以下几个方面：

（1）保单是否有效力。我国财产保险基本险条款规定，被保险人应履行如实告知的义务，否则保险人有权拒绝赔偿，或从解约通知书送达15日后终止保险合同。在人寿保险合同中，投保人在规定时期（包括宽限期）内未缴纳保险费，保险合同效力中止，除非投保人在2年内补交保险费及利息，否则保险合同将终止。

（2）损失是否由所承保的风险所引起。被保险人提出的损失索赔，不一定都是保险风险所引起的。因此，保险人在收到损失通知书后，应查明损失是不是保险风险所引起的。如果是，保险人才承担赔偿责任；否则，不承担赔偿责任。

（3）损失的财产是否为保险财产。保险合同所承保的财产是明确界定的，即使是综合险种，也会有些财产列为不予承保之列。因此，保险人对于被保险人的索赔财产，须依据保险单仔细审核。

（4）损失是否发生在保单的有效期内。保险单上均载明了保险有效期的起讫时间，损失必须在保险有效期内发生，保险人才予以赔偿。

（5）保险事故发生的地点是否在承保的范围之内。保险人承保的损失通常有地点的限制。如我国的家庭财产保险条款规定，只对在保单载明地点以内保险财产所遭受的损失，保险人才负责赔偿。

（6）施救费用是否属于必要且合理的费用。保险人仅对必要且合理的施救费用负责赔偿，合理的施救是在紧急情况下为防止和减少保险财产的损失而必须采取的救助措施。

（7）请求赔偿的人是否有权提出索赔。要求索赔的人一般都应是保单载明的被保险人。就人寿保险合同而言，应是被保险人或保单指定的受益人。因此，保险人在赔偿时，要查明被保险人或受益人的身份，以决定其有无领取保险金的资格。

（8）索赔是否有欺诈。保险索赔的欺诈行为往往较难察觉，保险人在理赔时应注意的问题有：索赔单证是否真实，投保人是否有重复保险的行为，受益人是否故意谋害被保险人，投保日期是否先于保险事故发生的日期等。

4. 赔偿给付

经过责任审核，对于属于保险责任范围内的赔案，保险人应按合同规定的赔偿方式计算赔偿金额，并立即履行赔偿给付的责任。赔偿的方式通常以货币为主，但在财产保险中，保险人也可与被保险人约定其他赔偿方式，如恢复原状、修理、重置等。

5. 代位追偿

当保险事故是由第三者的过失或非法行为引起时，第三者对被保险人的损失须负赔偿责任。保险人自按合同约定或法律规定向被保险人赔偿保险金之日起，被保险人应将向第三者的追偿权转让给保险人，并协助保险人向第三者责任方追偿。

第三节 保险资金运用

保险资金运用主要指保险投资。投资业务是保险企业经营的重要组成部分，已经成为现代保险公司生存和发展的重要手段。一方面，保险投资业务的发展，将扩大保险公司的盈利、增加保险公司偿付能力和促进经营的稳定性；另一方面，保险公司投资收入的增加，将使保险公司有能力降低保险费率，减轻被保险人的负担，提高保险公司的竞争能力。

一、保险资金运用的必要性及原则

保险投资指保险企业在组织经济补偿过程中，将积聚的各种保险资金加以运用，使资金增值的活动。

保险企业可运用的保险资金是由资本金、公积金、未分配利润及各项准备金和其他可积聚的资金组成。运用暂时闲置的大量准备金是保险资金运用的重要一环。保险投资能增加收入、增强赔付能力，使保险资金进入良性循环。

（一）保险资金运用的必要性

1. 保险资金运用最根本的原因是由资金（资本）本身属性决定的

资本只有在运动中才能增值。保险企业将暂时闲置的资金加以运用，以增加利润，这是资本自身的内在要求。

2. 保险资金运用是由保险业务自身性质决定的

保险基金用于未来的补偿和给付，是货币形态的。在商品经济条件下，存在着通货膨胀问题。如果保险基金不能正常运用，不仅无法取得收益，连保值都难保证，势必影响保险经济补偿职能的实施。

3. 保险资金运用是市场竞争的必然结果

保险市场竞争日益激烈，已呈现出承保能力过剩、承保利润下降的态势。保险人必须重视保险资金运用，追求投资效益。投资利润的获得一方面可以扭转承保利润下降的趋势，保持和提高企业盈利水平；

另一方面可以为降低保费提供空间，增强保险企业的竞争实力。

（二）保险投资的原则

保险投资原则是保险投资的依据。早在 1862 年，英国经济学家贝利（A. A. Bailey）就提出了寿险业投资的五大原则，即安全性、最高的实际收益率、部分资金投资于能迅速变现的证券、另一部分资金可投资于不能迅速变现的证券、投资应有利于寿险事业的发展。

随着资本主义经济发展，金融工具的多样化，以及保险业竞争的加剧，保险投资面临的风险性、收益性也逐步提高，投资方式的选择范围也更加广阔。1948 年，英国精算师佩格勒（J. B. Pegler）修正贝利的观点，提出寿险投资的四大原则：获得最高预期收益、投资应尽量分散、投资结构多样化、投资应经济效益和社会效益并重。

目前理论界一般认为保险投资有四大原则：安全性、收益性、流动性及分散性原则。

1. 安全性原则

保险企业可运用的资金，除资本金外，主要是各种保险准备金，它们是资产负债表上的负债项目，是保险信用的承担者。因此，保险投资应以安全为第一条件。安全性，意味着资金能如期收回，利润或利息能如数收回。为保证资金运用的安全，必须选择安全性较高的项目。

2. 收益性原则

保险投资的目的，是为了提高自身的经济效益，使投资收入成为保险企业收入的重要来源，增强赔付能力，降低费率和扩大业务。但在投资中，收益与风险是同增的，收益率高，风险也大，这就要求保险投资，把风险限制在一定程度内，实现收益最大化。

3. 流动性原则

用于赔偿给付的保险资金，受偶然规律支配。因此，保险投资在不损失价值的前提下，应具有较强的投资变现能力，应付支付赔款或给付保险金的要求。保险投资要根据不同险种特点，设计多种资产组合方式，寻求多种渠道，按适当比例投资，进行最佳资产配置。如人寿保险一般是长期合同，保险金额给付也较固定，流动性要求可低一些。国外人寿保险资金投资的相当部分是长期的不动产抵押贷款。财产险和责任险，一般是短期的，理赔迅速，赔付率变动大，应特别强调流动性原则。国外财产和责任保险资金投资的相当部分是商业票据、短期债券等。

4. 分散性原则

为了更好地体现保险投资原则，保证投资资产的流动性，分散性原则也是必要的。分散性原则要求保险企业在投资中，注意投资项目的分散、投资地区的分散、投资行业的分散等等。分散性原则本身也是投资组合管理理论在保险投资实务中具体的体现。

二、保险投资的组织模式

保险投资组织结构为保险投资提供组织保障，也就是说，一定的保险投资模式只有建立与之相适应的投资组织结构，才能提高投资效益。保险投资的模式主要有三种：集权投资模式、分散投资模式、分权投资模式。

（一）集权投资模式

集权投资模式是与投资决策高度集中相对应的，即统一决策，集中交易。这种投资模式的特点在于投资主体单一，决策机制简单迅速，易于统一管理。但投资决策权的过度集中，使得决策风险增大。集权投资模式适用于投资品种较少、投资规模不大的市场。与集权投资模式相对应的组织结构是"直线式"的简单组织结构。我国现阶段保险投资一般都是采取这种组织结构。

（二）分散投资模式

分散投资模式是与集权投资模式相对立的一种模式，投资的决策权完全由各个职能部门负责行使，即各个职能部门根据市场的情况自行决定投资工具和投资数量。这种模式的优点在于能避免决策权过度集中所带来的决策风险。但是，过度分散的决策和投资增加了管理上的难度。与这种模式相对应的组织结构是扁平式的结构框架。

（三）分权投资模式

这是一种介于集权投资模式和分散投资模式之间的一种投资方式。

日常性的投资决策由各个职能部门行使，资金管理的总部负责在各个职能部门之间的协调管理，并仅对一些重大项目进行投资决策。这种模式的投资主体是多元化的，即形成了总部与职能部门两个层次的投资决策主体。与这种模式相对应的组织结构为事业部或超事业部制的组织结构。

保险公司的资金规模不同、管理资金的能力不同，所处经济环境、法律环境各不相同，这就决定了各保险公司必须根据自身的情况选择适合自己的投资模式，进行投资活动。

三、保险投资的形式

保险投资的形式是指保险公司保险资金投放的具体项目。选择合理的投资形式，一方面可以保证保险企业的财务稳定性和赔付的可靠性、及时性；另一方面可以避免资金风险的过分集中，保证保险企业投资的收益。根据《保险资金运用管理暂行办法》第六条规定：保险资金运用限于银行存款、买卖债券、股票、证券投资基金等有价证券、投资不动产及国务院规定的其他资金运用形式。具体投资形式如下：

（一）存款

存款包括银行存款和信托存款。

1. 银行存款

银行存款的安全性高，但收益率较低，因此根据国外保险业的资金运用情况，一般除作为根据现金流量估测确定日常支付所需支付以外，不应保留过多的现金金额。此外，禁止存款于非银行金融机构。

2. 信托存款

信托存款是指委托人将资金存入受托人的信托银行，并对其运用方法作出具体指定的信托方式。信托存款的收益率大小视存款资金的运用效果而定，通常来说，其收益率要高于银行存款。

（二）有价证券

不同有价证券能满足保险企业在投资中对于安全性、流动性及收益性的要求。伴随我国金融市场的完善，证券投资日益成为保险企业资金运用的重要渠道。

1. 债券

债券是依法定程序发行，约定在一定期限内还本付息的有价证券。它具有期限性、安全性、收益性及流动性等特点。根据发行主体的不同可将债券分为国债、地方政府债券、企业债券、金融债券。一般来说，投资国债和地方政府债券，风险较小、安全性好、变现能力强、收益稳定；投资金融债券和企业债券，收益高，但风险较大，特别要注重发债企业的资信和收益的可靠性。保险资金投资的债券，应当达到中国保监会认可的信用评级机构评定的、且符合规定要求的信用级别。

2. 股票

股票是股份公司发给股东用以证明其投资份额及其对公司拥有相应财产所有权的证书。股票投资具有收益高、流动性强但风险较高的特点，如果股票发行企业经营不善、效益不好、预期收益减少或出现影响股价的其他不利因素时，价格就会下跌。国外对保险企业投资股票都有多种限制，如日本政府保险业法中规定购买股票不得超过总资产的30%。我国政府对于保险企业投资股票及股票型基金亦有不得超过总资产20%的限制，并且规定保险资金投资的股票主要包括公开发行并上市交易的股票和上市公司向特定对象非公开发行的股票，不得买入被交易所实行"特别处理"、"警示存在终止上市风险的特别处理"的股票。此外，为加强投资股市的风险防范，我国根据各保险公司的偿付能力状况加强了股票资产配置的管理，要求保险公司根据保险资金特性和偿付能力状况，统一配置境内境外股票资产，合理确定股票投资规模和比例。

3. 证券投资基金

证券投资基金是一种利益共享、风险共担的集合证券投资方式，即通过发行基金单位集中投资者的资金，由基金托管人托管，由基金管理人管理和操作，从事股票、债券等金融工具投资，所得收益按出资比例由投资者分享的投资工具。保险公司购买证券投资基金实际上是一种委托投资的行为。

（三）不动产投资

保险投资的不动产是指土地、建筑物及其他附着于土地上的定着物。保险公司所持有的不动产可分为营业不动产与投资用不动产两类。不动产投资是指保险资金用于购买土地、房屋等不动产。我国保险公司可以投资基础设施类不动产、非基础设施类不动产及不动产相关金融产品。不动产投资可以保证长期安全收益，回避通货膨胀，实现保险投资的社会性。但此项投资的变现性较差，故只能限制在一定的比例之内。日本对保险企业购买不动产，规定不得超过其总资产的10%。我国对保险公司的不动产投资也作了相应的限制：保险公司投资不动产的账面余额，不高于本公司上季度末总资产的10%。

（四）贷款

贷款是保险人将资金贷放给给单位和个人，按一定期限收回货币资金及获取利息的一种投资活动。保险贷款可持续获得利息收入，不像有价证券那样，有价格波动的风险；与贷款对象建立良好的关系，对保险业务的拓展有重要的推动和促进作用，有时也有业务保全的效果；向企业提供事业资金、房地产建设资金、消费贷款等，对社会建设和国民生活提高做出贡献，充分体现保险资金的社会性。保险贷款的种类有：信用贷款、经济担保贷款、抵押贷款、寿险保单贷款。

1. 抵押贷款

抵押贷款是期限较长、经营又较稳定的业务，特别适合寿险资金的长期运用。世界各国保险企业对住宅楼实行长期抵押贷款，大都采用分期偿还、本金递减的方式，收益较好。

2. 寿险保单贷款

寿险保单具有现金价值。保险合同规定，保单持有人可以本人保单抵押向保险企业申请贷款，但需负担利息，这种贷款属保险投资性质。保单贷款金额限于保单当时的价值，贷款人不偿还贷款，保单会失效，保险企业无需给付保险金。寿险保单贷款中，保险人不承担任何风险。在寿险发达国家，此项业务十分普遍。我国也开展此类业务。

（五）股权

保险公司可以进行企业股权投资。但限于在我国境内依法设立和注册登记，且未在我国境内证券交易所公开上市的股份有限公司和有限责任公司。保险资金可以直接投资企业股权或者间接投资企业股权。直接投资股权，是指保险公司（含保险集团（控股）公司）以出资人名义投资并持有企业股权的行为；间接投资股权，是指保险公司投资股权投资管理机构发起设立的股权投资基金等相关金融产品的行为。

四、保险投资管理的含义与目标

（一）保险投资管理的含义

所谓保险投资的管理是指各保险企业在运用保险资金的过程中，通过对投资活动进行分析、衡量，有效地安排投资的方向及比例，监测控制投资风险，在保证安全性的前提下，用最低的投资成本获得最大收益的管理过程。

（二）投资管理的总目标

1. 防范处理风险，保证投资资产的质量

保险企业负债经营的性质决定了保险企业投资必须遵循审慎稳健的原则，要确保投资资产的增值保值。此外，保险公司投资收益水平不仅关系到保险企业自身，还涉及保险企业的经济补偿能否实现。因此，保险企业必须加强投资管理，检查管理企业投资工作，关注投资风险动态，保证投资质量。

2. 获取投资利益

保险企业作为自负盈亏、自主经营的企业，要求实现经济效益，获得盈利。投资和承保是当代保险企业获得经营利润的两个来源。在保证安全性的前提下，加强投资管理，可以通过资本市场分散经营风险，获得投资盈利。

（三）保险投资管理的指标

1. 资金运用率

$$资金运用率 = \frac{资金运用总额}{应运用资金总额} \times 100\%$$

应运用资金总额指保险公司各项准备金和保户储金。资金运用率指标主要评价保险公司是否将应运用的保险资金全部进行运用，有无占用应运用资金进行固定资产投资等行为，通常情况下，该指标值应大于100%。

2. 单类资金运用指标

$$单类资金运用率 = \frac{单类资金运用金额}{资产总额} \times 100\%$$

$$单类资金运用变化率 = 本期单类资金运用率 - 上期单类资金运用率$$

这两个指标主要用于监测保险公司是否按国家法律法规限定的保险投资项目运用保险资金以及各资金运用项目在总资金运用中的比重，监控资金运用风险不至于过分集中。

3. 资金运用收益率

$$资金运用收益率 = \frac{资金运用净收益}{\dfrac{年初资金运用余额 + 年底资金运用余额 - 长期债券应计利息}{2}} \times 100\%$$

该指标主要用于评价保险投资的效益状况。财险公司这一指标范围一般在3%—10%。寿险公司指标范围一般为4%—12%。

4. 资金运用收益充足率

$$资金运用收益充足率 = \frac{资金运用净收益}{预定资金运用收益} \times 100\%$$

$$预定资金运用收益 = \frac{(年初责任准备金 + 年末责任准备金)}{2} \times$$

$$各险种预定利率加权平均数$$

该指标主要用于评价寿险公司寿险资金运用实际收益与预期最低收益的比较状况。正常情况下，该指标值应大于100%，表示实际的投资收益大于预定的投资收益；如果小于100%，则意味着保险公司将产生利差损，必须引起警惕。

5. 投资收益率

$$投资收益率 = \frac{净投资收益}{保费}$$

净投资收益是投资收益减去与投资有关的费用。投资收益率反映保险公司投资活动的实绩。

第四节　保险公司财务管理

只有在开展承保业务获得保费收入的同时，对发生的保险事故进行及时有效的理赔，才能保证公司经营的良性循环并获得相应的经济效益。因此，作为金融服务企业的保险公司必须具有健全的财务管理，从承保、理赔及投资等诸环节加强经济核算。保险公司财务状况应从两方面体现：一是公司盈利性，追求利润最大化是企业的本能，保险公司经济利润的满足要兼顾社会效益，实现两者的双赢；二是偿付能力，保险公司的资本及准备金能否满足其负债要求，关系到保险企业的可持续发展。

一、保险公司财务的含义与特点

（一）保险公司财务的含义

保险公司财务就是保险公司在进行保险经营活动中所发生的资金结算关系。这种资金结算关系表现为资金的筹集、运用和分配，反映在保险公司的负债业务、资产业务和所有者权益等方面。

（二）保险公司财务的特点

1. 保险公司的资金运动具有特殊性

一般企业的资金来源于企业所有者的投资，形式上可以有货币、技术及其他形式。其资金运动从货币资金购入原材料开始到产品售出为止。资金周而复始，反复使用。但保险公司的资金来源除资本金外，就是保费收入。使用的资金是在具有负债性质的保费收入基础上建立起来的保险基金。根据《保险法》规定，保险公司的资本金只能是货币资金，而且保险公司的资金也不能周而复始，反复使用。

2. 保险公司的经营成果具有不确定性

保险公司由于成本、利润具有预计性，其经营成果具有不确定性。

对一般企业而言，成本是确定的。产品销售完毕，销售收入减去相关成本费用，就可以确定利润。但对于保险公司，尤其是经营长期险业务的公司而言，成本就有很大的预测性。保险公司一般提前预收保险费，这些保费除小部分用于当年的赔付之外，大部分被用作准备金被保险公司预留在公司内部以应付未来年度的赔偿责任，其预留比例是按照过去损失发生的概率和经营经验进行计提的。成本的预计必然带来利润的不确定性。

3. 保险公司对财务稳定性具有特殊要求

保险公司提供的产品是一种社会保障，是未来一定期间因风险事故发生而遭受损失的补偿与给付的责任。风险的不确定性，必然带来公司赔付或给付的不稳定性。这种不稳定性影响的不仅是保险公司本身，还将波及不能及时得到赔付的投保企业，影响整个社会经济生活的稳定。

加强保险公司财务管理可以保证保险公司组织业务经营资金的需要；监督保险公司的经营活动，改善其经营管理，提高其经济效益；维护经济秩序，促进社会和谐安定。

二、保险企业的资金来源

保险公司资金运动和财务管理始于资金筹集。保险公司的资金主要来源于资本金、保费收入及公积金等。

（一）资本金

1. 概念

资本金通俗地说就是开办企业的本钱。根据《公司法》规定，资本金是指企业在工商行政管理部门登记的注册资金。实收资本金要与注册资本金一致。注册资本金又不得低于法定资本金。注册资本可以用货币出资，也可以用实物、知识产权、土地使用权等可以用货币估价并可以依法转让的非货币财产作价出资；但是，法律、行政法规规定不得作为出资的财产除外。货币出资金额不得低于公司注册资本的百分之三十。

保险公司设立时必须有法定资本金。法定资本金是指国家规定的开办企业必须筹集的最低资本金数额。《保险法》第六十九条规定："设立保险公司，其注册资本的最低限额为人民币二亿元。保险公司注册资本必须为实缴货币资本。"

2. 资本金的作用

（1）企业存在的先决条件。资本金为保险公司开业提供最初的资金准备，满足开业运转的资金要求。

（2）补偿巨灾损失或经营亏损。资本金是保险公司的自由资金，不存在负债责任，这部分资金具有较强的稳定性与长期性，只有在发生自然灾害事故或经营不善导致偿付能力不足时才能启用。有资本金作后盾，以本补亏，可以保证客户的利益，维护企业的信誉。

（3）保证企业扩展业务、增设分支机构的需要。

（二）保费收入

1. 保费收入的概念

保费收入是保险公司为承担一定的风险责任向被保险人收取的费用。保费形成保险企业资金的主要来源，为保险企业开展经营活动及投资活动提供资金来源。保费具有负债性质。对于保险期限较长的险种，为满足后期损失偿付与给付需要，在企业年终财务决算时要在保费收入的基础上计提各种责任准备金。

2. 保费收入指标

保费收入状况是衡量保险公司经营状况的重要指标。保费收入的规模和增长速度是保险企业获得经济效益的基础和前提。

$$保费增长率 = \frac{（本年度保费收入 - 上年度保费收入）}{上年度保费收入}$$

保费增长率衡量保险公司在一定的经营时期内报告期保费对基期保费的增长情况。

三、责任准备金

为保证保险公司履行经济补偿和给付义务，确保保险公司的偿付能力，保险公司应按规定计提各种责任准备金。责任准备金是保险公司的负债，是未来保险事故赔付与给付的资金准备。

（一）未到期责任准备金

未到期责任准备金，是指保险企业在年终会计决算时保险责任期限尚未满，把应属于未到期责任部分的保险费提存起来，用作赔偿的一种准备金。

（二）赔偿准备金

赔偿准备金是用于赔付所有已经发生但尚未赔付的损失金额。包括两种情况：已经报告但尚未支付的索赔和已经发生但尚未报告的索赔。与之对应，赔偿准备金包括已报告未决赔款准备金和已发生未报告未决赔款准备金。赔款准备金的计提根据已报告未决赔款和已发生但尚未报告未决赔款的预计数提存。

（三）总准备金

总准备金是从税后利润中计提的，用于应付特大风险损失的一项专用准备金。总准备金归属所有者权益，可为保险公司长期利用。

四、保险公司的成本和利润

（一）保险公司的成本

1. 保险公司成本的概念

所谓保险公司成本，是指保险公司在一定期间内经营保险业务中所发生的各项支出。保险成本既是制定保险产品标准价格的依据，也是衡量保险公司经济效益的一个重要经济指标。

2. 保险公司成本的构成：业务支出、人工费用、其他费用

业务支出包括赔款、给付及退保支出及手续费支出。在非寿险业务中，赔款支出一般占成本的40%以上，手续费支出占成本的5%—10%。

人工费用包括职工工资、劳动及待业保险费、职工福利费、工会经费等。

其他费用包括营业费用中除各项人工费用外的费用支出及其他营业支出。如差旅费、业务宣传费、折旧费等。

3. 衡量保险公司成本状况的指标

（1）保险成本率

保险成本率是指在一定的经济、技术和经营环境下，保险公司每

经营一定额度的保险金额与所耗费的保险成本间的比率。

$$保险成本率 = \frac{保险成本}{营业收入}$$

成本率反映保险公司为取得全部营业收入所付出的代价，它直接影响保险公司当期的经营成果。成本率越高，说明保险公司为取得 1 元的营业收入所耗费的单位成本越多，保险公司整体盈利空间不大。如果成本率超过 100%，说明保险公司当期营业收入不足以弥补投入成本，公司经营出现亏损。

（2）费用率

$$费用率 = \frac{营业费用}{承保保费}$$

费用率反映的是，保险人所收的承保保费中有多大的比例用于支付展业成本、一般营业费用和税收，它用于体现保险人的经营效率。费用率越高，说明保险公司为取得 1 元的保费收入所投入的单位成本越高，相应地削减了保险公司单位保费收入的盈利。费用率越低，说明保险公司单位保费收入在抵扣单位成本后能够带来较多的盈利。

（3）保险赔付率

保险赔付率是一定时期的赔款支出与保费收入的比率。

$$保险赔付率 = \frac{赔款支出}{保费收入} = \frac{（赔款支出 - 摊回分保赔款）}{（保费收入 - 分保费支出）} \times 100\%$$

赔付率反映保险公司支付赔款的情况，实际反映了保险公司业务质量的好坏。但赔付率的高低受多种因素的影响，特别是客观条件的影响，因此使用赔付率指标时要考虑其他因素对它的影响。

（二）保险公司的利润

1. 保险公司的利润构成

保险公司利润总额由两部分构成：营业利润、营业外收支净额。利润总额计算公式为：利润总额 = 营业利润 + 营业外收入 - 营业外支出

营业利润 = 营业收入 + 投资收益 - 营业税金及附加 - 营业支出 - 保户利差支出 - 提转责任准备金差额

2. 保险公司利润分配顺序

保险公司利润分配顺序是：被没收的财物损失，支付各项税收的滞纳金和罚款，以及中央银行对企业因少交或迟交准备金的加息；弥补企业以前年度亏损；提取法定盈余公积金；提取总准备金；向投资者分配利润。

3. 保险公司利润指标

（1）利润率

利润率是指保险公司的净利润同营业收入的比例。

$$利润率 = \frac{净利润}{营业收入}$$

利润率反映保险公司每 1 元的营业收入带来的净利润的多少，表明营业收入的收益水平。净利润与利润率成正比例关系，而营业收入与利润率成反比例关系。保险公司在增加营业收入额的同时，必须相应地获得更多的净利润，才能使利润率保持不变或有所提高。

（2）保险成本利润率

保险成本利润率是指在一定经济、技术条件下，保险公司每经营一定额度的保险金额所得到的利润与成本之间的比率。

$$保险成本利润率 = \frac{（保险价格 - 保险成本）}{保险成本}$$

该指标考核保险企业单位成本的获利能力。

（3）净资产利润率

净资产利润率是用来说明保险公司的净利润同资产净值的关系，表明保险公司拥有的资产净值的盈利能力。

$$净资产利润率 = \frac{净利润}{资产净值}$$

净资产利润率既反映净资产的获利能力，又是衡量保险公司负债资金成本高低的指标。一般来说，保险公司的净资产利润率越高越好，尤其是高于同期银行存款利率时，表明适度负债对投资者来说是有利的；反之，如果净资产利润率低于同期银行利率，则过高的负债率将损害投资者的利益。

五、保险公司的偿付能力指标体系

由于保险经营的特殊性，公司资产的有效性和偿付能力的稳定性成为保险公司财务管理的主要内容。《保险公司财务制度》设立了流动比率、负债经营率、资产负债率、固定资本比率四项指标来考核保险公司的经营状况。

（一）流动比率

流动比率又称短期偿债能力比率，它是衡量保险公司的流动资产在某一时点可以变现用于偿付即将到期债务的能力，表明保险公司每1元流动负债有多少流动资产作为即将支付的保障。

$$流动比率 = \frac{流动资产}{流动负债}$$

保险公司能否偿还短期债务，要看其债务与可变现偿债的流动资产之间的比例。流动资产越多，短期债务越少，该比率越大，则偿债能力越强。反之反是。

流动比率对债权人来说，越高越好，因为比率越高，债权越有保障。根据经验判断，一般要求流动比率在200%左右比较合理。但从公司经营的观点来看，过高的流动比率不能说是好的现象。因为一个经营活动正常的保险公司，资金应当有效率地在经营过程中周转，充分发挥资金效益，如果过多地滞留在流动资产的形态上，就会影响保险公司的获利能力。

（二）负债经营率

负债经营率是指保险公司负债总额与其所有者权益之间的比例，它主要衡量保险公司的长期偿债能力。

$$负债经营率 = \frac{负债总额}{所有者权益}$$

负债经营率反映应由债权人提供的资金与股东提供的资本金的相对关系，反映保险公司的基本财务结构是否稳定。对股东来说，在通货膨胀加剧时期，保险公司多借债可以把损失和风险转嫁给债权人；在经济繁荣时期，多借债可以获得额外的利润；在经济萎缩时期，少借债可以减少利息负担和财务风险。负债经营率高，是高风险、高报酬的财务结构；负债经营率低，是低风险、低报酬的财务结构。同时，负债经营率也表明债权人投入的资本受到股东权益保障的程度，或者是保险公司清算时对债权人利益的保障程度。

（三）资产负债率

资产负债率是指保险公司负债总额与资产总额之间的比例，反映总资产中有多大比例是通过借债来筹集的，也用来衡量保险公司在清算时保护债权人利益的程度。

$$资产负债率 = \frac{全部负债总额}{全部资产总额}$$

资产负债率对于债权人来说，越低越好。因为从债权人的立场来看，他们最关心的是能否按期收回本金和利息。如果股东提供的资金与保险公司资本总额只占较小的比例，则保险公司的风险将主要由债权人承担，这对债权人来说是不利的。而且在保险公司清算时，资产变现所得很可能低于其账面价值，而所有者一般只承担有限责任。资产负债比率过高，债权人可能蒙受损失，因此债权人希望债务比例越低越好。

对所有者来说，由于举债筹措的资金与股东提供的资金在经营中发挥同样的作用，因此股东关心的是全部资本利润率是否超过借入款项的利率，即借入资金的成本。在保险公司所得的全部资本利润率超过借款成本时，股东所得的利润就会加大。相反，如果运用全部资本所得的利润率低于借款成本，则股东必须用自己所得的利润份额甚至以前年度的利润来抵偿借款成本。因此，从股东的立场来看，在全部资本利润率高于借款利息率时，负债比例越大越好，否则反之。

（四）固定资本比率

为保证保险公司的净资产有较高的流动性和变现能力，《保险公司财务制度》规定，保险公司的固定资产净值和在建工程余额之和占净资产的比重必须控制在一定的比例之内，最高不得超过50%。

$$固定资本比例 = \frac{（固定资产净值 + 在建工程余额）}{净资产}$$

本 章 小 结

　　保险企业经营的是风险，因此其自身经营具有服务的特殊性、经营的负债性、分散性和广泛性等经营特征，其经营理念亦不同于一般企业。保险经营遵循的风险大量原则即在企业经营能力范围内，承保尽可能多的风险及标的；风险选择原则即保险企业应该对所承保的风险有所选择；风险分散原则即对于某一风险责任可由多个保险人或被保险人共同分担。

　　保险公司的经营活动通常包括展业、承保、防灾防损、理赔及保险投资等环节。保险展业是保险经营活动的基础，也是其他活动的先导。通常可通过直接展业、代理人展业和经纪人展业开展保险活动。承保是展业后签订保险合同的过程，承保的主要内容及核心是核保。防灾也是保险公司的重要经营活动，其包括的主要内容为加强同各防灾部门的联系与合作，进行防灾宣传、检查与监督，参与抢险救灾和提取防灾费用等。理赔是保险经济补偿功能的具体体现，也是保险人诚信的兑现。保险理赔应遵循重合同、守信用原则、事实求是原则和主动、迅速、准确、合理原则。

　　保险投资是指保险公司在经营过程中，将积聚的各种保险资金加以利用，使其保值增值的活动，保险投资是现代保险企业得以生存和发展的重要支柱。一般来说，保险投资遵循四大原则：安全性、收益性、流动性及分散性原则。在保险投资过程中可以采用以下三种组织模式：集权投资模式、分散投资模式、分权投资模式。目前我国保险公司保险资金的投资形式限于银行存款、买卖债券、股票、证券投资基金等有价证券，投资不动产及国务院规定的其他资金运用等形式。保险企业负债经营的性质决定了保险企业投资必须遵循审慎稳健的原则，应加强投资管理。考核保险企业投资状况的指标有：资金运用率、资金运用收益率、投资收益率等。

　　保险公司财务就是保险公司在进行保险经营活动中所发生的资金

结算关系。保险公司的财务因其资金运动具有特殊性、经营成果只有不确定性及财务稳定性要求强而具有特殊要求。保险公司资金运动和财务管理始于资金筹集。保险公司的资金主要来源于资本金和保费收入。为保证保险公司履行经济补偿和给付义务，确保保险公司的偿付能力，保险公司应按规定计提各种责任准备金。包括未到期责任准备金、赔偿准备金及总准备金。保险公司的成本由业务支出、人工费用、其他费用构成。一般通过保险成本率、费用率及保险赔付率考核保险企业成本运营状况。保险公司的利润由营业利润和营业外收支净额两部分构成。利润率、成本利润率和净资产利润率可以考核保险企业盈利水平。由于保险经营的特殊性，偿付能力的稳定性成为保险公司财务管理的主要内容。《保险公司财务制度》设立了流动比率、负债经营率、资产负债率、固定资本比率四项指标来考核保险公司经营的稳健性。

重 要 概 念

风险大量原则　风险选择原则　风险分散原则　直接展业　代理人展业　保险投资　未到期责任准备金　赔偿准备金　赔付率　资产负债率　成本利润率　固定资本比率

复习思考题

1. 保险企业经营中要遵循哪些原则？

2. 分析保险经营的特征。

3. 保险企业经营包括哪些环节？

4. 保险企业理赔的原则是什么？

5. 保险投资的原则及形式是什么？

6. 考核保险企业偿付能力的财务指标及其含义是什么？

第十章　保险市场和保险监管

现代社会中，保险对人们生活的影响越来越大，不管是已经购买了保险还是打算购买保险，总是或多或少接触到保险市场，甚至可能有机会成为保险行业的一员。

第一节　保险市场的构成

狭义的保险市场是保险商品交换的场所，广义的保险市场是保险商品交换关系的总和。一般来说，保险市场由保险主体和保险客体构成。

一、保险主体

保险市场主体一般由保险人、投保人和保险中介人三方构成。投保人是保险需求者，是保险商品的买者；保险人是保险供给者，是保险商品的卖者；保险中介人是为保险商品的交换提供中介服务的人。

（一）保险人

保险人也称承保人，即经营保险业务的组织。保险人是订立保险合同的一方当事人，它收取保险费，并按照合同的规定对被保险人负责赔偿损失或履行给付义务。保险人在法律上的资格，除法律特准的自然人外，一般都要求是法人。世界各国对保险人的业务经营范围、管理、监管、机构设置以及资本金和保证金等有明确的法律规定。

保险人主要有国有保险、民营保险、个人保险、合作保险等几种组织形式。

1. 国有保险组织

国有保险组织是由国家或政府投资设立的保险经营组织，它又可分为：

（1）由政府垄断的保险组织。

（2）与民营保险自由竞争的非垄断性保险组织。

国有独资保险公司是国家授权投资机构或国家授权的部门单独投资设立的保险有限责任公司。其基本特征为：投资者的单一性、财产的全民性、投资者责任的有限性。

2. 股份保险公司

股份保险公司是将全部资本分成等额股份，股东以其所持股份为限对公司承担责任，公司则以其全部资产对公司债务承担责任的企业法人。

3. 相互保险组织

相互保险组织是为参加保险的成员之间相互提供保险的一种组织。其组织形式有：

（1）相互保险公司，是所有参加保险的人为自己办理保险而合作成立的法人组织，它是保险业特有的公司组织形态，为非营利性组织中最重要的一种。

（2）相互保险社，是由一些对某种危险有同一保障要求的人组成的一个集团，当其中某个成员遭受损失时，由其余成员共同分担。

（3）交互保险社，是由若干商人共同组成相互约定交换保险的组织。

4. 个人保险组织

个人保险组织是以个人为保险人的组织。该组织主要存在于英国，英国的劳合社是世界上最大的、历史最悠久的个人保险组织。

5. 保险合作社

一般而言，保险合作社与相互保险公司最早都属于非营利的保险组织。但二者存在区别：

（1）保险合作社属于社团法人，而相互保险公司属于企业法人。

（2）就经营资金的来源而言，相互保险公司的经营资金为基金；保险合作社的经营资金包括基金和股金。

（3）保险合作社与社员间的关系比较永久，社员认缴股本后，即使不投保仍与合作社保持关系。相互保险公司与社员间，保险关系与社员关系是一致的，保险关系建立，则社员关系存在；反之，则社员关系终止。

（4）就适用的法律而言，保险合作社主要适用保险法及合作社法的有关规定；相互保险公司主要适用保险法的规定。

6. 行业自保组织

行业自保公司具有一般商业保险所具备的优点，但其适用范围有限制，所以不能像商业保险那样普遍采用。行业自保的优点在于：

（1）降低被保险人的保险成本；

（2）增加承保弹性，即自保公司承保业务的伸缩性较大，对于传统保险市场所不愿承保的风险，也可予以承保，以解决母公司风险管理上的困难；

（3）减轻税收负担，因自保公司设立的重要动机，在于获得税收方面的利益；

（4）加强损失控制，即通过建立自保公司，可以降低商业企业保险引起的道德风险，母公司会更加主动的监督其风险管理方案。

行业自保公司的缺点在于：

（1）业务能量有限，因现今多数自保公司虽皆接受外来业务，以扩大营业范围，但在本质上其大部分业务仍以母公司为主要来源，危险单位有限，使大数法则难以发挥功能；

（2）风险品质较差，因自保公司所承保的业务，多为财产保险及若干不易由传统保险市场获得保障的责任保险，不仅易于导致风险的过分集中，且责任保险的风险品质较差，如损失频率颇高、损失额度大、损失补偿所需的时间常拖延甚久等，增加了业务经营的困难；

（3）组织规模简陋，自保公司通常因规模较小，组织较为简陋，不易罗致专业人才，无法采用各种损失预防或财产维护的措施，难以创造良好的业绩，仅能获得税负较轻的利益而已；

（4）财务基础脆弱，即自保公司设立资本较小，财务基础脆弱，同时外来业务少，不易分散经营的风险。

（二）投保人

投保人又称要保人，是指向保险人申请订立保险合同，并负有缴付保险费义务的人。投保人是签订保险合同的另一方当事人。

具体来讲，取得投保人资格应具备三个条件：投保人须有权利能力和行为能力，投保人对保险标的应具有可保利益，投保人承担缴纳保险费的义务。

（三）保险中介人

保险市场中介又称保险辅助人，包括保险代理人、保险经纪人、保险公证人等。在保险经济高度发达的今天，保险中介对保险经济关系的形成和实现的作用日益重要，已成为当今保险市场上与保险供给、保险需求、保险价格并列，不可缺少的基本要素之一。

1. 保险代理人

保险代理是代理保险公司招揽和经营保险业务的一种制度。从事保险代理活动的人称为保险代理人，即指根据代理合同或授权书，向保险人收取费用，代理经营保险业务的人。保险代理人的权限，通常在代理合同或授权书中予以规定，一般包括招揽与接受业务、收取保险费、勘查业务、签发保单、审核赔款等。保险代理人必须具备法律规定的条件，经过考核和政府主管部门的批准，方能取得资格。此外，在经营过程中，政府主管部门对其有专门的管理规定。

保险代理人依据分类的标准不同，可分为不同的种类。按授权范围不同，可分为总代理、分代理、特约代理；按业务范围不同，可分为展业代理、检验代理、理赔代理等；按代理性质不同，可分为兼职代理、专职代理；按代理对象不同，可分为独家代理、独立代理等等。这些分类并非彼此对立，而是相互交叉，不可能也没有必要统一。在欧美国家，保险代理人制度十分完善。尤其在美国，保险代理人是整个保险市场的中心角色，美国的保险代理人遍及各个行业，代理业务无所不包，代理人员队伍庞大，形成了一个巨大的保险业务代理销售网，这是美国保险业发达的原因之一，也是美国保险销售制度的特色。

保险代理是由民法调整的民事法律行为，以书面合同形式确立当事人双方的权利义务关系。首先，保险代理是基于保险人授权的委托代理，这种代理是在双方诚信基础上而建立起来的；其次，保险代理与一般民事代理不同，越权或弃权造成的后果，保险人仍须负责，之后再向保险代理人追偿；最后，保险代理是代表保险人利益的中介行为，它与代表被保险人利益，与保险人洽订保险合同的保险经纪人的行为迥然不同。保险代理是以要式合同形式确立当事人权利义务的民事法律行为，任何一方若没有履行或没有完全履行自己的义务，按照法律和合同约定都应承担相应的法律责任。

根据民事代理规定，保险代理人是处于被代理人（保险人）和第三人（投保人）之间的中介，其法律地位等同于被代理人（保险人）。法律上，保险代理人被视为保险人的代表，保险代理人的一切行为，都代表保险公司并由保险公司负法律上的责任。保险公司通过约定或明示、默示和习惯性认可等方式，授权保险代理人为其开展业务、营销保单，只要保险公司的保单由保险代理人出售给被保险人并收取保险费，保险单即生效。不论保险代理人是否取得保险公司同意，或者是否告知保险公司，一旦出险都须按照保险单的条款规定办事，一切保险责任均由保险公司承担。由此可见，保险代理人是保险公司的代理人，与保险公司处于同一法律地位。

2. 保险经纪人

保险经纪人是指基于投保人利益，代表投保人与保险人洽订保险合同，而向保险人收取佣金的人。保险经纪人有专门的保险知识，比较熟悉保险市场情况，能够争取到最好的保险条件。一般说来，保险经纪人不直接承保保险业务而是代替保险需求者购买保单，所以说保险经纪人是代表被保险人购买保险，从保险人那里取得佣金的保险中间人。

保险经纪人是代表投保人的利益并代其安排投保和提供咨询服务，经纪人可以在授权范围内签发某种保险单。由于保险经纪人的地位特殊，责任重大，各国对保险经纪人的要求比较高，通常规定保险经纪人必须具备一定的条件和资格，并经过政府有关部门批准，方可营业。

保险经纪人可以是自然人，也可以是保险经纪公司形式的企业法人。保险经纪公司可以是地区性的，也可以是世界性的，如英国的经纪公司是世界性的经纪人企业。

一般说来，保险经纪人被视为被保险人的代理，处于保险人或保险代理人的相对地位，其代理活动基于投保人或被保险人的利益。但保险经纪人的立场，在实务上易产生混淆。一方面为投保人服务，却向保险人收取佣金为报酬；另一方面又代保险人收取保费，递交保单。所以，保险经纪人又非完全意义上的被保险人的代理人。如前所述，首先，保险经纪人在保险合同订立后，向保险人索要酬金；其次，往往代理保险人收取保费；最后，因保险经纪人过失或疏忽而使被保险人的利益受到损害，保险经纪人要负民事法律责任，给予经济补偿。因此，美国有所谓"经纪人责任保险"，承保经纪人对被保险人所负法律上的损害赔偿责任。保险经纪人的法律地位，与一般商业居间人大致相同，但不同的是，民法中的居间的报酬，原则上由双方均摊，而在此仅向保险人收取。此外，在同一交易中保险经纪人不得同时为双方代理，此种重复代理是保险业不允许的。

3. 保险公估人

保险公估人是指向委托人（保险人或被保险人）收取费用，为其办理保险标的的查勘、鉴定、估价与赔款和理算、洽商，而予以证明的人。保险公估人在执行职务中，不仅需有专门的学识和经验，而且更重要的是能保持公平独立的立场，使其所作的判断或证明符合客观实际，且具有权威性。保险关系双方对公估意见进行评议，如无较大争议，则按此意见处理、结案；如有较大争议，经调解无效，再由一方起诉，由法院判决。

保险公估人的主要任务，是在保险合同订立时对危险的查勘、评估及危险发生后对损失的原因及程度进行查勘和估计。保险公估人由何方委任，因保险种类不同而不同。在火灾保险方面往往由保险人委任，但在海上保险方面多由被保险人委任，由公估人将公估报告书交由被保险人转向保险人索赔。海上保险中的共同海损的牺牲、费用及分担额的计算，习惯上委托海损理算师担任公估，其签署的理算书对共同海损各关系方均具约束力。

保险公估人既不是保险人的代理人，也不是被保险人的代理人，而是独立的第三者。他只是站在公正的第三者的立场上，凭借专门的技术知识和经验，对客观实际作出实事求是、恰如其分的判断和证明。这种公估没有法律效力，但可以作为诉讼的凭据，法院可以此作为判案的根据。

除上述保险中介人的主要种类之外，还有律师、精算师等，相应的组织有律师行、精算协会等。这些保险中介人，不仅与保险合同订立关系密切，而且与整个保险市场运行有关。所以，各国对保险中介人都有适当的管理措施，以保证保险市场的正常发展。

二、保险客体

保险商品即保险市场的客体，它是保险人向被保险人提供的在保险事故发生时给予经济保障的承诺。其形式是保险合同，保险合同实际是保险商品的载体，其内容是保险事故发生时提供经济保障的承诺。

保险商品主要有人身保险商品和财产保险商品。人身保险商品主要有人寿保险商品、健康保险商品和意外伤害保险商品。财产保险商品主要有有形财产保险商品，如团体火灾保险商品、运输保险商品、工程保险商品、农业保险商品等，还有无形财产保险商品，如责任保险商品、信用保证保险商品等。

第二节　保险市场供求及其均衡

一、保险需求

（一）保险需求的确定

保险需求是指在特定的时期内和一定的费率水平上，投保人在保险市场上愿意并且能够购买的保险商品的数量。尽管保险产品有其特殊性，但对于消费者而言，对它的购买仍然要符合个人效用最大化原则。有效的投资组合可以在一定程度上规避投资者的风险，而保险机制则可以把一方的风险转嫁给另一方。保险的做法是，投保人通过缴纳一定数额的保险费，把风险转移给保险公司。我们可以用期望效用的方法来判定，一个人是否应该通过支付保险费来避免有风险的结果。

假设汤姆的别墅总值为 200 万元。假设别墅发生火灾并造成全损的概率是 1%，汤姆可以选择在 XYZ 保险公司投保，一旦发生损失就可以获得全额赔偿。XYZ 保险公司收取的保险费等于损失的期望值——这种保险费被称为公平精算保费。用损失的期望值计算出的公平精算保费：

$$EV = 0.01 \times 2000000 + 0.99 \times 0 = 20000（元）$$

汤姆应不应该投保呢？让我们看一下图 10 - 1。

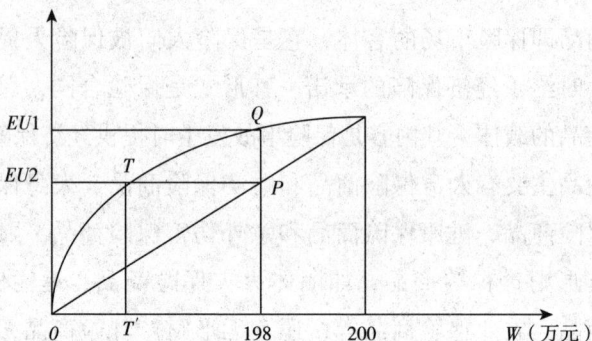

图 10 - 1

汤姆有两种选择：（1）花 20000 元购买保险，把损失的风险转移给 XYZ 保险公司；（2）不投保，自己承担全损的风险。如果汤姆选择了投保，无论是否发生火灾，年底时他的资产都是 1980000 元。因此，他的期望效用是：

$$EU1 = U(1980000)$$

如果汤姆选择不投保，不缴纳 20000 元的保险费，那么年末时他的财富要么是 2000000 元（无损失），要么是 0。因此，他的期望效用是：

$$EU2 = 0.01 \times U(0) + 0.99 \times U(2000000)$$

在图 10 - 1 中，$EU1 > EU2$。汤姆不投保时的两个效用点之间的联线代表了这两个点的所有线形组合，成为期望效用线。期望效用线与期望财富线相交的 P 点代表不投保时的期望效用。在 P 点，期望效用与期望财富的大小是相同的，因为用以计算期望财富和期望效用的权数是一样的。投保后的期望效用大于不投保时的期望效用，符合贝努利定理。

在贝努利定理中，要求投保人必须是一个风险厌恶者，因为只有风险厌恶者的效用函数曲线才是凹形的，才符合詹森不等式：对于任何随机变量 X 和任何严格凹的函数 $f(X)$，$f(X)$ 的期望值总是严格小于 X 的期望值的函数值。即：

$$E[f(X)] < f[E(X)]$$

从不等式 $E[f(X)] < f[E(X)]$ 中可以看出，保险费在精算纯保费之外存在一定的上升空间。也就是说，实际中保险公司即使收取比精算纯保费高出一定比例的保费，对于消费者来说，这一期望效用不等式仍然成立。贝努利定理之所以成立，是因为投保人投保后的期望效用要大于不投保时的期望效用，保险给投保人带来了效用溢价。但随着保险公司保费收取逐渐提高，投保人的效用溢价就随之减少，直到投保人投保后的期望效用和不投保的期望效用相等为止。

投保和不投保这两种选择之间的效用溢价对应着的财富差额称为风险保费，它是一个人愿意付出的超过公平精算保费的最大金额。在图 10 - 1 中是 T' 与 198 万元之间的差额。

由此可以看出，保险人可以收取的保费一定不会超过损失的期望值与风险保费之和。人们对风险的态度各不相同，因此风险保费也有所差异，这会影响到保险需求。此外，风险保费也会随个人财富水平的变化而不同。

（二）影响保险需求的因素

保险需求是一个综合的经济现象，众多的经济、社会因素都会对它产生影响，其中主要包括以下几个方面：

1. 风险因素

风险的存在是保险存在的前提，无风险就无保险。保险需求总量与风险总量之间存在正相关关系：风险越多，范围越广，保险需求的总量就越大；反之，保险需求量就小。

2. 消费者的效用函数

从前文的分析中可看出，消费者的需求偏好是确定保险需求的关键。风险厌恶者、风险中立者以及风险偏好者对于保险产品会显示出不同的态度。一般来讲，风险厌恶者有更大的保险需求。

3. 保险费率

保险商品的价格即保险费率，保险费率越高，保险需求者需支付的保险费就越多。保险费率越低，有可能刺激保险需求量的增大。保险需求量与保险费率即保险价格成反向变动关系。

4. 经济发展水平

保险随着生产力的发展而发展，是商品经济和市场经济发展的产物。生产力发展水平越高，商品经济和市场经济越发达，保险需求就越大，保险需求与生产力发展水平、商品经济和市场经济发展程度成正相关关系。

5. 人口因素

保险业发展与社会环境有着密切的关系。其中，人口的文化底蕴和价值观念是影响保险需求的重要因素。人口的文化素质越高，人口的文化底蕴和价值观念与保险的核心功能越吻合，人们就越容易接受保险，客观上刺激了保险需求的增长。

6. 政策因素

一国的收入分配、金融、财政以及社会保障政策等都会对保险需求产生影响。以强制保险为例，强制保险是国家和政府以法律或行政的手段强制实施的保险保障方式，强制保险的实施人为地扩大了保险需求。

二、保险供给

（一）保险供给的概念

有保险需求就有保险供给，它们构成保险市场上的两个重要方面，并体现了复杂的经济关系。

供给是指在一定时期内和一定价格水平下，生产或劳务提供者对某种产品或劳务愿意并且能够供应的种类与数量。保险供给是指整个保险业为社会提供的保险产品总量，它同时受到宏观与微观经济因素的影响。

（二）影响保险供给的主要因素

保险需求是制约保险供给的最基本因素。在保险需求既定情况下，保险供给受其他多种因素的制约，其中的主要因素包括：

1. 保险资本量

在一定时期内，社会总资本量是一定的，能用于经营保险的资本量在客观上也是一定的。一般情况下，可用于经营保险的资本与保险供给能力呈正相关关系。经营资本越多，供给能力越强。

2. 保险的市场价格

由供求关系所形成的保险产品的价格在很大程度上影响保险的供给，在其他条件不变的情况下，保险供给与保险市场价格成正比。

3. 保险人的数量和经营管理水平

保险的专业性、技术性很强，假定其他条件不变，保险人的数量越多，保险供给量越大，保险人的经营技术和管理能力强，新险种容易开发、推广，从而扩大保险供给，促进保险需求。

4. 保险成本

保险成本是指在承保过程中的一切实际和隐含的货币支出。对保险人来说，成本高则所获利润就少，保险费率就高。一般情况下，保险成本高，保险供给少；反之，保险供给就大。

5. 制度、政策环境

保险业是一个极为特殊的行业，各国都对其有相对于其他行业更加严格的监管。国家政策在很大程度上决定了保险业的发展，决定了保险经营企业的性质，从而直接影响保险供给。

三、保险市场的供需均衡

保险虽然是一种特殊的金融商品，但它同样也遵循一般商品市场的供求规律。在大多数情况下，当保险供给大于保险需求时，保险费率（保险价格）会因之下降，当保险供给小于保险需求时，保险费率会因之上升，在某种费率水平上，保险企业愿意供给并且能够供给和消费者愿意购买并且能够购买的保险商品的数量恰好相等，则称保险市场达到了均衡。

尽管保险商品遵循一般性的市场供求规律，但消费者的心理因素或市场行为常常会导致供求曲线的变异，进而导致不同的市场反应，影响均衡结果的实现。这主要是由逆选择和道德风险所引发的。

（一）道德风险

1. 道德风险的概念

道德之所以成为"风险"，是因为有人会为追求自己利益的最大化而违反既定的道德规范，并将成本转嫁给他人且造成他人的损失。在保险市场中，道德风险是指个人行为由于受到保险的保障而发生变化的倾向。给保险业道德风险进行分类的方法很多，比如以签订保险合约为界，分为事前道德风险和事后道德风险；按风险的来源，可分为投保人的道德风险、保险人的道德风险、保险代理人和保险经纪人的道德风险等。

事前道德风险是指保险可能会对被保险人的防损动机产生一定的影响。例如，投保汽车险的人可能比未投保的人开车更莽撞一些，因为他们知道任何由于事故引起的损失都可以获得赔偿。损失发生后，保险可能会对被保险人的减损动机产生一定的影响，这种影响叫做事后道德风险。例如，如果损失在保险范围之内，被保险人可能很少采取措施去减轻，甚至根本不去减轻进一步的损失。

2. 道德风险对保险市场的影响

下面以一个数字化的例子来简要说明道德风险对保险市场的影响。假设汤姆有 12000 英镑的现金和一辆价值 4000 英镑的车。一起事故就会导致汽车的全损。汤姆出车祸的概率取决于他开车的速度。如果他开得快，出事的概率是 50%；如果他开得慢一点儿，出事的概率仅为 20%。汤姆估计，如果开得慢的话，他就得支付 1000 英镑的额外费用，因为他要在路上花费更多的时间。

假定汤姆的效用函数是他的财富的平方根。那么，在没有保险的情况下，汤姆开快车和开慢车的效用分别为：

开慢车时，

$$EU_s = 0.8 \times U(16000 - 1000) + 0.2 \times U(16000 - 4000 - 1000)$$

$$= 0.8 \times \sqrt{15000} + 0.2 \times \sqrt{11000} = 118.96$$

开快车时，

$$EU_q = 0.5 \times U(16000) + 0.5 \times U(16000 - 4000)$$

$$= 0.5 \times \sqrt{16000} + 0.5 \times \sqrt{12000} = 118.02$$

显然，开慢车的效用大于开快车的效用，因此汤姆会理性的选择开慢车。

现在假设汤姆可以按照公平精算保费购买足额保险。但是公平精算保费更难以决定。如果保险公司认为汤姆会开慢车，则公平精算保费为 $0.2 \times 4000 = 800$ 英镑；相反，保险公司相信他会开快车，则公平精算保费为 $0.5 \times 4000 = 2000$ 英镑。

保险公司会怎样收取保费呢？这就要分析保险作为一种制度对投保人的激励问题。如果汤姆已经用 800 英镑购买了足额保险，似乎不会再以花费 1000 英镑的时间成本去开慢车，因为开慢车受益的是保险公司而非汤姆本人。保险公司知道汤姆出于经济上的考虑会开快车，所以会按照他的期望损失大小收取保费，即收取 2000 英镑的保费。

假设汤姆开快车，则购买足额保险的期望效用是：

$$EU_{INC} = U(16000 - 2000) = \sqrt{14000} = 118.32$$

于是有：

$$EU_q < EU_{INC} < EU_s$$

汤姆将选择开慢车而不是购买保险。因为投保人群体是由无数个汤姆这样的个体组成的，所以自愿性的正常的保险市场因而也就不存在了。因此，道德风险有可能导致正常的风险分散交易在保险市场上无法实现。

3. 保险人对道德风险的反应

消除道德风险、使市场重新接受供求规律的调节，需要保险人付出更多的努力。由于产生道德风险的关键原因是被保险人在避免道德风险的过程中需要额外发生成本，因此保险人应当作出努力，使得被保险人避免道德风险的边际收益为正。一种方法是在设计合同时，通过免赔额或共保条款使被保险人承担至少是某种损失的费用。另一种方法是奖励采取防损行为的被保险人。例如，按实际损失计算保费的方法和按过去损失计算保费的方法用低费率的做法来奖励那些损失记录令人满意的被保险人。这两种方式都在于对行事谨慎的被保人提供激励，由此降低和消除被保险人的道德风险。

（二）逆向选择

1. 逆向选择的概念

竞争性市场模型下的一个重要假设是买方和卖方都具有完全信息。事实上，基于保险人掌握的信息，保险人并不能准确判断哪个投保人是高风险的，哪个投保人是低风险的，因此也就难以在有效区分风险水平的基础上实行差别费率。若取费相同，对低风险的人而言是不公平的，低风险的人可能会退出或不参加保险，留下的是高风险的风险单位，这就是所谓的"逆向选择"。比如，医术高超的大夫遇到的医疗事故索赔一般比医术较低的大夫少。如果保险人能够准确地分清大夫水平的高低，就能相应地收取适当的保费。保险人不能分清时，问题就会随之而来。

2. 逆向选择对保险市场的影响

现在我们考虑一下逆向选择对保险市场的影响。假设甲和乙各有625万元待出售的货物，他们的效用函数都是财富的平方根。由于货物出口的时间或航线不同，所以遭受损失的概率也不同。甲出口货物遭受损失（600万元）的概率是25%，而乙出口货物遭受损失（也是600万元）的概率是75%。根据贝努利定理，如果保险人按照每个人的精算公平费率收取保险费，则二者都会投保。此时，

甲不投保的期望效用：

$$EU_1 = 0.25 \times \sqrt{25} + 0.75 \times \sqrt{625} = 20$$

乙不投保的期望效用：

$$EU_2 = 0.75 \times \sqrt{25} + 0.25 \times \sqrt{625} = 10$$

当保险人不知道被保险人的风险状况时,只能各收取公平平均保费:

$$P = \frac{0.25 \times 600 + 0.75 \times 600}{2} = 300$$

甲和乙投保后的期望效用:

$$EU_1' = EU_2' = \sqrt{625 - 300} = 18.03$$

不难看到,在这个过程中只有高风险者会愿意投保,因为保费低于期望损失。但是,低风险者不投保时的期望效用更高,所以低风险者实际上补贴了高风险者。因此,低风险者会理智的放弃投保。保险公司知道低风险者不会投保后,将取消基于平均保费的保险合同,只剩下专为高风险者量身定做的合同。

这样,我们看到存在逆向选择的情况下,只有高风险者才可能享受保险。

3. 保险人对逆向选择的反应

由于逆向选择主要是由信息不对称造成的,因此保险人面对投保人时总是力争获取有关保险标的的更多信息,以进行有效的风险分类。获取信息有多种方式,可以增加保单上的有关保险标的的明示项目,也可以设计巧妙的保险合同使投保人进行自我风险揭示。为了阐明这个问题,我们回到先前的例子中。假设保险公司提供带有免赔额的部分保险,则结果如表 10-1 最底行所示:

表 10-1　足额保险和有免赔额的部分合同下的期望效用

单位: %

合同类型	低风险者的期望效用	高风险者的期望效用
无保险	20	10
足额保险合同	18.03	18.03
保费 50 万元、免赔额 500 万元的合同	20.15	12.49

在保费 50 万元、免赔额 500 万元的合同中，不论是低风险者还是高风险者，购买保险的期望效用都大于各自不买保险的期望效用，所以两者都会购买保险。

第三节　保险监管概述

一、保险监管的定义与目标

保险监管是政府对保险业监督管理的简称。保险监管是政府为保护被保险人的合法利益对保险业依法监督管理的行为，是保险监管机构依法对保险人、保险市场进行监督管理，以确保保险市场的规范运作和保险人的稳健经营，保护被保险人利益，促进保险业健康、有序发展的整个过程。

保险监管主要有国家监管、行业自律和企业内控。保险监管、行业自律和企业内控存在一定关系。行业自律是在国家法律允许的条件下保险企业组织的保险行业协会制定同业公约和章程以相互约束、维护保险行业整体利益的行为；企业内控则是保险企业在国家法律和行业规定允许的范围内为维护本企业利益而采取的行为，如股份有限公司的监事会就是企业内控的一个方面，监事会对股东大会负责，对董事会监督，从而保证公司既合法经营，又执行股东大会的决议。因此保险监管与企业内控两者的共同点都以国家的保险法为其基本依据，但目标存在区别，保险监管是保护被保险人的合法利益，而保险企业内控是在法律允许的条件下维护企业的合法利益。

世界各国都对经济社会的各行各业实行不同程度的监管和调控措施，而保险业往往受到更为严格的监管，通过设立专门的保险监管机构，颁布专门的法律法规，形成一系列监管制度体系。保险业务的性质及其在经营方面所表现出的特点决定了保险监管的必要性。具体表现在以下几个方面：第一，保险经营具有公共性和社会性。保险业可以深入到社会每个行业和每个人。保险公司的客户包括成千上万的企业、个人。保险业的经营状况不仅关系到保险业自身的利益,而且很大程度上影响到各行各业、千家万户。一家保险公司破产会直接损害许多企业和个人的利益,负面影响较一般企业的破产要大得多。因此,政府必须对保险业严格监管,切实保障被保险人的合法权益。第二,保险交易存在信息不对称性和不完全性。保险业是一个技术含量高、专业性强的复杂行业,多数消费者对保险知之甚少,不能充分了解保险公司提供的产品和经营运作过程,也无力与保险公司就合同内容进行谈判,更谈不上跟踪监督保险公司的行为,导致保险业中的信息不对称和信息不完全的问题十分突出。如果缺乏外部监管,保险公司可能利用信息和信息透明度较低来损害被保险人的利益。第三,市场失灵和恶性竞争时有发生。现实的保险市场通常是垄断竞争型市场,保险公司财务状况和社会保险需求状况等信息透明度不高,从而滋生出许多非效率和不公正的问题。此外,由于保险业经营的特点,在保险市场竞争中,保险公司存在牺牲客户未来长远利益以换取短期经营利益的倾向,容易出现恶性竞争或过度竞争,甚至欺诈误导等行为,进而威胁到保险公司的偿付能力乃至社会公众利益。总之,一方面,保险监管可以维护保险市场的稳定,是公众利益的重要保证;另一方面,保险监管也会提高公众对保险行业的信任度,进一步促进保险市场的发展。可以说,保险业的持续、快速、健康、协调发展离不开保险监管。

不同国家对保险监管的目标存在一定的差异,同一国家随着经济的发展和保险业所处的不同阶段,保险监管的目标也会有所侧重或不断产生新的监管目标。总的来讲,保险监管的目标主要有以下几个方面:第一,维护被保险人的合法权益。保险监管必须把保护被保险人的合法权益放在第一位。保险监管机构通过对市场准入、条款审核备案、费率厘定、准备金提取等方面的监督管理,来确保保险公司的偿付能力和保护被保险人的合法权益。第二,保证保险人有足够的偿付能力。第三,规范保险市场,维护保险业的公平竞争。保险市场秩序正常与否,对于公平竞争、行业发展、行业形象、行业核心竞争力等有着重要的影响,因此通过整顿保险市场维护正常的保险市场秩序是保险监管不可或缺的目标。第四，防范和化解保险经营风险。防范和化解经营风险是保险业持续健康发展的重要内容。对于不同发展阶段的保险公司，这一方面的监管目标又有所差异，对新成立的公司应着重防范其经营风险，而对于经营时间较长的公司应将防范和化解风险并重。注重对保险公司偿付能力监管，保证保险人有足够的财务实力履行其对保单所有人的保障责任，及时对偿付能力不足的保险人采取有效监管措施，是防范化解风险的核心。

二、保险监管的方式

根据政府对保险业的监督管理的侧重点和严格程度不同，主要发达保险市场的监督管理实践有弱势监管、强势监管、折中式监管。

弱势监管中监督者的精力集中于公司的财务状况和偿付能力上，保险公司在确定费率和保险条件时享有很大的余地，只要公司能够保证足够的偿付能力和良好的财务状况，它们的经营一般不会受到更多干预。在欧洲，英国和荷兰长期使用这种方式。

强势监管方式对市场行为、偿付能力和信息披露要求都相当严格。监管部门对费率、条款、保单利率、红利分配等均有明文规定并在投放市场前受到系统的监督。在欧洲单一保险市场开始建立以前，以德国为首的多数国家都采用这一模式。美国是这一类型的典型代表。

折中式监管是一种以偿付能力监督管理为核心，兼及市场行为和信息监管的一种监管方式。折中式监管方式是目前大多数国家采用的一种监管方式。

三种监管方式各有实行的条件和利弊。从理论上讲，弱势监管方式能更好地发挥保险公司的积极性，促进保险市场产品的多样化。但它要求加强对保险中介机构的监管，因为中介机构承担了保证市场的透明度及指导消费者选择最能满足其需要、适合其收入特点的产品类别和费率的任务。采取强势监管制度有利于保护消费者，但一个可能的后果是限制保险公司的创造力，使保险产品的差异变小，因而不利于应付随时可能出现的新风险，同时也不利于保险公司最大化地分散经营风险。折中监管方式既给予了保险公司一定的自由，同时又对其进行有力的约束。但它的问题在于，一旦监管部门对已发行的不合理保单采取措施，将会引起保险市场某种程度的混乱，既不方便顾客，也会因此降低公司在消费者心中的地位。

第四节　保险市场监管的内容

一、市场准入和退出的监管

保险监管部门对保险组织设立进行监管的目的在于：一是规定和落实保险机构开业资本金，二是限制和选择保险机构的组织形式，三是规定保险机构营业范围，四是保证保险机构高级管理人员的水平。

（一）保险组织形式的监管

保险组织是依法设立、登记，并以经营保险为主业的机构。保险人以何种组织形式开展经营，各国可根据国情作出不同的规定。从目前情况看，主要有股份有限公司、有限责任公司、相互保险公司、保险合作社、个人保险组织。

（二）保险组织的设立、变更和终止

1. 保险组织的设立

它是创办保险公司的一系列法律行为及其法律程序的总称，是对保险人资格的认定过程。这些资格主要包括一定的设立条件和程序。

（1）保险组织的设立条件

设立保险组织，必须具备比一般工商企业设立更为严格的条件，这是各国保险法的普遍规定。我国《保险法》、《保险公司管理规定》明确规定了设立保险公司应具备的条件：一是有符合本法和公司法规定的章程；二是有符合本法规定的注册资本最低限额；三是有具备任职专业知识和业务工作经验的高级管理人员；四是有健全的组织机构和管理制度；五是有符合要求的营业场所和与业务有关的其他设施。

（2）保险组织的设立程序

依照我国《公司法》、《保险法》和《保险公司管理规定》的要求，设立保险公司的一般程序为：初步申请、正式申请、筹建和开业四个阶段。首先是初步申请筹建，即申请人向保险监管部门提出要求筹建保险组织的书面请求；其次是正式申请筹建，即经过筹备，申请人认为条件已基本成熟，向保险监管部门提交正式申请表和有关文件、资料；再次是申请开业，即申请人提出开业申请，并提交有关资料，经保险监管部门审查批准后，认为符合条件的，颁发《经营保险业务许可证》；最后，保险公司到工商行政管理机关办理登记，领取营业执照，并缴存保证金之后正式营业。

2. 保险组织的变更

保险组织的变更是保险机构依法对其组织形式、注册资本、法人代表及其他高级管理人员、营业场所等重要事项进行的变更。当需要对这些重要事项进行变更时，保险机构必须报保险监管部门批准或备案。

3. 保险组织的终止

保险组织的终止分为保险机构的解散、撤销和破产三种形式。根据我国《保险法》的规定，保险公司的解散和撤销都要经保险监管部门批准。但由于人寿保险合同具有储蓄性质、涉及的社会面广，因此经营人寿保险业务的保险公司不得解散。当保险公司不能支付到期债务时，经保险监管部门同意，由人民法院宣告破产。但对经营人寿保险业务的保险公司被依法撤销或依法宣告破产的，其持有的人寿保险合同及其准备金必须转移给其他经营人寿保险业务的保险公司，不能同其他保险公司达成转让协议的，则由保险监管部门指定经营有人寿保险业务的保险公司接收。

（三）保险从业人员的监管

保险从业人员包括保险公司的高级管理人员和业务人员。保险经营的专业化程度高，技术性强，从业人员的业务水平高低对保险企业的经营业绩和财务管理有着直接和重大的影响。所以，对保险从业人员的监管成为保险组织监管的重要内容。

1. 保险企业的高级管理人员的任职资格

对此，世界各国都有较高的要求，并进行严格的资格审查：不符合法律规定的任职条件，不能担任公司的高级管理职务；合格管理人员没有达到法定数量，公司不能营业。在保险企业担任领导职务的任职条件包括文化程度、保险实践经验和道德素质等。

2. 保险公司的各种业务人员

对此，如核保员、理赔员、精算人员、会计师等的配备，各国法律都有相应的规定。我国《保险法》第八十五条规定："保险公司应当聘用经国务院保险监督管理机构认可的精算专业人员，建立精算报告制度。"《保险机构高级管理人员任职资格管理暂行规定》要求：保险公司从业人员中应有 60% 以上从事过保险工作和大专院校保险专业或相关专业的毕业生。

（四）对外资保险组织的监管

外资保险组织是指外国保险公司在本国设立的分公司、代表处或合资设立的保险公司。目前，外资保险公司在我国主要存在形式是设立营业性的分支机构或非营业性的代表处。

1. 对外资保险公司分支机构设立的监管

外资保险公司的分支机构在我国没有独立的财产，但是它的负债主要在国内，而且直接参与我国部分保险市场的竞争，因此必须加强监管，防止其利用再保险或其他保险方式转移资产或利润。同时，为保护我国被保险人的合法权益，应适当对外资保险公司在我国境内的资产加以限制和管理。我国有关法律和行政规章规定，外国保险公司在我国设立营业性机构必须具备以下条件：（1）经营保险业务 30 年以上。（2）提出申请前一年年末的资产总额在 50 亿美元以上。（3）在中国设立代表处 2 年以上。

2. 对外资保险公司代表机构设立的监管

外资保险公司代表机构不是独立的机构，只是外资保险公司的附属机构和派出机构，它在我国境内的所有活动由其所代表的外资保险公司负最终责任，所以，适用于母国监管原则。我国有关法律和行政规章规定，外资保险公司在我国设立代表处必须符合以下条件：

（1）申请者所在国家或地区必须具有完善的金融监管制度。（2）申请者是由其所在国家或地区的金融监管当局批准设立的金融机构或金融性行业协会成员。（3）申请者合法经营，享有良好信誉，并在过去3年内连续盈利。

二、保险经营的监管

保险经营的监管一般侧重于对保险业务种类和范围、保险条款、保险费率和保险合同格式进行监管。

（一）保险业务种类和范围的监管

对保险经营种类和范围的监管实际上包括两方面的内容：

1. 关于兼业问题

即可否同时经营保险业务和其他业务。可从两方面来看：一方面，非保险企业或个人可否经营保险业务。由于保险是经营风险的特殊行业，不论是保险费率、保险条款、保险理赔，还是保险风险防范，都要求运用专门技术，专业化程度相对于其他行业要高得多，非一般行业或企业所能担当。为了保障被保险人的利益，绝大多数国家均通过立法确立商业保险专营原则，未经国家保险监管机关批准，擅自开办保险业务的法人或个人都属非法经营，国家保险监管机关可勒令其停业并给予经济上乃至刑事上的处罚。另一方面，保险企业可否经营其他非保险业务。同样，为了防止保险企业经营的失败和保证保险基金的专用性，保险企业也不得经营非保险业务，甚至不得从事未经核准的其他性质的保险业务。

但是在兼业问题上，也有例外的规定。如英国的法律规定，以经营商业业务为主的公司，经过批准也可以从事与其有关的保险业务，作为对顾客提供的额外服务，但在保险财务会计方面必须独立核算。

2. 关于兼营问题

即保险人可否同时经营财产保险和人身保险业务。由于财产保险和人身保险在经营技术基础、承保手段、保险费计算方式、保险期限、准备金计提方式以及保险赔偿或保险金给付条件和方法等方面存在很大的差别，尤其是人寿保险带有长期性和储蓄性，将二者兼营，很有可能将人寿保险的保险基金挪作财产保险赔付，因此一般各国保险经营都遵循"产寿险分业经营"的原则，即同一保险人一般不得同时经营财产保险和人身保险业务，在监管上也确立了"产寿险分业监管"制度。

（二）保险条款的监管

1. 保险条款监管的重要性

保险条款是保险合同的核心内容，是保险人与投保人关于各自权利与义务的有效约定。由于保险合同是一种附和性合同，投保人、被保险人和受益人处于被动地位，保险人很容易利用保险合同的这一特点加大投保人和被保险人的责任，减少自己的责任，在无形中迫使被保险人接受不公平的条件，侵犯对方当事人的利益。因此，对保险条款的监管成为保险经营监管的主要部分。

2. 保险条款监管的主要方式

对保险条款的监管主要是通过保险条款的审批和备案进行操作。具体方式有以下几种：（1）由保险监管部门制定，保险公司必须执行的条款。（2）由保险公司自行拟定，报经保险监管部门审批或备案后的条款。（3）由保险公司拟定并使用，但在使用后的一定时间内，需报保险监管部门备案的条款。（4）法律允许的由保险同业公会依法制定的条款。随着保险业的发展，逐渐出现对保险合同内容和格式标准化的趋势。与此相应，很多国家都有本国通用的保险条款，如英国主要通用"伦敦协会条款"，美国主要通用"美国协会条款"。在西方国家的海上保险市场上，许多国家的保险人直接采用"伦敦协会条款"。通用条款基本上已规范化，一般都不再列入监管的范畴。

（三）费率的监管

1. 保险费率监管的意义

保险费率是保险人用以计算保险费的标准，是保险商品的价格。费率的公平、合理对于保险经营和保险市场会产生积极的效应。如对保险人来说，合理的费率可以保证保险人有充足的偿付能力，也可以保证保险人实现自身的经济利益。对投保人来说，合理的费率才能使风险成本合理。对保险市场来说，合理的费率可以防止保险经营出现暴利,促进资源在保险市场的平衡流动和有序分配,有效调节保险市场参与者数量和保险产品的数量。所以,各国一般都将费率监管作为保险经营监管的又一主要内容。

2. 费率监管的重点

主要放在三个方面:一是费率的分类体系是否恰当,二是涉及保险利润方面的费率因素对投保人来说是否公平,三是巨灾处理是否恰当。

3. 我国保险费率的监管权限与保险条款的监管权限基本一致

中国保监会主要制定商业保险的主要险种的费率,而其他险种的费率由中国保监会委托保险行业协会或保险公司拟定,并报中国保监会备案。中国保监会对报备的费率自收到备案申请文件之日起30日内未提出异议的,保险公司可以使用该费率。

(四) 再保险业务的监管

1. 再保险监管的意义

再保险人提供的是一种无形商品,对原保险人的保险责任予以保障,在承担风险责任方面共同协作,它的价值体现在再保险人承担未来义务时的能力和意愿上。如果再保险人不能履行赔付责任,将会严重影响原保险人的偿付能力,从而影响生产的稳定和生活的安定。所以,国家在加强保险监管的同时必然加强对再保险业的监管。发展中国家对再保险的监管还有另一个原因,那就是出于保护本国保险市场、限制外国再保险力量侵入的需要。

2. 对兼营再保险业务实行宽松式管理

再保险是保险人之间的一种业务经营活动,再保险人与投保人和被保险人之间不发生任何业务关系,所以,各国对同一保险人兼营再保险业务和原保险业务问题态度明确,一般不加以限制。我国《保险公司管理规定》中明确规定:财产保险公司和人身保险公司的业务范围除了各自的原保险业务外,还包括各自原保险业务的再保险业务。同时,规定再保险公司可以同时经营人身险的再保险业务和财产险的再保险业务,即对再保险而言没有禁止兼营的问题。

3. 再保险监管的方法

国家对再保险的监管可通过多种途径实施。其中一个重要的途径就是直接干预，即采用各种方式和措施直接参与再保险市场活动，以调控再保险市场，如建立国家再保险公司、强制再保险分出、建立地区再保险集团等。

4. 再保险监管的内容

国家对再保险公司进行监管的核心是偿付能力管理，保证赔偿义务的履行。主要集中在以下四个方面：一是审批再保险公司的设立和变更事项。再保险公司设立、变更时都必须向监管当局提出申请并提供有关情况，如开业资本金、承保风险的性质、每种业务的费率条款、普通保单和特殊保单的条件、再保险和转分保的原则等。二是检查和监督再保险公司的经营。再保险公司营业之后，监管当局要对公司的偿付能力以及公司是否遵守有关法规进行检查和监督，再保险公司要按时递交年度报告。三是干预再保险公司活动。在例行检查过程中一旦发现再保险公司经营处于困境，不符合有关规定的要求，监管当局可以干预其经营活动，对问题较大的再保险公司则收回营业执照。四是清算再保险公司。当再保险公司不能履行其应负的责任，或者其财务状况变坏，或已经出现损害公众利益的情况，监管当局有权作出清算决定。

三、保险财务的监管

（一）监管资本金与公积金

1. 监管资本金

资本金是保险公司所有者对公司的投资，代表着所有者对保险公司承担法律责任的最高限额。对资本金进行严格监管的积极作用在于：增加保险人承保、再保险和投资的能力，避免偿付能力不足的情况发生；增加对承保及投资预期与非预期损失的弥补能力；调节责任准备金、投资准备金或资金变动所产生的影响。其最终目的就是要保证资本金的真实性与合法性，促进保险人履行社会责任。对资本金的监管主要侧重于对筹集资本金的方式、期限、责任和资本金真实性、有无抽逃资本金现象、增资扩股，以及资本金运营进行监管。

2. 监管公积金

保险公司提取公积金是为了用于弥补公司亏损和增加公司资本金。我国《公司法》和《金融保险企业财务制度》规定，保险公司应在税后利润中提取 10% 的法定盈余公积金；当法定盈余公积金累计达到注册资本的 50% 时，可不再提取。

公积金的来源有：（1）股本溢价，即投资者实际缴付的出资额超过其资本金的差额。（2）公司法定财产重估增值，即按法律法规进行的财产重估，重估价值大于账面价值的差额，作为资本公积金。（3）接受捐赠的财产。（4）资本汇兑收益。

（二）监管保险公司负债

保险公司的负债主要体现在保险责任准备金，包括未到期责任准备金、未决赔款责任准备金、人身险长期责任准备金、保险保障基金等各种保险准备金。

1. 未到期责任准备金

保险公司应分别根据其财产保险、人寿保险、意外伤害保险和短期健康保险当年自留保费总额提取未到期责任准备金，提存的总额不得低于自留额的一定比例。自留保费为保费收入加分保费收入减分保费支出。

2. 未决赔款准备金

保险公司应当提存未决赔款准备金的原因是：保险事故已经发生，被保险人已经提出保险赔偿或者给付申请，但保险公司对赔付与否或赔付额尚未决定；已经发生保险事故但尚未提出保险赔偿或者给付申请。

3. 保险保障基金的监管

保险保障基金属于保险组织的资本，主要是应付巨大灾害事故的特大赔款，只有在当年业务收入和其他准备金不足以赔付时方能运用。提取保险保障基金是为了保障被保险人的利益、支持保险公司稳健经营的需要。

保险保障基金是指为保护保单持有人的合法权益，弥补被保险人因保险公司破产而遭受的经济损失，维护经济发展与促进社会稳定而依法建立的专门保护基金。从各国保险实践看，保险保障基金主要来源于整个保险行业。可以按保险费收入提取，也可以按保险公司资产或债务提取。

（三）监管保险公司资产

保险公司资产是指保险公司拥有或能够控制的、能以货币计量的经济资源，包括各种财产、债权和其他权利，也包括固定资产、流动资产、长期投资、无形资产、递延资产和其他资产。保险资产是保险公司可运用的资金，是保险公司收入的主要来源。对于不同形式和性质的资产，监管方法各不相同。

（四）保险财务监管的主要分析方法

1. 资产负债匹配分析法

它是国家保险监管部门通过对保险公司资产及负债的结构进行分析与评价，促使保险资产与负债合理配置，达到确保在未来任意时点上保险公司实际资产大于负债的目的。

2. 会计报表分析法

保险会计报表又称保险财务报表，是在日常会计核算资料及其他有关资料的基础上定期编制的综合反映保险公司一定时期经济活动和财务状况的表格形式的书面文件。按所反映的经济内容可分为资产负债表、损益表、现金流量表及有关会计报表附表，按编制时间可分为年度报表、季度报表和月度报表。

四、保险偿付能力的监管

（一）保险偿付能力监管是保险监管的核心

偿付能力是指保险组织履行赔偿或给付责任的能力。保险公司应当具有与其业务规模相适应的最低偿付能力。保险公司的实际偿付能力为其会计年度末实际资产减去实际负债的差额，要求不得低于保险监督管理部门规定的数额。保险公司的认可资产减去认可负债的差额必须大于保险法规规定的金额，否则保险公司即被认定为偿付能力不足。由于保险合同双方权利和义务在时间上的不对称性，例如保险人先收保险费后支付保险赔款或给付，而投保人是先缴纳保险费，保险事故发生后再享受获得赔款或保险金的权利，一旦保险人在经营过程中失去偿付能力，而大部分保险合同又尚未到期，被保险人将失去经济保障。因此，各国都把偿付能力监管作为保险监管的核心内容。

（二）偿付能力监管的手段

主要有保险公司资本充足率监管、现场检查与非现场检查。

1. 资本充足性的监管

保持适当的资本是保险公司偿付能力监管的核心之一。对资本的要求一般有两种：一种是规定保险公司的最低资本限额，又称静态资本管理，这是传统的资本管理方式；另一种是风险资本管理，又称动态资本管理，是一种新的资本管理模式。

最低资本限额管理是指法律或法规规定任何公司要经营保险业务都必须具有一定金额的资本金的资本管理方式。保险公司不管是要进行投资还是经营保险业务，其资本金额都必须符合这一要求，否则将被认为偿付能力不足而被保险监管机构依法予以清理。保险公司的最低资本金金额一般按保险公司的组织形式、业务种类和经营区域来规定。

风险资本管理是指按照保险公司经营管理中的实际风险，要求保险公司保持与其所承担的风险相一致的认可资产。风险资本管理最初由美国联邦保险监管机构为了克服最低资本限额的缺陷，保证保险公司的偿付能力，提出并运用于保险监管实践的。这种管理的优势在于充分考虑了保险公司的组织形式、业务种类及规模、资产与负债的风险程度等因素。

2. 对保险公司的检查

主要有两种方式：一种是非现场检查，主要是根据保险公司上报的各种报告、报表和文件，检查保险公司经营活动是否合法、合规；另一种是现场检查，主要是保险监管人员根据需要对保险公司进行实地现场检查，以判断保险公司所提供数据的准确性，检查保险公司的各项财务指标是否符合有关法规的规定。这两种方式各有优势，相互配合，使监管更为有效。

五、保险中介人的监管

对保险中介人的监管，我国《保险法》、《保险代理机构管理规定》、《保险经纪公司管理规定》、《保险公估机构管理规定》等法律和规定分别对保险代理机构、保险经纪机构和保险公估机构的定义、职责、设立、变更和终止、从业资格、经营管理、监督检查、处罚等作了详尽规定，是对保险中介人实施监管的主要法律依据。

保险中介人的监管是指对保险代理人、保险经纪人和保险公估人的监管。

1. 保险代理人的监管

保险代理人是根据保险人的委托，向保险人收取代理手续费，代为办理保险业务的单位或个人。保险代理人的监管包括国家监管和行业自律。

（1）保险代理人的国家监管

国家对保险代理人的监管主要包括：代理机构资格的监管、代理人资格的监管和对代理人执业的监管。

第一，保险代理机构资格的监管。为规范保险代理机构，国家保险监管部门对其必须具有的条件作出规定。

第二，保险代理人代理资格的监管。很多国家都对保险代理人实行注册和许可证制度。许多国家规定，代理人在登记注册并领取许可证之前，必须经过保险监管当局或学术团体举办的考试，合格者才具有保险代理人的资格。

第三，对保险代理人业务经营的监管。首先是对代理人业务范围的监管。一般规定保险代理机构的业务范围是代理销售保险单、代理收取保险费、进行保险和风险咨询服务、进行损失勘查和理赔。其次是对代理人经营活动的监管。监管机关有权制止用不正当的手段招揽保险业务、为个人或小集团牟利而损害被保险人的利益。为了更有效地规范保险代理人的经营活动，使保险代理人能在公平竞争的环境中开展业务，许多国家都明确规定保险代理人业务经营原则。

（2）保险代理人的行业自律

保险代理人进行自我管理、自我约束的作用，已经在全世界范围内得到了广泛认同。例如，日本成立了保险推销人协会，美国有保险代理人协会，中国香港地区有寿险代理人协会。

保险代理行业自律的内容主要包括：制定行业自律规则、制定共同遵守的职业道德规范、开展保险代理培训、举办保险代理资格考试等。

保险代理行业自律方式包括：利用行规行约方式调整会员之间的关系并进行相互监督；实行保险代理人登记制度；设立专门机构，接受有关查询和投诉；采取指导、汇报、检查的方法，建立例会制度进行监管。

2. 保险经纪人的监管

保险经纪人的监管包括国家监管和行业自律。

（1）保险经纪人的国家监管

国家保险监管机构对保险经纪人的市场准入进行严格控制。一般规定，保险经纪人应具备以下三个从业条件：其一，具备保险监管部门规定的资格；其二，须取得保险监管部门颁发的经营保险经纪业务许可证；其三，向工商行政管理机关办理登记，领取营业执照。很多国家还要求缴存保证金或者投保执业责任保险。

国家制定对保险经纪人业务监管的规定。例如，保险经纪人在办理保险业务中的过错给投保人、被保险人造成的损失，由保险经纪人承担赔偿责任；保险经纪人办理保险业务时，不得利用行政权力、职务或者职业便利以及其他不正当手段强迫、引诱或者限制投保人订立保险合同；保险经纪人在其业务中欺骗投保人、被保险人或者受益人，由保险监管部门进行处罚。

（2）保险经纪人的行业自律

保险经纪人的行业自律组织一般为保险经纪人协会，它根据保险经纪行业的职业特点制定自我管理和自我约束的行业规范。保险经纪人协会以多种手段调节和约束经纪人的活动，协调彼此的关系，并在国家保险监管机构和经纪人之间起着桥梁作用。

保险经纪人协会的基本职能和任务主要有：制定行业内部守则和经纪人员职业道德规范；维护被保险人和保险人的合法权益；反映经纪人的合理建议和要求；规范保险经纪人的代理行为，协调会员之间的业务活动；组织保险经纪人之间以及与其他有关部门之间的交流。

3. 保险公估人的监管

在很多国家，对于保险公估人的监管，都有专门的法律法规，或者在相关的保险法律中有有关公估人的规定。这些规定明确了保险公估人的权利、义务和责任。很多国家都有保险公估人协会，负责进行保险公估人的资格审查、专业技术评定、从业规范及培训工作。

在对保险公估人的监管方面，重点有两个方面：其一，对保险公估人实行注册制。保险公估人必须通过审查或考试，获得保险监管部门颁发的资格证书。其二，保险公估人业务范围的确定。公估人的主要工作是受保险人或被保险人的委托，客观计算保险标的的承保价值或损失价值，具体包括：对保险标的的潜在风险进行分析、识别和评估，以控制风险；提出防灾减损措施，增进社会财产安全和减少损失；保险发生事故后，由工程技术人员以其特定的技术知识和技能对受损的财产进行现场查勘、检验和鉴定，以公平、公正、合理的估损作出准确的赔付。

本 章 小 结

保险市场是指参与保险交易的各类要素及其相互作用的方式。保险市场的主体是由保险供给方（保险人）、保险需求方（投保人）以及协助保险交易活动完成的保险中介人所组成。

保险人的组织形式包括公营保险组织、民营保险组织、个人保险形式、合作保险组织等，各种组织形式具有不同的特点。投保人是向保险人订立保险合同，并负缴付保险费义务的人。

保险中介人是为了提高保险市场效率、降低交易成本而提供服务的专门组织或个人，包括保险代理人、保险经纪人和保险公估人等。不同的中介人代表不同的参与者的利益，承担不同的法律责任。

保险监管是指一国的保险监督管理机关依据现行法律对保险人和保险市场的监督与管理，以确保保险人的经营安全，维护被保险人的合法权利，保障保险市场的正常秩序并促进保险业的健康有序发展。保险行业所具有的信息不对称特征和产品的独特性使得保险监管成为必然。保险监管有利于实现宏观经济调控、公共政策的推行以及保险行业的健康发展。

保险监管的主要模式有：弱势监管、强势监管和折中式监管。目前大多数国家采用折中式监管。

保险监管的主要监管内容包括对保险人的监管、对保单格式与费率的监管、偿付能力的监管、对保险中介人的监管、对再保险公司的监管和对跨国保险公司的监管。

重 要 概 念

保险市场　保险需求　保险供给　保险中介　保险代理人
保险经纪人　保险估人　市场份额　道德风险　逆选择　保险监
管　保险人的整顿　保险人的接管　误导陈述　恶意招揽　保费
回扣　现金回扣　逆向选择　道德风险

复习思考题

1. 什么是保险市场？它具有哪些特征？

2. 什么是保险市场机制？它具有哪些功能？

3. 保险市场有哪些种类？

4. 保险市场有哪些构成要素？

5. 什么是保险市场需求？影响保险市场需求总量的因素有哪些？

6. 什么是保险市场供给？影响保险市场供给总量的因素有哪些？

7. 保险市场中介包括哪些？

8. 衡量保险市场发展的主要指标有哪些？

9. 世界保险市场发展趋势表现出哪些特征？

10. 具有中国特色的保险市场应体现在哪些方面？

11. 什么是保险监管？

12. 什么是偿付能力监管？

13. 保险监管的目标、方式及监管内容是什么？

14. 逆选择和道德风险始终是保险公司考虑的重要问题，试讨论可
    以帮助保险公司有效降低和防止逆选择及道德风险的方法。

第十一章　社会保险

　　社会保险是国家为实现某种政策或保障公民利益而采取的一种经济补偿手段，通过法律或法令强制实施，它对于经济发展或社会稳定起着特殊的作用。

第一节　社会保险概述

一、社会保险的含义

　　社会保险是国家通过立法对社会劳动者暂时或永远丧失劳动能力，或失业带来收入减少时提供一定的物质帮助以保障其基本生活的社会保障制度。它是一项社会政策，是通过提供物质帮助的方式体现的。一般包括生育保险、工伤保险、医疗保险、养老保险和失业保险等。它包括下述含义：

　　第一，参加社会保险制度的成员资格是通过立法确定的，也就是说，在立法指定范围内的每一个劳动者都必须参加社会保险。因此，社会保险带有一定的立法强制性。

　　第二，社会保险强调个人缴费。这种缴费在形式上与商业保险的保险费有某些相似之处，但是，社会保险的缴费是完全建立在自助自保和互助互济基础上的。参加社会保险制度的劳动者通过缴费，获得成员资格，因此有"先尽义务，后享权利"一说。同时，这种权利和义务是对等的，指的是机会上的均等，在遭遇法定范围内的各种风险时，参加社会保险制度的成员都可得到保障基本生活需求的津贴。

第三，社会保险强调劳动者、劳动者所在工作单位以及国家三方共同筹资。体现了国家和社会对劳动者提供基本生活保障的责任。劳动者所在工作单位的缴费，使社会保险资金来源避免了单一渠道，增加了社会保险制度本身的保险系数。而国家的参与，更使社会保险制度有了强大的后盾。

第四，社会保险的"保险"具有积极预防的含义，对法定范围之内的风险起到了未雨绸缪的作用，使参加社会保险制度的成员获得心理上的安全感，从而体现了社会保障的稳定机制的作用。

社会保险费实际上由劳动者个人、企事业单位和政府三方面负担。即除了被保险人外，政府与雇主往往分担一部分或全部。社会保险费的特点主要表现在：其一保费与给付不成比例，其二保险费负担较轻。社会保险费由三方分担，它说明其负担的对象，是相对社会保险费的总数而言，并非每一险种的保险费均由三方分担。目前，实施社会保险的国家中，因不同类型及不同险种分担方式不同，主要有：雇主与被保险人共同负担；政府与被保险人共同负担；雇主与政府共同负担；雇主、政府与被保险人共同分担；被保险人全部负担；雇主全部负担；政府全部负担。社会保险费负担比例的因素，通常由保险险种的性质；雇员、雇主和政府三方各自负担保险费的能力；国家的社会保险政策三种因素决定。

社会保险费的确定方式一般来说有两种：比例保险费制和均等保险费制。比例保险费制，是以被保险人的工薪收入为基准规定一定的百分比作为保险费率，从而确定应交的保险费的方法。该方式的特点是：保费负担随收入的增加而增加。均等保险费制，又称为同一保险费率制，是不论被保险人或雇主的收入多少，一律计收同等的保险费的方法。其最大优点是：计算便利，易于普遍实施；在保险金给付方面具有收付一律平等的意义。其缺点是：低收入的被保险人与高收入的被保险人交纳同等数额的保费，在负担能力方面显失公平，有悖于社会保险风险分担、互助合作和收入再分配的原则。社会保险费率是社会保险单位在一定时期计算和收取保险费的比率。它通常用百分数（％）

或千分数（‰）来表示。

二、社会保险的特征

社会保险与商业保险和其他的福利、救济措施一样，目的都是为了保障人民生活安定，保证社会再生产顺利进行，从而促进社会经济的发展。由于国家体制、经济水平、文化环境存在差异，世界各国的社会保险制度和实施形式有所区别，但其共性特征仍然十分明显。

（一）强制性

所谓强制性，是指社会保险通过立法强制实施，社会保障的内容和实施都是通过法律进行的，凡属于法律规定范围内的成员都必须无条件地参加社会保险，并按规定履行缴纳保险费的义务，并受到保险保障。

（二）社会性

社会保险的社会性体现在以下方面：第一，实施范围广。它可以把劳动者普遍面对的危险都列入相关的保险项目，并将符合规定的劳动者全部纳入社会保险范围，能够使所有劳动者得到相应的保障。第二，社会保险基金来源于政府财政拨款、企业缴纳保险金、劳动者个人缴纳保险金等多种渠道，从而体现了明显的社会性。第三，社会保险在经营管理上也体现了社会性的原则。社会保险的经营主体主要是政府和政府授权的社会保险机构，它们往往直接接受国家的财政补贴，作为公营事业机构依法代行国家和社会的职能，经营管理服从国家的社会目标。

（三）福利性

所谓福利性，是指社会保险不以营利为目的，实施社会保险完全是为了保障社会成员的基本生活。社会保险的主要目的是为了稳定社会、增进福利，而不是以营利为目的。

（四）社会公平性

公平分配是宏观经济政策的目标之一，社会保险作为一种分配形式具有明显的公平特征。一方面，社会保险中不能存在任何特殊阶层，同等条件下的公民所得到的保障是相同的；另一方面，在形成保险基金的过程中，高收入的社会成员比低收入的社会成员缴纳较多的保险费；而在使用的过程中，一般都是根据实际需要进行调剂，不是完全按照缴纳保险费的多少给付保险金，个人享有的权利与承担的义务并不严格对价，从而体现出一定程度的社会公平。

（五）基本保障性

社会保险的保障标准是使保障对象能够满足基本生活需要，因为社会保险的根本目的是保证人们的收入稳定、生活安定，发挥社会稳定器的作用。

（六）互济性

即社会保险通过法律的形式向全社会有交纳义务的单位和个人收取社会保费建立社会保障基金，并在全社会统一用于济助被保障对象，同时各项社会保险基金可以从统一基金中相互调节。

三、社会保险的作用

社会保险是现代社会经济生活的重要方面，是一项重要的社会政策，它既是劳动者享有的维持基本生活的权利，也是政府应承担的义务，对保障人民基本生活、维护社会稳定、促进经济发展起着重要作用。其作用主要表现在：它能够保障人民生活基本需要，维护社会稳定，起到社会"安全网"和"稳定器"的作用。社会保险的作用具体体现在以下几方面：

第一，社会保险能发挥社会稳定器的作用。社会成员的老、弱、病、残、孕以及丧失劳动能力，是在任何时代和任何社会制度下都无法避免的客观现象。社会保险就是当社会成员遇到这种情况时，给予适当的补偿以保障其基本生活水平，从而防止不安定因素的出现。

第二，社会保险有利于保证社会劳动力再生产顺利进行。劳动者在劳动过程中必然会遇到各种意外事件，造成劳动力再生产过程的停顿。而社会保险就是对劳动者在遇到上述风险事故时给予必要的经济补偿和生活保障，使劳动力得以恢复。

第三，社会保险有利于实现社会公平。由于人们在文化水平、劳动能力等方面的差异，就会造成收入上的差距。社会保险可以通过强制征收保险费，形成保险基金，对收入较低或失去收入来源的劳动者给予补助，提高其生活水平，在一定程度上实现社会的公平分配。

第四，社会保险有利于推动社会进步。保险具有互助性的特点，社会保险更能体现出互助合作、同舟共济的精神。

第二节　社会保险的内容

社会保险的目标是预防风险，从这个意义上可以说，现代社会经济生活中的风险决定了社会保险的内容。在现代社会中，可能使人们收入中断、减少或丧失的经济风险有：年老、疾病、工伤或职业病、生育、死亡、失业。针对上述几种风险，社会保险设置了养老保险、医疗保险、工伤保险、生育保险、失业等多个项目。

一、养老保险

养老或退休保险是社会保险制度的重要内容，也是整个社会保障制度中最基本的内容。在当今世界上，离开养老问题来谈论社会保险或社会保障，几乎是不可思议的。因为现代社会中人口老龄化和家庭小型化不可逆转的趋势，使传统的家庭保障在满足老年人的基本生活需求方面处于捉襟见肘的窘境，所以社会不得不担负起因为生理或社会的原因无法再以劳动为主要谋生手段的老年人的责任。这就是养老保险产生与发展的社会和经济背景。

养老保险是以保障法定范围内的老年人在完全或基本退出社会劳动生涯后仍有足以满足基本生活需求的稳定可靠的经济来源为目的的社会保险项目。这一概念的界定包括三层含义：

第一，养老保险是在法定范围内的老年人完全或基本退出社会劳动生涯后才自动发生作用的。这里所说的"完全"，是以其与生产资料的脱离为特征的，是为"退休"；这里所说的"基本"，指的是参加生产活动已不成其为主要社会生活内容，是为"养老"。必须强调的是，法定的年龄界限才是切实可行的实践标准。

第二，养老保险的目的是为老年人提供保障其基本生活需求的稳定可靠的生活来源。

第三，养老保险是以社会保险为手段来达到保障目的的。

二、医疗保险

医疗保险是社会保险制度的基本内容之一，是当今世界各国普遍推行的社会保险项目。在现代社会中，疾病是劳动者时常可能遭遇的而且对他们威胁较大的风险之一。它不仅使劳动者在患病期间收入中断、减少或丧失，而且在医疗方面又必须支出费用，这就使劳动者一旦患病便在经济上处于内外交困的窘境。因此，即使从维护劳动力再生产的角度出发，社会也必须承担起为劳动者提供对付疾病风险的保障的责任。

医疗保险是向法定范围内的劳动者部分或全部提供预防和治疗疾病的费用，并保证其在病假期间的经济来源，保障其基本生活需求的社会保险项目。这一概念的界定包括三层含义：

第一，医疗保险一般被用来对付法定范围内的劳动者因疾病而导致的两个方面的经济风险：一是支付预防或治疗疾病的费用，二是保证病假期间的经济来源。

第二，医疗保险的具体做法因时间、空间和法定对象的不同而表现出极大的差异，有的是"全部"负担，具体的标准一般以保障基本生活需求为最低标准。

第三，医疗保险是以社会保险为手段来达到保障目的的。

三、工伤保险

工伤保险是社会保险制度的内容之一，也是整个社会保障体制中又一个最基本的内容。当今世界各国的社会保障体制中忽略工伤保险的极为罕见。在工业社会中，工伤（含职业病）被从一般的伤害疾病中突出出来加以强调，是因为这种打上"职业"烙印的伤病是同雇主或企业的责任相关的，而与劳动者本人的责任无关。因此，雇主和企业在经济上分担的份额更大，它作为对受到损害的劳动者的经济补偿被计划得更为周全。

工伤保险是向法定范围的劳动者补偿其因职业伤病而导致的全部经济损失，包括预防、治疗、护理、康复和疗养的费用，以及在收入方面保证其生活水平不致于因职业伤病下降的社会保险项目。这一概念的界定包括三层含义：

第一，工伤保险是打上了"职业"烙印的。因此，作为一种经济补偿，它必须帮助劳动者对付来自两个方面的经济风险：一是必须提供预防、治疗、护理、康复和疗养的全部费用，二是必须保证受到职业伤害者的经济来源。

第二，工伤和职业病保险作为对劳动者因受到职业伤害而丧失的劳动能力的完全补偿，具体标准一般较高，它必须保障受到损害的劳动者生活水平不致因此而下降。

第三，工伤和职业病保险除用社会保险的手段来达到目的之外，采用雇主责任制或企业责任制的方法也较为常见，采用社会保险的方法也大大增加雇主或企业分摊的份额。

四、生育保险

生育保险是社会保险制度的基本内容之一。生育问题是有关人类繁衍生存和劳动力再生产的大事，所以受到了普遍的关注。但是，由于国情的不同，世界各国的人口政策也大相径庭，因此生育保险必然要打上人口政策的烙印——或鼓励生育，或控制生育。

生育保险是向法定范围内的劳动者，尤其是妇女部分或全部提供怀孕、生产、哺育期间的医护费用，保证产假和哺育假期间的经济来源，使其不致于因生育而基本生活需求没有保障的社会保险项目。这一概念的界定包括三层含义：

第一，生育保险一般被用来帮助法定范围内的劳动者对付因生育而导致的两个方面的经济风险：一是怀孕、生产、哺乳期间的医护费用，二是产假和哺育假期间的经济来源。

第二，生育保险因人口政策的不同而表现出极大的差异，有的鼓励生育，有的控制生育，但都以保证劳动者不致因生育而不能保障基本生活需求为限。

第三，生育保险是以社会保险为手段来达到保险目的的，但大多数是将妇女作为直接受益者。

五、失业保险

失业保险是社会保险制度的基本内容之一。在商品经济社会中，有竞争就有优胜劣汰，因此靠工资薪水度日的劳动者有失业之忧，一旦成为竞争中的失败者，这部分人就有生计断绝的风险。保障这部分最有可能成为社会不安定因素的人的基本生活需求，就成了社会为消除动乱之隐患而普遍关注的重要问题。

失业保险是在法定范围内的靠工资薪水度日的劳动者因失业而丧失经济来源时，按法定时限保障其基本生活需求的社会保险项目。这一概念的界定包括三层含义：

第一，失业保险是针对劳动者阶层而言的，失业是工薪劳动者在职业竞争中被淘汰，失业的后果都是使人生计断绝。于是，当失业或破产的情况一旦发生，失业或破产保险就自动发生作用。

第二，失业保险是帮助失业者或破产者在再次就业或东山再起之前维持基本生活需求的，而且有法定时限。

第三，失业保险是以社会保险为手段达到保障目的的。

第三节 社会保险与商业人身保险比较

社会保险与商业人身保险都是通过建立保险基金的方式应付风险，以保证社会经济生活的稳定，并且其保险标的都是人的生命和身体。由于社会保险是由最初的互助组织经过商业人身保险演变而成，因此商业人身保险在保险技术方面的基本属性、财务收入与支出的平衡以及其他保险原理的运用，也适用于社会保险。但二者在性质、对象、实施方式、保障水平、保费来源、经营目的、调整依据等方面均不同。

一、保险性质不同

社会保险是国家保障劳动者基本生活的一项社会政策，当被保险人在遇到生育、老年、疾病、伤残、失业等风险而丧失劳动能力或暂时中断收入时，都有从社会获得基本生活保障的权利，同时也是政府应承担的责任，属于政策性保险，属于政府行为。商业人身保险属于商业性质，是商业保险的一种形式，其行为是等价交换的买卖行为。

二、保险对象不同

社会保险的保险对象是法令规定的社会劳动者，有的国家甚至扩展到全体公民，凡属法律规定属于社会保险的保险对象，都必须参加，社会化程度高。商业人身保险的保险对象较灵活，是一切自愿投保的国民，无论是劳动者还是非劳动者，均可投保，可由个人根据需要选择投保。但实际上，往往劳动者，尤其是低收入劳动者，无力参加商业人身保险。社会保险是为了社会政策的实施，以解决社会问题为目的。某种现象成为社会问题必然与大多数人发生关系。少数人之间发生的问题，不能成为社会问题，也无所谓社会政策。虽然各种保险无不以多数人加入为要件，但社会保险所需的大多数人足以引起社会问题，必须要采取社会政策。

三、实施方式不同

社会保险主要采取强制方式实施，属于强制保险。凡属于社会保险的保险对象，无论其是否愿意，都必须参加，并缴纳保费；当被保险人在遇到生育、老年、疾病、伤残、失业等风险而丧失劳动能力或暂时中断收入时，政府必须按法定标准给付。因为，社会保险既然以社会大多数人为对象，故必须有大多数人的加入，才能收到实施社会政策的效果。而商业人身保险一般采取自愿原则，主要属于自愿保险，投保人是否投保、投保什么险种、保险金额为多少等，主要由投保人自行决定。

四、保险关系建立依据不同

社会保险中保险人与被保险人之间保险关系的建立主要以法律为依据，如保险对象、保险资金来源、保费负担、给付资格、给付内容等均由法律规定，双方当事人不能另有约定。商业人身保险保险人与投保人之间的保险关系的建立完全依据保险合同的签订。通过保险合同确定双方权利义务关系，如保险人可因投保人不履行缴纳保险费的义务而有权停止被保险人或受益人在保险合同中享有的权利，但社会保险则不能。

五、保障水平不同

社会保险的保障水平是基本生活需要，其保障水平一般在贫困线以上，而在一般水平以下，过高会产生依赖和懒惰的副作用。商业人身保险的保障水平是满足人们对保障水平的特定需要，投保人可根据其面临的风险以及保费承受能力确定险种和保险金额，其保障水平多样，一般较社会保险的高，是社会保险的必要补充。

六、给付标准的依据不同

社会保险的给付标准主要取决于能提供社会劳动者某种程度基本生活的保障，并不一定与其所缴纳的保险费具有对价关系，即偏重于社会的适当性。商业人身保险则不然，给付保险金的高低与所缴纳保费之间，必然具有密切的关系，比较重视个别的公平性，支付保费多的人，得到的保险金额自然就高。社会保险中，如最低标准的订立、给付占保费的比例的增减、抚养家属的考虑，均为社会适当性的表现，在医疗给付和老年给付中尤为明显。

七、保费的承担者不同

社会保险的保费通常由劳动者个人、企业和国家三方共同分担。其基本原则主要是保障基本生活需要，而不特别强调权利与义务的对等，主要强调社会的公平性。个人负担多少，主要取决其经济承受能力，而不是将来给付的需要。因为社会保险是为了保障社会大多数人经济生活安全，而这些人在一般情况下均因无力支付保险费而不能参加商业人身保险，以致于一旦不幸事件发生，便使其经济生活陷于不安定状态，造成严重的社会问题。故社会保险的保费常由各方分担，以减轻被保险人的负担，使其有参加保险的机会。商业人身保险的保险费则完全由投保人负担，保险费负担的多少取决于给付被保险人保险金额的多少以及风险程度的高低，严格强调权利与义务对等的原则，强调个别的公平性。

八、经营主体不同

社会保险的经营主体是政府，包括政府设置的社会保险机构或政府委托的政策性金融机构或保险公司。商业人身保险的经营主体是保险公司，是营利性的企业法人。当然，社会保险应以何者为经营主体，学者间不一其说。据各国先例，有委托民间保险公司代办的，有利用非营利的社团办理的，也有由国家特设机构承办的。民营保险与公营保险，各有利弊。但就原则而论，社会保险以实施社会政策为目标，由非营利的社团或特设机构承办易于达到政策目标。

九、经营目的不同

社会保险不以营利为目的，而是为了确保社会安定、提高社会福利、促进经济增长、推动社会进步。商业人身保险必须以营利为目的。社会保险以某种职业或小额收入者为对象，他们虽有保险的需要，但因经济能力不足，苦于没有参加保险的机会，一旦风险发生，其经济生活不安定的现象对社会影响极大，故不能有营利的因素介入。同时，社会保险是以救济贫困者为目的的保险，既以救贫为目的，便不能以营利为手段。而商业人身保险则不然，虽然客观上也起到保障人民生活和稳定生产经营的作用，但为了市场竞争的需要，必须偏向于取得更多利润，以增强其竞争力。

十、调整的法律依据不同

社会保险调整的法律依据是《宪法》、《劳动法》、《社会保险法》及有关法律、法规。商业人身保险调整的法律依据是《保险法》及商业保险法律、法规。

本 章 小 结

社会保险是指通过国家立法的形式，以劳动者为对象，以劳动者的年老、疾病、伤残、失业、死亡、生育等特殊事件为保障内容，以政府强制实施为特点的一种保障制度。社会保险具有强制性、社会性、福利性、社会公平性、基本保障性、互济性、普遍保障性以及权利与义务的基本对等性。它是与商业保险不同的保险形式。

社会保险保费负担比例的决定因素主要有：保险险种的性质，被保险人、雇主和政府三方各自负担保险费的能力，国家的社会保险政策。社会保险费可由雇主、被保险人和政府中的一方或者多方负担。社会保险保费的计算大部分采取比例保费制。

养老保险是指国家通过立法，使劳动者在因年老而丧失劳动能力时，可以获得物质帮助以保障晚年基本生活需要的保险制度。

失业保险是指被保险人在受到本人所不能控制的社会或经济因素的影响，造成失业时，由社会保险机构根据事先约定给付被保险人保险金，以维持其最基本的生活水平的保险。失业保险的领取人必须符合一定的条件，失业保险金给付也必须遵循一定的原则。

疾病保险是国家、企业对职工在其因病而暂时丧失劳动能力时，给予必要的物质帮助的一种社会保险。实施疾病保险的基本目的在于使劳动者患病后能够尽快得到康复、恢复劳动能力重新回到生产和工作岗位。被保险人必须符合一定的标准方能领取疾病保险金。

生育保险是在女性劳动者因生育子女而暂时丧失劳动能力时，由社会保险机构给予的物质保障的一种社会保险。

工伤保险是以劳动者在劳动过程中发生的各种意外事故或职业伤害为保障风险，由国家或社会给予因工伤、接触职业性有毒有害物质等而致残者及其家属提供物质帮助的一种社会保险。

重 要 概 念

养老保险　失业保险　疾病保险　生育保险　工伤保险　固定比例制　累进比例制　现收现付方式　完全积累式　部分积累式

复习思考题

1. 什么是社会保险？

2. 社会保险的特点是什么？

3. 比较社会保险和商业人身保险。

4. 养老、失业、医疗、工伤、生育保险各有什么特点？

附 录 一

中华人民共和国主席令

第十一号

《中华人民共和国保险法》已由中华人民共和国第十一届全国人民代表大会常务委员会第七次会议于 2009 年 2 月 28 日修订通过，现将修订后的《中华人民共和国保险法》公布，自 2009 年 10 月 1 日起施行。

中华人民共和国主席　胡锦涛

2009 年 2 月 28 日

中华人民共和国保险法

（1995 年 6 月 30 日第八届全国人民代表大会常务委员会第十四次会议通过根据 2002 年 10 月 28 日第九届全国人民代表大会常务委员会第三十次会议《关于修改〈中华人民共和国保险法〉的决定》修正 2009 年 2 月 28 日第十一届全国人民代表大会常务委员会第七次会议修订）

目　录

第一章　总　　则

第一条　为了规范保险活动，保护保险活动当事人的合法权益，加强对保险业的监督管理，维护社会经济秩序和社会公共利益，促进保险事业的健康发展，制定本法。

第二条　本法所称保险，是指投保人根据合同约定，向保险人支付保险费，保险人对于合同约定的可能发生的事故因其发生所造成的财产损失承担赔偿保险金责任，或者当被保险人死亡、伤残、疾病或者达到合同约定的年龄、期限等条件时承担给付保险金责任的商业保险行为。

第三条　在中华人民共和国境内从事保险活动，适用本法。

第四条　从事保险活动必须遵守法律、行政法规，尊重社会公德，不得损害社会公共利益。

第五条　保险活动当事人行使权利、履行义务应当遵循诚实信用原则。

第六条　保险业务由依照本法设立的保险公司以及法律、行政法规规定的其他保险组织经营，其他单位和个人不得经营保险业务。

第七条 在中华人民共和国境内的法人和其他组织需要办理境内保险的，应当向中华人民共和国境内的保险公司投保。

第八条 保险业和银行业、证券业、信托业实行分业经营、分业管理，保险公司与银行、证券、信托业务机构分别设立。国家另有规定的除外。

第九条 国务院保险监督管理机构依法对保险业实施监督管理。

国务院保险监督管理机构根据履行职责的需要设立派出机构。派出机构按照国务院保险监督管理机构的授权履行监督管理职责。

第二章　保险合同

第一节　一般规定

第十条 保险合同是投保人与保险人约定保险权利义务关系的协议。

投保人是指与保险人订立保险合同，并按照合同约定负有支付保险费义务的人。

保险人是指与投保人订立保险合同，并按照合同约定承担赔偿或者给付保险金责任的保险公司。

第十一条 订立保险合同，应当协商一致，遵循公平原则确定各方的权利和义务。

除法律、行政法规规定必须保险的外，保险合同自愿订立。

第十二条 人身保险的投保人在保险合同订立时，对被保险人应当具有保险利益。

财产保险的被保险人在保险事故发生时，对保险标的应当具有保险利益。

人身保险是以人的寿命和身体为保险标的的保险。

财产保险是以财产及其有关利益为保险标的的保险。

被保险人是指其财产或者人身受保险合同保障，享有保险金请求权的人。投保人可以为被保险人。

保险利益是指投保人或者被保险人对保险标的具有的法律上承认

的利益。

第十三条　投保人提出保险要求，经保险人同意承保，保险合同成立。保险人应当及时向投保人签发保险单或者其他保险凭证。

保险单或者其他保险凭证应当载明当事人双方约定的合同内容。当事人也可以约定采用其他书面形式载明合同内容。

依法成立的保险合同，自成立时生效。投保人和保险人可以对合同的效力约定附条件或者附期限。

第十四条　保险合同成立后，投保人按照约定交付保险费，保险人按照约定的时间开始承担保险责任。

第十五条　除本法另有规定或者保险合同另有约定外，保险合同成立后，投保人可以解除合同，保险人不得解除合同。

第十六条　订立保险合同，保险人就保险标的或者被保险人的有关情况提出询问的，投保人应当如实告知。

投保人故意或者因重大过失未履行前款规定的如实告知义务，足以影响保险人决定是否同意承保或者提高保险费率的，保险人有权解除合同。

前款规定的合同解除权，自保险人知道有解除事由之日起，超过三十日不行使而消灭。自合同成立之日起超过二年的，保险人不得解除合同；发生保险事故的，保险人应当承担赔偿或者给付保险金的责任。

投保人故意不履行如实告知义务的，保险人对于合同解除前发生的保险事故，不承担赔偿或者给付保险金的责任，并不退还保险费。

投保人因重大过失未履行如实告知义务，对保险事故的发生有严重影响的，保险人对于合同解除前发生的保险事故，不承担赔偿或者给付保险金的责任，但应当退还保险费。

保险人在合同订立时已经知道投保人未如实告知的情况的，保险人不得解除合同；发生保险事故的，保险人应当承担赔偿或者给付保险金的责任。

保险事故是指保险合同约定的保险责任范围内的事故。

第十七条　订立保险合同，采用保险人提供的格式条款的，保险人向投保人提供的投保单应当附格式条款，保险人应当向投保人说明合同的内容。

对保险合同中免除保险人责任的条款，保险人在订立合同时应当在投保单、保险单或者其他保险凭证上作出足以引起投保人注意的提示，并对该条款的内容以书面或者口头形式向投保人作出明确说明；未作提示或者明确说明的，该条款不产生效力。

第十八条 保险合同应当包括下列事项：

（一）保险人的名称和住所；

（二）投保人、被保险人的姓名或者名称、住所，以及人身保险的受益人的姓名或者名称、住所；

（三）保险标的；

（四）保险责任和责任免除；

（五）保险期间和保险责任开始时间；

（六）保险金额；

（七）保险费以及支付办法；

（八）保险金赔偿或者给付办法；

（九）违约责任和争议处理；

（十）订立合同的年、月、日。

投保人和保险人可以约定与保险有关的其他事项。

受益人是指人身保险合同中由被保险人或者投保人指定的享有保险金请求权的人。投保人、被保险人可以为受益人。

保险金额是指保险人承担赔偿或者给付保险金责任的最高限额。

第十九条 采用保险人提供的格式条款订立的保险合同中的下列条款无效：

（一）免除保险人依法应承担的义务或者加重投保人、被保险人责任的；

（二）排除投保人、被保险人或者受益人依法享有的权利的。

第二十条 投保人和保险人可以协商变更合同内容。

变更保险合同的，应当由保险人在保险单或者其他保险凭证上批注或者附贴批单，或者由投保人和保险人订立变更的书面协议。

第二十一条　投保人、被保险人或者受益人知道保险事故发生后，应当及时通知保险人。故意或者因重大过失未及时通知，致使保险事故的性质、原因、损失程度等难以确定的，保险人对无法确定的部分，不承担赔偿或者给付保险金的责任，但保险人通过其他途径已经及时知道或者应当及时知道保险事故发生的除外。

第二十二条　保险事故发生后，按照保险合同请求保险人赔偿或者给付保险金时，投保人、被保险人或者受益人应当向保险人提供其所能提供的与确认保险事故的性质、原因、损失程度等有关的证明和资料。

保险人按照合同的约定，认为有关的证明和资料不完整的，应当及时一次性通知投保人、被保险人或者受益人补充提供。

第二十三条　保险人收到被保险人或者受益人的赔偿或者给付保险金的请求后，应当及时作出核定；情形复杂的，应当在三十日内作出核定，但合同另有约定的除外。保险人应当将核定结果通知被保险人或者受益人；对属于保险责任的，在与被保险人或者受益人达成赔偿或者给付保险金的协议后十日内，履行赔偿或者给付保险金义务。保险合同对赔偿或者给付保险金的期限有约定的，保险人应当按照约定履行赔偿或者给付保险金义务。

保险人未及时履行前款规定义务的，除支付保险金外，应当赔偿被保险人或者受益人因此受到的损失。

任何单位和个人不得非法干预保险人履行赔偿或者给付保险金的义务，也不得限制被保险人或者受益人取得保险金的权利。

第二十四条　保险人依照本法第二十三条的规定作出核定后，对不属于保险责任的，应当自作出核定之日起三日内向被保险人或者受益人发出拒绝赔偿或者拒绝给付保险金通知书，并说明理由。

第二十五条　保险人自收到赔偿或者给付保险金的请求和有关证明、资料之日起六十日内，对其赔偿或者给付保险金的数额不能确定的，应当根据已有证明和资料可以确定的数额先予支付；保险人最终确定赔偿或者给付保险金的数额后，应当支付相应的差额。

第二十六条　人寿保险以外的其他保险的被保险人或者受益人，

向保险人请求赔偿或者给付保险金的诉讼时效期间为二年，自其知道或者应当知道保险事故发生之日起计算。

人寿保险的被保险人或者受益人向保险人请求给付保险金的诉讼时效期间为五年，自其知道或者应当知道保险事故发生之日起计算。

第二十七条　未发生保险事故，被保险人或者受益人谎称发生了保险事故，向保险人提出赔偿或者给付保险金请求的，保险人有权解除合同，并不退还保险费。

投保人、被保险人故意制造保险事故的，保险人有权解除合同，不承担赔偿或者给付保险金的责任；除本法第四十三条规定外，不退还保险费。

保险事故发生后，投保人、被保险人或者受益人以伪造、变造的有关证明、资料或者其他证据，编造虚假的事故原因或者夸大损失程度的，保险人对其虚报的部分不承担赔偿或者给付保险金的责任。

投保人、被保险人或者受益人有前三款规定行为之一，致使保险人支付保险金或者支出费用的，应当退回或者赔偿。

第二十八条　保险人将其承担的保险业务，以分保形式部分转移给其他保险人的，为再保险。

应再保险接受人的要求，再保险分出人应当将其自负责任及原保险的有关情况书面告知再保险接受人。

第二十九条　再保险接受人不得向原保险的投保人要求支付保险费。

原保险的被保险人或者受益人不得向再保险接受人提出赔偿或者给付保险金的请求。

再保险分出人不得以再保险接受人未履行再保险责任为由，拒绝履行或者迟延履行其原保险责任。

第三十条　采用保险人提供的格式条款订立的保险合同，保险人与投保人、被保险人或者受益人对合同条款有争议的，应当按照通常理解予以解释。对合同条款有两种以上解释的，人民法院或者仲裁机构应当作出有利于被保险人和受益人的解释。

第二节　人身保险合同

第三十一条　投保人对下列人员具有保险利益：

（一）本人；

（二）配偶、子女、父母；

（三）前项以外与投保人有抚养、赡养或者扶养关系的家庭其他成员、近亲属；

（四）与投保人有劳动关系的劳动者。

除前款规定外，被保险人同意投保人为其订立合同的，视为投保人对被保险人具有保险利益。

订立合同时，投保人对被保险人不具有保险利益的，合同无效。

第三十二条　投保人申报的被保险人年龄不真实，并且其真实年龄不符合合同约定的年龄限制的，保险人可以解除合同，并按照合同约定退还保险单的现金价值。保险人行使合同解除权，适用本法第十六条第三款、第六款的规定。

投保人申报的被保险人年龄不真实，致使投保人支付的保险费少于应付保险费的，保险人有权更正并要求投保人补交保险费，或者在给付保险金时按照实付保险费与应付保险费的比例支付。

投保人申报的被保险人年龄不真实，致使投保人支付的保险费多于应付保险费的，保险人应当将多收的保险费退还投保人。

第三十三条　投保人不得为无民事行为能力人投保以死亡为给付保险金条件的人身保险，保险人也不得承保。

父母为其未成年子女投保的人身保险，不受前款规定限制。但是，因被保险人死亡给付的保险金总和不得超过国务院保险监督管理机构规定的限额。

第三十四条　以死亡为给付保险金条件的合同，未经被保险人同意并认可保险金额的，合同无效。

按照以死亡为给付保险金条件的合同所签发的保险单，未经被保险人书面同意，不得转让或者质押。

父母为其未成年子女投保的人身保险，不受本条第一款规定限制。

第三十五条 投保人可以按照合同约定向保险人一次支付全部保险费或者分期支付保险费。

第三十六条 合同约定分期支付保险费，投保人支付首期保险费后，除合同另有约定外，投保人自保险人催告之日起超过三十日未支付当期保险费，或者超过约定的期限六十日未支付当期保险费的，合同效力中止，或者由保险人按照合同约定的条件减少保险金额。

被保险人在前款规定期限内发生保险事故的，保险人应当按照合同约定给付保险金，但可以扣减欠交的保险费。

第三十七条 合同效力依照本法第三十六条规定中止的，经保险人与投保人协商并达成协议，在投保人补交保险费后，合同效力恢复。但是，自合同效力中止之日起满二年双方未达成协议的，保险人有权解除合同。

保险人依照前款规定解除合同的，应当按照合同约定退还保险单的现金价值。

第三十八条 保险人对人寿保险的保险费，不得用诉讼方式要求投保人支付。

第三十九条 人身保险的受益人由被保险人或者投保人指定。

投保人指定受益人时须经被保险人同意。投保人为与其有劳动关系的劳动者投保人身保险，不得指定被保险人及其近亲属以外的人为受益人。

被保险人为无民事行为能力人或者限制民事行为能力人的，可以由其监护人指定受益人。

第四十条 被保险人或者投保人可以指定一人或者数人为受益人。

受益人为数人的，被保险人或者投保人可以确定受益顺序和受益份额；未确定受益份额的，受益人按照相等份额享有受益权。

第四十一条 被保险人或者投保人可以变更受益人并书面通知保险人。保险人收到变更受益人的书面通知后，应当在保险单或者其他保险凭证上批注或者附贴批单。

投保人变更受益人时须经被保险人同意。

第四十二条 被保险人死亡后，有下列情形之一的，保险金作为被保险人的遗产，由保险人依照《中华人民共和国继承法》的规定履行给付保险金的义务：

（一）没有指定受益人，或者受益人指定不明无法确定的；

（二）受益人先于被保险人死亡，没有其他受益人的；

（三）受益人依法丧失受益权或者放弃受益权，没有其他受益人的。

受益人与被保险人在同一事件中死亡，且不能确定死亡先后顺序的，推定受益人死亡在先。

第四十三条　投保人故意造成被保险人死亡、伤残或者疾病的，保险人不承担给付保险金的责任。投保人已交足二年以上保险费的，保险人应当按照合同约定向其他权利人退还保险单的现金价值。

受益人故意造成被保险人死亡、伤残、疾病的，或者故意杀害被保险人未遂的，该受益人丧失受益权。

第四十四条　以被保险人死亡为给付保险金条件的合同，自合同成立或者合同效力恢复之日起二年内，被保险人自杀的，保险人不承担给付保险金的责任，但被保险人自杀时为无民事行为能力人的除外。

保险人依照前款规定不承担给付保险金责任的，应当按照合同约定退还保险单的现金价值。

第四十五条　因被保险人故意犯罪或者抗拒依法采取的刑事强制措施导致其伤残或者死亡的，保险人不承担给付保险金的责任。投保人已交足二年以上保险费的，保险人应当按照合同约定退还保险单的现金价值。

第四十六条　被保险人因第三者的行为而发生死亡、伤残或者疾病等保险事故的，保险人向被保险人或者受益人给付保险金后，不享有向第三者追偿的权利，但被保险人或者受益人仍有权向第三者请求赔偿。

第四十七条　投保人解除合同的，保险人应当自收到解除合同通知之日起三十日内，按照合同约定退还保险单的现金价值。

第三节　财产保险合同

第四十八条　保险事故发生时，被保险人对保险标的不具有保险利益的，不得向保险人请求赔偿保险金。

第四十九条　保险标的转让的，保险标的的受让人承继被保险人的权利和义务。

保险标的转让的，被保险人或者受让人应当及时通知保险人，但货物运输保险合同和另有约定的合同除外。

因保险标的转让导致危险程度显著增加的，保险人自收到前款规定的通知之日起三十日内，可以按照合同约定增加保险费或者解除合同。保险人解除合同的，应当将已收取的保险费，按照合同约定扣除自保险责任开始之日起至合同解除之日止应收的部分后，退还投保人。

被保险人、受让人未履行本条第二款规定的通知义务的，因转让导致保险标的的危险程度显著增加而发生的保险事故，保险人不承担赔偿保险金的责任。

第五十条　货物运输保险合同和运输工具航程保险合同，保险责任开始后，合同当事人不得解除合同。

第五十一条　被保险人应当遵守国家有关消防、安全、生产操作、劳动保护等方面的规定，维护保险标的的安全。

保险人可以按照合同约定对保险标的的安全状况进行检查，及时向投保人、被保险人提出消除不安全因素和隐患的书面建议。

投保人、被保险人未按照约定履行其对保险标的的安全应尽责任的，保险人有权要求增加保险费或者解除合同。

保险人为维护保险标的的安全，经被保险人同意，可以采取安全预防措施。

第五十二条　在合同有效期内，保险标的的危险程度显著增加的，被保险人应当按照合同约定及时通知保险人，保险人可以按照合同约定增加保险费或者解除合同。保险人解除合同的，应当将已收取的保险费，按照合同约定扣除自保险责任开始之日起至合同解除之日止应收的部分后，退还投保人。

被保险人未履行前款规定的通知义务的，因保险标的的危险程度显著增加而发生的保险事故，保险人不承担赔偿保险金的责任。

第五十三条　有下列情形之一的，除合同另有约定外，保险人应当降低保险费，并按日计算退还相应的保险费：

（一）据以确定保险费率的有关情况发生变化，保险标的的危险程度明显减少的；

（二）保险标的的保险价值明显减少的。

第五十四条 保险责任开始前，投保人要求解除合同的，应当按照合同约定向保险人支付手续费，保险人应当退还保险费。保险责任开始后，投保人要求解除合同的，保险人应当将已收取的保险费，按照合同约定扣除自保险责任开始之日起至合同解除之日止应收的部分后，退还投保人。

第五十五条 投保人和保险人约定保险标的的保险价值并在合同中载明的，保险标的发生损失时，以约定的保险价值为赔偿计算标准。

投保人和保险人未约定保险标的的保险价值的，保险标的发生损失时，以保险事故发生时保险标的的实际价值为赔偿计算标准。

保险金额不得超过保险价值。超过保险价值的，超过部分无效，保险人应当退还相应的保险费。

保险金额低于保险价值的，除合同另有约定外，保险人按照保险金额与保险价值的比例承担赔偿保险金的责任。

第五十六条 重复保险的投保人应当将重复保险的有关情况通知各保险人。

重复保险的各保险人赔偿保险金的总和不得超过保险价值。除合同另有约定外，各保险人按照其保险金额与保险金额总和的比例承担赔偿保险金的责任。

重复保险的投保人可以就保险金额总和超过保险价值的部分，请求各保险人按比例返还保险费。

重复保险是指投保人对同一保险标的、同一保险利益、同一保险事故分别与两个以上保险人订立保险合同，且保险金额总和超过保险价值的保险。

第五十七条 保险事故发生时，被保险人应当尽力采取必要的措施，防止或者减少损失。

保险事故发生后，被保险人为防止或者减少保险标的的损失所支付的必要的、合理的费用，由保险人承担；保险人所承担的费用数额在保险标的损失赔偿金额以外另行计算，最高不超过保险金额的数额。

第五十八条　保险标的发生部分损失的，自保险人赔偿之日起三十日内，投保人可以解除合同；除合同另有约定外，保险人也可以解除合同，但应当提前十五日通知投保人。

合同解除的，保险人应当将保险标的未受损失部分的保险费，按照合同约定扣除自保险责任开始之日起至合同解除之日止应收的部分后，退还投保人。

第五十九条　保险事故发生后，保险人已支付了全部保险金额，并且保险金额等于保险价值的，受损保险标的的全部权利归于保险人；保险金额低于保险价值的，保险人按照保险金额与保险价值的比例取得受损保险标的的部分权利。

第六十条　因第三者对保险标的的损害而造成保险事故的，保险人自向被保险人赔偿保险金之日起，在赔偿金额范围内代位行使被保险人对第三者请求赔偿的权利。

前款规定的保险事故发生后，被保险人已经从第三者取得损害赔偿的，保险人赔偿保险金时，可以相应扣减被保险人从第三者已取得的赔偿金额。

保险人依照本条第一款规定行使代位请求赔偿的权利，不影响被保险人就未取得赔偿的部分向第三者请求赔偿的权利。

第六十一条　保险事故发生后，保险人未赔偿保险金之前，被保险人放弃对第三者请求赔偿的权利的，保险人不承担赔偿保险金的责任。

保险人向被保险人赔偿保险金后，被保险人未经保险人同意放弃对第三者请求赔偿的权利的，该行为无效。

被保险人故意或者因重大过失致使保险人不能行使代位请求赔偿的权利的，保险人可以扣减或者要求返还相应的保险金。

第六十二条　除被保险人的家庭成员或者其组成人员故意造成本法第六十条第一款规定的保险事故外，保险人不得对被保险人的家庭成员或者其组成人员行使代位请求赔偿的权利。

第六十三条 保险人向第三者行使代位请求赔偿的权利时，被保险人应当向保险人提供必要的文件和所知道的有关情况。

第六十四条 保险人、被保险人为查明和确定保险事故的性质、原因和保险标的的损失程度所支付的必要的、合理的费用，由保险人承担。

第六十五条 保险人对责任保险的被保险人给第三者造成的损害，可以依照法律的规定或者合同的约定，直接向该第三者赔偿保险金。

责任保险的被保险人给第三者造成损害，被保险人对第三者应负的赔偿责任确定的，根据被保险人的请求，保险人应当直接向该第三者赔偿保险金。被保险人怠于请求的，第三者有权就其应获赔偿部分直接向保险人请求赔偿保险金。

责任保险的被保险人给第三者造成损害，被保险人未向该第三者赔偿的，保险人不得向被保险人赔偿保险金。

责任保险是指以被保险人对第三者依法应负的赔偿责任为保险标的的保险。

第六十六条 责任保险的被保险人因给第三者造成损害的保险事故而被提起仲裁或者诉讼的，被保险人支付的仲裁或者诉讼费用以及其他必要的、合理的费用，除合同另有约定外，由保险人承担。

第三章 保险公司

第六十七条 设立保险公司应当经国务院保险监督管理机构批准。

国务院保险监督管理机构审查保险公司的设立申请时，应当考虑保险业的发展和公平竞争的需要。

第六十八条 设立保险公司应当具备下列条件：

（一）主要股东具有持续盈利能力，信誉良好，最近三年内无重大违法违规记录，净资产不低于人民币二亿元；

（二）有符合本法和《中华人民共和国公司法》规定的章程；

（三）有符合本法规定的注册资本；

（四）有具备任职专业知识和业务工作经验的董事、监事和高级管理人员；

（五）有健全的组织机构和管理制度；

（六）有符合要求的营业场所和与经营业务有关的其他设施；

（七）法律、行政法规和国务院保险监督管理机构规定的其他条件。

第六十九条 设立保险公司，其注册资本的最低限额为人民币二亿元。

国务院保险监督管理机构根据保险公司的业务范围、经营规模，可以调整其注册资本的最低限额，但不得低于本条第一款规定的限额。

保险公司的注册资本必须为实缴货币资本。

第七十条 申请设立保险公司，应当向国务院保险监督管理机构提出书面申请，并提交下列材料：

（一）设立申请书，申请书应当载明拟设立的保险公司的名称、注册资本、业务范围等；

（二）可行性研究报告；

（三）筹建方案；

（四）投资人的营业执照或者其他背景资料，经会计师事务所审计的上一年度财务会计报告；

（五）投资人认可的筹备组负责人和拟任董事长、经理名单及本人认可证明；

（六）国务院保险监督管理机构规定的其他材料。

第七十一条 国务院保险监督管理机构应当对设立保险公司的申请进行审查，自受理之日起六个月内作出批准或者不批准筹建的决定，并书面通知申请人。决定不批准的，应当书面说明理由。

第七十二条 申请人应当自收到批准筹建通知之日起一年内完成筹建工作；筹建期间不得从事保险经营活动。

第七十三条 筹建工作完成后，申请人具备本法第六十八条规定的设立条件的，可以向国务院保险监督管理机构提出开业申请。

国务院保险监督管理机构应当自受理开业申请之日起六十日内，作出批准或者不批准开业的决定。决定批准的，颁发经营保险业务许可证；决定不批准的，应当书面通知申请人并说明理由。

第七十四条　保险公司在中华人民共和国境内设立分支机构，应当经保险监督管理机构批准。

保险公司分支机构不具有法人资格，其民事责任由保险公司承担。

第七十五条　保险公司申请设立分支机构，应当向保险监督管理机构提出书面申请，并提交下列材料：

（一）设立申请书；

（二）拟设机构三年业务发展规划和市场分析材料；

（三）拟任高级管理人员的简历及相关证明材料；

（四）国务院保险监督管理机构规定的其他材料。

第七十六条　保险监督管理机构应当对保险公司设立分支机构的申请进行审查，自受理之日起六十日内作出批准或者不批准的决定。决定批准的，颁发分支机构经营保险业务许可证；决定不批准的，应当书面通知申请人并说明理由。

第七十七条　经批准设立的保险公司及其分支机构，凭经营保险业务许可证向工商行政管理机关办理登记，领取营业执照。

第七十八条　保险公司及其分支机构自取得经营保险业务许可证之日起六个月内，无正当理由未向工商行政管理机关办理登记的，其经营保险业务许可证失效。

第七十九条　保险公司在中华人民共和国境外设立子公司、分支机构、代表机构，应当经国务院保险监督管理机构批准。

第八十条　外国保险机构在中华人民共和国境内设立代表机构，应当经国务院保险监督管理机构批准。代表机构不得从事保险经营活动。

第八十一条　保险公司的董事、监事和高级管理人员，应当品行良好，熟悉与保险相关的法律、行政法规，具有履行职责所需的经营管理能力，并在任职前取得保险监督管理机构核准的任职资格。

保险公司高级管理人员的范围由国务院保险监督管理机构规定。

第八十二条　有《中华人民共和国公司法》第一百四十七条规定的情形或者下列情形之一的，不得担任保险公司的董事、监事、高级管理人员：

（一）因违法行为或者违纪行为被金融监督管理机构取消任职资格的金融机构的董事、监事、高级管理人员，自被取消任职资格之日起未逾五年的；

（二）因违法行为或者违纪行为被吊销执业资格的律师、注册会计师或者资产评估机构、验证机构等机构的专业人员，自被吊销执业资格之日起未逾五年的。

第八十三条　保险公司的董事、监事、高级管理人员执行公司职务时违反法律、行政法规或者公司章程的规定，给公司造成损失的，应当承担赔偿责任。

第八十四条　保险公司有下列情形之一的，应当经保险监督管理机构批准：

（一）变更名称；

（二）变更注册资本；

（三）变更公司或者分支机构的营业场所；

（四）撤销分支机构；

（五）公司分立或者合并；

（六）修改公司章程；

（七）变更出资额占有限责任公司资本总额百分之五以上的股东，或者变更持有股份有限公司股份百分之五以上的股东；

（八）国务院保险监督管理机构规定的其他情形。

第八十五条　保险公司应当聘用经国务院保险监督管理机构认可的精算专业人员，建立精算报告制度。

保险公司应当聘用专业人员，建立合规报告制度。

第八十六条　保险公司应当按照保险监督管理机构的规定，报送有关报告、报表、文件和资料。

保险公司的偿付能力报告、财务会计报告、精算报告、合规报告及其他有关报告、报表、文件和资料必须如实记录保险业务事项，不得有虚假记载、误导性陈述和重大遗漏。

第八十七条　保险公司应当按照国务院保险监督管理机构的规定妥善保管业务经营活动的完整账簿、原始凭证和有关资料。

前款规定的账簿、原始凭证和有关资料的保管期限，自保险合同终止之日起计算，保险期间在一年以下的不得少于五年，保险期间超过一年的不得少于十年。

第八十八条 保险公司聘请或者解聘会计师事务所、资产评估机构、资信评级机构等中介服务机构，应当向保险监督管理机构报告；解聘会计师事务所、资产评估机构、资信评级机构等中介服务机构，应当说明理由。

第八十九条 保险公司因分立、合并需要解散，或者股东会、股东大会决议解散，或者公司章程规定的解散事由出现，经国务院保险监督管理机构批准后解散。

经营有人寿保险业务的保险公司，除因分立、合并或者被依法撤销外，不得解散。

保险公司解散，应当依法成立清算组进行清算。

第九十条 保险公司有《中华人民共和国企业破产法》第二条规定情形的，经国务院保险监督管理机构同意，保险公司或者其债权人可以依法向人民法院申请重整、和解或者破产清算；国务院保险监督管理机构也可以依法向人民法院申请对该保险公司进行重整或者破产清算。

第九十一条 破产财产在优先清偿破产费用和共益债务后，按照下列顺序清偿：

（一）所欠职工工资和医疗、伤残补助、抚恤费用，所欠应当划入职工个人账户的基本养老保险、基本医疗保险费用，以及法律、行政法规规定应当支付给职工的补偿金；

（二）赔偿或者给付保险金；

（三）保险公司欠缴的除第（一）项规定以外的社会保险费用和所欠税款；

（四）普通破产债权。

破产财产不足以清偿同一顺序的清偿要求的，按照比例分配。

破产保险公司的董事、监事和高级管理人员的工资，按照该公司职工的平均工资计算。

第九十二条 经营有人寿保险业务的保险公司被依法撤销或者被依法宣告破产的，其持有的人寿保险合同及责任准备金，必须转让给其他经营有人寿保险业务的保险公司；不能同其他保险公司达成转让协议的，由国务院保险监督管理机构指定经营有人寿保险业务的保险公司接受转让。

转让或者由国务院保险监督管理机构指定接受转让前款规定的人寿保险合同及责任准备金的，应当维护被保险人、受益人的合法权益。

第九十三条 保险公司依法终止其业务活动，应当注销其经营保险业务许可证。

第九十四条 保险公司，除本法另有规定外，适用《中华人民共和国公司法》的规定。

第四章　保险经营规则

第九十五条 保险公司的业务范围：

（一）人身保险业务，包括人寿保险、健康保险、意外伤害保险等保险业务；

（二）财产保险业务，包括财产损失保险、责任保险、信用保险、保证保险等保险业务；

（三）国务院保险监督管理机构批准的与保险有关的其他业务。

保险人不得兼营人身保险业务和财产保险业务。但是，经营财产保险业务的保险公司经国务院保险监督管理机构批准，可以经营短期健康保险业务和意外伤害保险业务。

保险公司应当在国务院保险监督管理机构依法批准的业务范围内从事保险经营活动。

第九十六条 经国务院保险监督管理机构批准，保险公司可以经营本法第九十五条规定的保险业务的下列再保险业务：

（一）分出保险；

（二）分入保险。

第九十七条 保险公司应当按照其注册资本总额的百分之二十提取保证金，存入国务院保险监督管理机构指定的银行，除公司清算时用于清偿债务外，不得动用。

第九十八条　保险公司应当根据保障被保险人利益、保证偿付能力的原则，提取各项责任准备金。

保险公司提取和结转责任准备金的具体办法，由国务院保险监督管理机构制定。

第九十九条　保险公司应当依法提取公积金。

第一百条　保险公司应当缴纳保险保障基金。

保险保障基金应当集中管理，并在下列情形下统筹使用：

（一）在保险公司被撤销或者被宣告破产时，向投保人、被保险人或者受益人提供救济；

（二）在保险公司被撤销或者被宣告破产时，向依法接受其人寿保险合同的保险公司提供救济；

（三）国务院规定的其他情形。

保险保障基金筹集、管理和使用的具体办法，由国务院制定。

第一百零一条　保险公司应当具有与其业务规模和风险程度相适应的最低偿付能力。保险公司的认可资产减去认可负债的差额不得低于国务院保险监督管理机构规定的数额；低于规定数额的，应当按照国务院保险监督管理机构的要求采取相应措施达到规定的数额。

第一百零二条　经营财产保险业务的保险公司当年自留保险费，不得超过其实有资本金加公积金总和的四倍。

第一百零三条　保险公司对每一危险单位，即对一次保险事故可能造成的最大损失范围所承担的责任，不得超过其实有资本金加公积金总和的百分之十；超过的部分应当办理再保险。

保险公司对危险单位的划分应当符合国务院保险监督管理机构的规定。

第一百零四条　保险公司对危险单位的划分方法和巨灾风险安排方案，应当报国务院保险监督管理机构备案。

第一百零五条　保险公司应当按照国务院保险监督管理机构的规定办理再保险，并审慎选择再保险接受人。

第一百零六条　保险公司的资金运用必须稳健，遵循安全性原则。

保险公司的资金运用限于下列形式：

（一）银行存款；

（二）买卖债券、股票、证券投资基金份额等有价证券；

（三）投资不动产；

（四）国务院规定的其他资金运用形式。

保险公司资金运用的具体管理办法，由国务院保险监督管理机构依照前两款的规定制定。

第一百零七条 经国务院保险监督管理机构会同国务院证券监督管理机构批准，保险公司可以设立保险资产管理公司。

保险资产管理公司从事证券投资活动，应当遵守《中华人民共和国证券法》等法律、行政法规的规定。

保险资产管理公司的管理办法，由国务院保险监督管理机构会同国务院有关部门制定。

第一百零八条 保险公司应当按照国务院保险监督管理机构的规定，建立对关联交易的管理和信息披露制度。

第一百零九条 保险公司的控股股东、实际控制人、董事、监事、高级管理人员不得利用关联交易损害公司的利益。

第一百一十条 保险公司应当按照国务院保险监督管理机构的规定，真实、准确、完整地披露财务会计报告、风险管理状况、保险产品经营情况等重大事项。

第一百一十一条 保险公司从事保险销售的人员应当符合国务院保险监督管理机构规定的资格条件，取得保险监督管理机构颁发的资格证书。

前款规定的保险销售人员的范围和管理办法，由国务院保险监督管理机构规定。

第一百一十二条 保险公司应当建立保险代理人登记管理制度，加强对保险代理人的培训和管理，不得唆使、诱导保险代理人进行违背诚信义务的活动。

第一百一十三条 保险公司及其分支机构应当依法使用经营保险业务许可证，不得转让、出租、出借经营保险业务许可证。

第一百一十四条 保险公司应当按照国务院保险监督管理机构的规定，公平、合理拟订保险条款和保险费率，不得损害投保人、被保险人和受益人的合法权益。

保险公司应当按照合同约定和本法规定，及时履行赔偿或者给付保险金义务。

第一百一十五条 保险公司开展业务，应当遵循公平竞争的原则，不得从事不正当竞争。

第一百一十六条 保险公司及其工作人员在保险业务活动中不得有下列行为：

（一）欺骗投保人、被保险人或者受益人；

（二）对投保人隐瞒与保险合同有关的重要情况；

（三）阻碍投保人履行本法规定的如实告知义务，或者诱导其不履行本法规定的如实告知义务；

（四）给予或者承诺给予投保人、被保险人、受益人保险合同约定以外的保险费回扣或者其他利益；

（五）拒不依法履行保险合同约定的赔偿或者给付保险金义务；

（六）故意编造未曾发生的保险事故、虚构保险合同或者故意夸大已经发生的保险事故的损失程度进行虚假理赔，骗取保险金或者牟取其他不正当利益；

（七）挪用、截留、侵占保险费；

（八）委托未取得合法资格的机构或者个人从事保险销售活动；

（九）利用开展保险业务为其他机构或者个人牟取不正当利益；

（十）利用保险代理人、保险经纪人或者保险评估机构，从事以虚构保险中介业务或者编造退保等方式套取费用等违法活动；

（十一）以捏造、散布虚假事实等方式损害竞争对手的商业信誉，或者以其他不正当竞争行为扰乱保险市场秩序；

（十二）泄露在业务活动中知悉的投保人、被保险人的商业秘密；

（十三）违反法律、行政法规和国务院保险监督管理机构规定的其他行为。

第五章　保险代理人和保险经纪人

第一百一十七条　保险代理人是根据保险人的委托，向保险人收取佣金，并在保险人授权的范围内代为办理保险业务的机构或者个人。

保险代理机构包括专门从事保险代理业务的保险专业代理机构和兼营保险代理业务的保险兼业代理机构。

第一百一十八条　保险经纪人是基于投保人的利益，为投保人与保险人订立保险合同提供中介服务，并依法收取佣金的机构。

第一百一十九条　保险代理机构、保险经纪人应当具备国务院保险监督管理机构规定的条件，取得保险监督管理机构颁发的经营保险代理业务许可证、保险经纪业务许可证。

保险专业代理机构、保险经纪人凭保险监督管理机构颁发的许可证向工商行政管理机关办理登记，领取营业执照。

保险兼业代理机构凭保险监督管理机构颁发的许可证，向工商行政管理机关办理变更登记。

第一百二十条　以公司形式设立保险专业代理机构、保险经纪人，其注册资本最低限额适用《中华人民共和国公司法》的规定。

国务院保险监督管理机构根据保险专业代理机构、保险经纪人的业务范围和经营规模，可以调整其注册资本的最低限额，但不得低于《中华人民共和国公司法》规定的限额。

保险专业代理机构、保险经纪人的注册资本或者出资额必须为实缴货币资本。

第一百二十一条　保险专业代理机构、保险经纪人的高级管理人员，应当品行良好，熟悉保险法律、行政法规，具有履行职责所需的经营管理能力，并在任职前取得保险监督管理机构核准的任职资格。

第一百二十二条　个人保险代理人、保险代理机构的代理从业人员、保险经纪人的经纪从业人员，应当具备国务院保险监督管理机构规定的资格条件，取得保险监督管理机构颁发的资格证书。

第一百二十三条　保险代理机构、保险经纪人应当有自己的经营场所，设立专门账簿记载保险代理业务、经纪业务的收支情况。

第一百二十四条 保险代理机构、保险经纪人应当按照国务院保险监督管理机构的规定缴存保证金或者投保职业责任保险。未经保险监督管理机构批准，保险代理机构、保险经纪人不得动用保证金。

第一百二十五条 个人保险代理人在代为办理人寿保险业务时，不得同时接受两个以上保险人的委托。

第一百二十六条 保险人委托保险代理人代为办理保险业务，应当与保险代理人签订委托代理协议，依法约定双方的权利和义务。

第一百二十七条 保险代理人根据保险人的授权代为办理保险业务的行为，由保险人承担责任。

保险代理人没有代理权、超越代理权或者代理权终止后以保险人名义订立合同，使投保人有理由相信其有代理权的，该代理行为有效。保险人可以依法追究越权的保险代理人的责任。

第一百二十八条 保险经纪人因过错给投保人、被保险人造成损失的，依法承担赔偿责任。

第一百二十九条 保险活动当事人可以委托保险公估机构等依法设立的独立评估机构或者具有相关专业知识的人员，对保险事故进行评估和鉴定。

接受委托对保险事故进行评估和鉴定的机构和人员，应当依法、独立、客观、公正地进行评估和鉴定，任何单位和个人不得干涉。

前款规定的机构和人员，因故意或者过失给保险人或者被保险人造成损失的，依法承担赔偿责任。

第一百三十条 保险佣金只限于向具有合法资格的保险代理人、保险经纪人支付，不得向其他人支付。

第一百三十一条 保险代理人、保险经纪人及其从业人员在办理保险业务活动中不得有下列行为：

（一）欺骗保险人、投保人、被保险人或者受益人；

（二）隐瞒与保险合同有关的重要情况；

（三）阻碍投保人履行本法规定的如实告知义务，或者诱导其不履行本法规定的如实告知义务；

（四）给予或者承诺给予投保人、被保险人或者受益人保险合同约定以外的利益；

（五）利用行政权力、职务或者职业便利以及其他不正当手段强迫、引诱或者限制投保人订立保险合同；

（六）伪造、擅自变更保险合同，或者为保险合同当事人提供虚假证明材料；

（七）挪用、截留、侵占保险费或者保险金；

（八）利用业务便利为其他机构或者个人牟取不正当利益；

（九）串通投保人、被保险人或者受益人，骗取保险金；

（十）泄露在业务活动中知悉的保险人、投保人、被保险人的商业秘密。

第一百三十二条　保险专业代理机构、保险经纪人分立、合并、变更组织形式、设立分支机构或者解散的，应当经保险监督管理机构批准。

第一百三十三条　本法第八十六条第一款、第一百一十三条的规定，适用于保险代理机构和保险经纪人。

第六章　保险业监督管理

第一百三十四条　保险监督管理机构依照本法和国务院规定的职责，遵循依法、公开、公正的原则，对保险业实施监督管理，维护保险市场秩序，保护投保人、被保险人和受益人的合法权益。

第一百三十五条　国务院保险监督管理机构依照法律、行政法规制定并发布有关保险业监督管理的规章。

第一百三十六条　关系社会公众利益的保险险种、依法实行强制保险的险种和新开发的人寿保险险种等的保险条款和保险费率，应当报国务院保险监督管理机构批准。国务院保险监督管理机构审批时，应当遵循保护社会公众利益和防止不正当竞争的原则。其他保险险种的保险条款和保险费率，应当报保险监督管理机构备案。

保险条款和保险费率审批、备案的具体办法，由国务院保险监督管理机构依照前款规定制定。

第一百三十七条　保险公司使用的保险条款和保险费率违反法律、

行政法规或者国务院保险监督管理机构的有关规定的，由保险监督管理机构责令停止使用，限期修改；情节严重的，可以在一定期限内禁止申报新的保险条款和保险费率。

第一百三十八条 国务院保险监督管理机构应当建立健全保险公司偿付能力监管体系，对保险公司的偿付能力实施监控。

第一百三十九条 对偿付能力不足的保险公司，国务院保险监督管理机构应当将其列为重点监管对象，并可以根据具体情况采取下列措施：

（一）责令增加资本金、办理再保险；

（二）限制业务范围；

（三）限制向股东分红；

（四）限制固定资产购置或者经营费用规模；

（五）限制资金运用的形式、比例；

（六）限制增设分支机构；

（七）责令拍卖不良资产、转让保险业务；

（八）限制董事、监事、高级管理人员的薪酬水平；

（九）限制商业性广告；

（十）责令停止接受新业务。

第一百四十条 保险公司未依照本法规定提取或者结转各项责任准备金，或者未依照本法规定办理再保险，或者严重违反本法关于资金运用的规定的，由保险监督管理机构责令限期改正，并可以责令调整负责人及有关管理人员。

第一百四十一条 保险监督管理机构依照本法第一百四十条的规定作出限期改正的决定后，保险公司逾期未改正的，国务院保险监督管理机构可以决定选派保险专业人员和指定该保险公司的有关人员组成整顿组，对公司进行整顿。

整顿决定应当载明被整顿公司的名称、整顿理由、整顿组成员和整顿期限，并予以公告。

第一百四十二条 整顿组有权监督被整顿保险公司的日常业务。被整顿公司的负责人及有关管理人员应当在整顿组的监督下行使职权。

第一百四十三条 整顿过程中，被整顿保险公司的原有业务继续进行。但是，国务院保险监督管理机构可以责令被整顿公司停止部分原有业务、停止接受新业务，调整资金运用。

第一百四十四条 被整顿保险公司经整顿已纠正其违反本法规定的行为，恢复正常经营状况的，由整顿组提出报告，经国务院保险监督管理机构批准，结束整顿，并由国务院保险监督管理机构予以公告。

第一百四十五条 保险公司有下列情形之一的，国务院保险监督管理机构可以对其实行接管：

（一）公司的偿付能力严重不足的；

（二）违反本法规定，损害社会公共利益，可能严重危及或者已经严重危及公司的偿付能力的。

被接管的保险公司的债权债务关系不因接管而变化。

第一百四十六条 接管组的组成和接管的实施办法，由国务院保险监督管理机构决定，并予以公告。

第一百四十七条 接管期限届满，国务院保险监督管理机构可以决定延长接管期限，但接管期限最长不得超过二年。

第一百四十八条 接管期限届满，被接管的保险公司已恢复正常经营能力的，由国务院保险监督管理机构决定终止接管，并予以公告。

第一百四十九条 被整顿、被接管的保险公司有《中华人民共和国企业破产法》第二条规定情形的，国务院保险监督管理机构可以依法向人民法院申请对该保险公司进行重整或者破产清算。

第一百五十条 保险公司因违法经营被依法吊销经营保险业务许可证的，或者偿付能力低于国务院保险监督管理机构规定标准，不予撤销将严重危害保险市场秩序、损害公共利益的，由国务院保险监督管理机构予以撤销并公告，依法及时组织清算组进行清算。

第一百五十一条 国务院保险监督管理机构有权要求保险公司股东、实际控制人在指定的期限内提供有关信息和资料。

第一百五十二条 保险公司的股东利用关联交易严重损害公司利益，危及公司偿付能力的，由国务院保险监督管理机构责令改正。在按照要求改正前，国务院保险监督管理机构可以限制其股东权利；拒不改正的，可以责令其转让所持的保险公司股权。

第一百五十三条 保险监督管理机构根据履行监督管理职责的需要，可以与保险公司董事、监事和高级管理人员进行监督管理谈话，要求其就公司的业务活动和风险管理的重大事项作出说明。

第一百五十四条 保险公司在整顿、接管、撤销清算期间，或者出现重大风险时，国务院保险监督管理机构可以对该公司直接负责的董事、监事、高级管理人员和其他直接责任人员采取以下措施：

（一）通知出境管理机关依法阻止其出境；

（二）申请司法机关禁止其转移、转让或者以其他方式处分财产，或者在财产上设定其他权利。

第一百五十五条 保险监督管理机构依法履行职责，可以采取下列措施：

（一）对保险公司、保险代理人、保险经纪人、保险资产管理公司、外国保险机构的代表机构进行现场检查；

（二）进入涉嫌违法行为发生场所调查取证；

（三）询问当事人及与被调查事件有关的单位和个人，要求其对与被调查事件有关的事项作出说明；

（四）查阅、复制与被调查事件有关的财产权登记等资料；

（五）查阅、复制保险公司、保险代理人、保险经纪人、保险资产管理公司、外国保险机构的代表机构以及与被调查事件有关的单位和个人的财务会计资料及其他相关文件和资料；对可能被转移、隐匿或者毁损的文件和资料予以封存；

（六）查询涉嫌违法经营的保险公司、保险代理人、保险经纪人、保险资产管理公司、外国保险机构的代表机构以及与涉嫌违法事项有关的单位和个人的银行账户；

（七）对有证据证明已经或者可能转移、隐匿违法资金等涉案财产或者隐匿、伪造、毁损重要证据的，经保险监督管理机构主要负责人批准，申请人民法院予以冻结或者查封。

保险监督管理机构采取前款第（一）项、第（二）项、第（五）项措施的，应当经保险监督管理机构负责人批准；采取第（六）项措施的，应当经国务院保险监督管理机构负责人批准。

保险监督管理机构依法进行监督检查或者调查，其监督检查、调查的人员不得少于二人，并应当出示合法证件和监督检查、调查通知书；监督检查、调查的人员少于二人或者未出示合法证件和监督检查、调查通知书的，被检查、调查的单位和个人有权拒绝。

第一百五十六条　保险监督管理机构依法履行职责，被检查、调查的单位和个人应当配合。

第一百五十七条　保险监督管理机构工作人员应当忠于职守，依法办事，公正廉洁，不得利用职务便利牟取不正当利益，不得泄露所知悉的有关单位和个人的商业秘密。

第一百五十八条　国务院保险监督管理机构应当与中国人民银行、国务院其他金融监督管理机构建立监督管理信息共享机制。

保险监督管理机构依法履行职责，进行监督检查、调查时，有关部门应当予以配合。

第七章　法律责任

第一百五十九条　违反本法规定，擅自设立保险公司、保险资产管理公司或者非法经营商业保险业务的，由保险监督管理机构予以取缔，没收违法所得，并处违法所得一倍以上五倍以下的罚款；没有违法所得或者违法所得不足二十万元的，处二十万元以上一百万元以下的罚款。

第一百六十条　违反本法规定，擅自设立保险专业代理机构、保险经纪人，或者未取得经营保险代理业务许可证、保险经纪业务许可证从事保险代理业务、保险经纪业务的，由保险监督管理机构予以取缔，没收违法所得，并处违法所得一倍以上五倍以下的罚款；没有违法所得或者违法所得不足五万元的，处五万元以上三十万元以下的罚款。

第一百六十一条　保险公司违反本法规定，超出批准的业务范围经营的，由保险监督管理机构责令限期改正，没收违法所得，并处违法所得一倍以上五倍以下的罚款；没有违法所得或者违法所得不足十万元的，处十万元以上五十万元以下的罚款。逾期不改正或者造成严重后果的，责令停业整顿或者吊销业务许可证。

第一百六十二条 保险公司有本法第一百一十六条规定行为之一的，由保险监督管理机构责令改正，处五万元以上三十万元以下的罚款；情节严重的，限制其业务范围、责令停止接受新业务或者吊销业务许可证。

第一百六十三条 保险公司违反本法第八十四条规定的，由保险监督管理机构责令改正，处一万元以上十万元以下的罚款。

第一百六十四条 保险公司违反本法规定，有下列行为之一的，由保险监督管理机构责令改正，处五万元以上三十万元以下的罚款：

（一）超额承保，情节严重的；

（二）为无民事行为能力人承保以死亡为给付保险金条件的保险的。

第一百六十五条 违反本法规定，有下列行为之一的，由保险监督管理机构责令改正，处五万元以上三十万元以下的罚款；情节严重的，可以限制其业务范围、责令停止接受新业务或者吊销业务许可证：

（一）未按照规定提存保证金或者违反规定动用保证金的；

（二）未按照规定提取或者结转各项责任准备金的；

（三）未按照规定缴纳保险保障基金或者提取公积金的；

（四）未按照规定办理再保险的；

（五）未按照规定运用保险公司资金的；

（六）未经批准设立分支机构或者代表机构的；

（七）未按照规定申请批准保险条款、保险费率的。

第一百六十六条 保险代理机构、保险经纪人有本法第一百三十一条规定行为之一的，由保险监督管理机构责令改正，处五万元以上三十万元以下的罚款；情节严重的，吊销业务许可证。

第一百六十七条 保险代理机构、保险经纪人违反本法规定，有下列行为之一的，由保险监督管理机构责令改正，处二万元以上十万元以下的罚款；情节严重的，责令停业整顿或者吊销业务许可证：

（一）未按照规定缴存保证金或者投保职业责任保险的；

（二）未按照规定设立专门账簿记载业务收支情况的。

第一百六十八条　保险专业代理机构、保险经纪人违反本法规定，未经批准设立分支机构或者变更组织形式的，由保险监督管理机构责令改正，处一万元以上五万元以下的罚款。

第一百六十九条　违反本法规定，聘任不具有任职资格、从业资格的人员的，由保险监督管理机构责令改正，处二万元以上十万元以下的罚款。

第一百七十条　违反本法规定，转让、出租、出借业务许可证的，由保险监督管理机构处一万元以上十万元以下的罚款；情节严重的，责令停业整顿或者吊销业务许可证。

第一百七十一条　违反本法规定，有下列行为之一的，由保险监督管理机构责令限期改正；逾期不改正的，处一万元以上十万元以下的罚款：

（一）未按照规定报送或者保管报告、报表、文件、资料的，或者未按照规定提供有关信息、资料的；

（二）未按照规定报送保险条款、保险费率备案的；

（三）未按照规定披露信息的。

第一百七十二条　违反本法规定，有下列行为之一的，由保险监督管理机构责令改正，处十万元以上五十万元以下的罚款；情节严重的，可以限制其业务范围、责令停止接受新业务或者吊销业务许可证：

（一）编制或者提供虚假的报告、报表、文件、资料的；

（二）拒绝或者妨碍依法监督检查的；

（三）未按照规定使用经批准或者备案的保险条款、保险费率的。

第一百七十三条　保险公司、保险资产管理公司、保险专业代理机构、保险经纪人违反本法规定的，保险监督管理机构除分别依照本法第一百六十一条至第一百七十二条的规定对该单位给予处罚外，对其直接负责的主管人员和其他直接责任人员给予警告，并处一万元以上十万元以下的罚款；情节严重的，撤销任职资格或者从业资格。

第一百七十四条　个人保险代理人违反本法规定的，由保险监督管理机构给予警告，可以并处二万元以下的罚款；情节严重的，处二万元以上十万元以下的罚款，并可以吊销其资格证书。

未取得合法资格的人员从事个人保险代理活动的，由保险监督管理机构给予警告，可以并处二万元以下的罚款；情节严重的，处二万元以上十万元以下的罚款。

第一百七十五条 外国保险机构未经国务院保险监督管理机构批准，擅自在中华人民共和国境内设立代表机构的，由国务院保险监督管理机构予以取缔，处五万元以上三十万元以下的罚款。

外国保险机构在中华人民共和国境内设立的代表机构从事保险经营活动的，由保险监督管理机构责令改正，没收违法所得，并处违法所得一倍以上五倍以下的罚款；没有违法所得或者违法所得不足二十万元的，处二十万元以上一百万元以下的罚款；对其首席代表可以责令撤换；情节严重的，撤销其代表机构。

第一百七十六条 投保人、被保险人或者受益人有下列行为之一，进行保险诈骗活动，尚不构成犯罪的，依法给予行政处罚：

（一）投保人故意虚构保险标的，骗取保险金的；

（二）编造未曾发生的保险事故，或者编造虚假的事故原因或者夸大损失程度，骗取保险金的；

（三）故意造成保险事故，骗取保险金的。

保险事故的鉴定人、评估人、证明人故意提供虚假的证明文件，为投保人、被保险人或者受益人进行保险诈骗提供条件的，依照前款规定给予处罚。

第一百七十七条 违反本法规定，给他人造成损害的，依法承担民事责任。

第一百七十八条 拒绝、阻碍保险监督管理机构及其工作人员依法行使监督检查、调查职权，未使用暴力、威胁方法的，依法给予治安管理处罚。

第一百七十九条 违反法律、行政法规的规定，情节严重的，国务院保险监督管理机构可以禁止有关责任人员一定期限直至终身进入保险业。

第一百八十条 保险监督管理机构从事监督管理工作的人员有下

列情形之一的，依法给予处分：

（一）违反规定批准机构的设立的；

（二）违反规定进行保险条款、保险费率审批的；

（三）违反规定进行现场检查的；

（四）违反规定查询账户或者冻结资金的；

（五）泄露其知悉的有关单位和个人的商业秘密的；

（六）违反规定实施行政处罚的；

（七）滥用职权、玩忽职守的其他行为。

第一百八十一条　违反本法规定，构成犯罪的，依法追究刑事责任。

第八章　附　　则

第一百八十二条　保险公司应当加入保险行业协会。保险代理人、保险经纪人、保险公估机构可以加入保险行业协会。

保险行业协会是保险业的自律性组织，是社会团体法人。

第一百八十三条　保险公司以外的其他依法设立的保险组织经营的商业保险业务，适用本法。

第一百八十四条　海上保险适用《中华人民共和国海商法》的有关规定；《中华人民共和国海商法》未规定的，适用本法的有关规定。

第一百八十五条　中外合资保险公司、外资独资保险公司、外国保险公司分公司适用本法规定；法律、行政法规另有规定的，适用其规定。

第一百八十六条　国家支持发展为农业生产服务的保险事业。农业保险由法律、行政法规另行规定。

强制保险，法律、行政法规另有规定的，适用其规定。

第一百八十七条　本法自 2009 年 10 月 1 日起施行。

附 录 二

中国保险监督管理委员会

2010 年第 9 号

《保险资金运用管理暂行办法》已经 2010 年 2 月 1 日中国保险监督管理委员会主席办公会审议通过，现予公布，自 2010 年 8 月 31 日起施行。

吴定富

2010 年 7 月 30 日

保险资金运用管理暂行办法

第一章 总 则

第一条 为了规范保险资金运用行为，防范保险资金运用风险，维护保险当事人合法权益，促进保险业持续、健康发展，根据《中华人民共和国保险法》（以下简称《保险法》）等法律、行政法规，制定本办法。

第二条 在中国境内依法设立的保险集团（控股）公司、保险公司从事保险资金运用活动适用本办法规定。

第三条 本办法所称保险资金，是指保险集团（控股）公司、保险公司以本外币计价的资本金、公积金、未分配利润、各项准备金及其他资金。

第四条 保险资金运用必须稳健，遵循安全性原则，符合偿付能力监管要求，根据保险资金性质实行资产负债管理和全面风险管理，实现集约化、专业化、规范化和市场化。

第五条 中国保险监督管理委员会（以下简称中国保监会）依法对保险资金运用活动进行监督管理。

第二章 资金运用形式

第一节 资金运用范围

第六条 保险资金运用限于下列形式：

（一）银行存款；

（二）买卖债券、股票、证券投资基金份额等有价证券；

（三）投资不动产；

（四）国务院规定的其他资金运用形式。

保险资金从事境外投资的，应当符合中国保监会有关监管规定。

第七条 保险资金办理银行存款的，应当选择符合下列条件的商业银行作为存款银行：

（一）资本充足率、净资产和拨备覆盖率等符合监管要求；

（二）治理结构规范、内控体系健全、经营业绩良好；

（三）最近三年未发现重大违法违规行为；

（四）连续三年信用评级在投资级别以上。

第八条 保险资金投资的债券，应当达到中国保监会认可的信用评级机构评定的、且符合规定要求的信用级别，主要包括政府债券、金融债券、企业（公司）债券、非金融企业债务融资工具以及符合规定的其他债券。

第九条 保险资金投资的股票，主要包括公开发行并上市交易的股票和上市公司向特定对象非公开发行的股票。

投资创业板上市公司股票和以外币认购及交易的股票由中国保监会另行规定。

第十条 保险资金投资证券投资基金的，其基金管理人应当符合下列条件：

（一）公司治理良好，净资产连续三年保持在人民币一亿元以上；

（二）依法履行合同，维护投资者合法权益，最近三年没有不良记录；

（三）建立有效的证券投资基金和特定客户资产管理业务之间的防火墙机制；

（四）投资团队稳定，历史投资业绩良好，管理资产规模或者基金份额相对稳定。

第十一条 保险资金投资的不动产，是指土地、建筑物及其它附着于土地上的定着物。具体办法由中国保监会制定。

第十二条 保险资金投资的股权，应当为境内依法设立和注册登记，且未在证券交易所公开上市的股份有限公司和有限责任公司的股权。

第十三条 保险集团（控股）公司、保险公司不得使用各项准备金购置自用不动产或者从事对其他企业实现控股的股权投资。

第十四条 保险集团（控股）公司、保险公司对其他企业实现控股的股权投资，应当满足有关偿付能力监管规定。保险集团（控股）公司的保险子公司不符合中国保监会偿付能力监管要求的，该保险集团（控股）公司不得向非保险类金融企业投资。

实现控股的股权投资应当限于下列企业：

（一）保险类企业，包括保险公司、保险资产管理机构以及保险专业代理机构、保险经纪机构；

（二）非保险类金融企业；

（三）与保险业务相关的企业。

第十五条 保险集团（控股）公司、保险公司从事保险资金运用，不得有下列行为：

（一）存款于非银行金融机构；

（二）买入被交易所实行"特别处理"、"警示存在终止上市风险的特别处理"的股票；

（三）投资不具有稳定现金流回报预期或者资产增值价值、高污染等不符合国家产业政策项目的企业股权和不动产；

（四）直接从事房地产开发建设；

（五）从事创业风险投资；

（六）将保险资金运用形成的投资资产用于向他人提供担保或者发放贷款，个人保单质押贷款除外；

（七）中国保监会禁止的其他投资行为。

中国保监会可以根据有关情况对保险资金运用的禁止性规定进行适当调整。

第十六条 保险集团（控股）公司、保险公司从事保险资金运用应当符合下列比例要求：

（一）投资于银行活期存款、政府债券、中央银行票据、政策性银行债券和货币市场基金等资产的账面余额，合计不低于本公司上季末总资产的5%；

（二）投资于无担保企业（公司）债券和非金融企业债务融资工具的账面余额，合计不高于本公司上季末总资产的20%；

（三）投资于股票和股票型基金的账面余额，合计不高于本公司上季末总资产的20%；

（四）投资于未上市企业股权的账面余额，不高于本公司上季末总资产的5%；投资于未上市企业股权相关金融产品的账面余额，不高于本公司上季末总资产的4%，两项合计不高于本公司上季末总资产的5%；

（五）投资于不动产的账面余额，不高于本公司上季末总资产的10%；投资于不动产相关金融产品的账面余额，不高于本公司上季末总资产的3%，两项合计不高于本公司上季末总资产的10%；

（六）投资于基础设施等债权投资计划的账面余额不高于本公司上季末总资产的10%；

（七）保险集团（控股）公司、保险公司对其他企业实现控股的股权投资，累计投资成本不得超过其净资产。

前款（一）至（六）项所称总资产应当扣除债券回购融入资金余额、投资连结保险和非寿险非预定收益投资型保险产品资产；保险集团（控股）公司总资产应当为集团母公司总资产。

非金融企业债务融资工具是指具有法人资格的非金融企业在银行间债券市场发行的，约定在一定期限内还本付息的有价证券；

未上市企业股权相关金融产品是指股权投资管理机构依法在中国境内发起设立或者发行的以未上市企业股权为基础资产的投资计划或者投资基金等；

不动产相关金融产品是指不动产投资管理机构依法在中国境内发起设立或者发行的以不动产为基础资产的投资计划或者投资基金等；

基础设施等债权投资计划是指保险资产管理机构等专业管理机构根据有关规定，发行投资计划受益凭证，向保险公司等委托人募集资金，投资基础设施项目等，按照约定支付本金和预期收益的金融工具。

保险集团（控股）公司、保险公司应当控制投资工具、单一品种、单一交易对手、关联企业以及集团内各公司投资同一标的的比例，防范资金运用集中度风险。

保险资金运用的具体管理办法，由中国保监会制定。中国保监会可以根据有关情况对保险资金运用的投资比例进行适当调整。

第十七条 投资连结保险产品和非寿险非预定收益投资型保险产品的资金运用，应当在资产隔离、资产配置、投资管理、人员配备、投资交易和风险控制等环节，独立于其他保险产品资金，具体办法由中国保监会制定。

第二节 资金运用模式

第十八条 保险集团（控股）公司、保险公司应当按照"集中管理、统一配置、专业运作"的要求，实行保险资金的集约化、专业化管理。

保险资金应当由法人机构统一管理和运用，分支机构不得从事保险资金运用业务。

第十九条 保险集团（控股）公司、保险公司应当选择符合条件的商业银行等专业机构，实施保险资金运用第三方托管和监督，具体办法由中国保监会制定。

托管的保险资产独立于托管机构固有资产，并独立于托管机构托管的其他资产。托管机构因依法解散、被依法撤销或者被依法宣告破产等原因进行清算的，托管资产不属于其清算财产。

第二十条 托管机构从事保险资金托管的，主要职责包括：

（一）保险资金的保管、清算交割和资产估值；

（二）监督投资行为；

（三）向有关当事人披露信息；

（四）依法保守商业秘密；

（五）法律、法规、中国保监会规定和合同约定的其他职责。

第二十一条 托管机构从事保险资金托管，不得有下列行为：

（一）挪用托管资金；

（二）混合管理托管资金和自有资金或者混合管理不同托管账户资金；

（三）利用托管资金及其相关信息谋取非法利益；

（四）其他违法行为。

第二十二条 保险集团（控股）公司、保险公司的投资管理能力应当符合中国保监会规定的相关标准。

保险集团（控股）公司、保险公司根据投资管理能力和风险管理能力，可以自行投资或者委托保险资产管理机构进行投资。

第二十三条 保险集团（控股）公司、保险公司委托保险资产管理机构投资的，应当订立书面合同，约定双方权利与义务，确保委托人、受托人、托管人三方职责各自独立。

保险集团（控股）公司、保险公司应当履行制定资产战略配置指引、选择受托人、监督受托人执行情况、评估受托人投资绩效等职责。

保险资产管理机构应当执行委托人资产配置指引，根据保险资金特性构建投资组合，公平对待不同资金。

第二十四条 保险集团（控股）公司、保险公司委托保险资产管理机构投资的，不得有下列行为：

（一）妨碍、干预受托机构正常履行职责；

（二）要求受托机构提供其他委托机构信息；

（三）要求受托机构提供最低投资收益保证；

（四）非法转移保险利润；

（五）其他违法行为。

第二十五条 保险资产管理机构受托管理保险资金的，不得有下列行为：

（一）违反合同约定投资；

（二）不公平对待不同资金；

（三）混合管理自有、受托资金或者不同委托机构资金；

（四）挪用受托资金；

（五）向委托机构提供最低投资收益承诺；

（六）以保险资金及其投资形成的资产为他人设定担保；

（七）其他违法行为。

第二十六条 保险资产管理机构根据中国保监会相关规定，可以将保险资金运用范围的投资品种作为基础资产，开展保险资产管理产品业务。

保险集团（控股）公司、保险公司委托投资或者购买保险资产管理产品，保险资产管理机构应当根据合同约定，及时向有关当事人披露资金投向、投资管理、资金托管、风险管理和重大突发事件等信息，并保证披露信息的真实、准确和完整。

保险资产管理机构应当根据受托资产规模、资产类别、产品风险特征、投资业绩等因素，按照市场化原则，以合同方式与委托或者投资机构，约定管理费收入计提标准和支付方式。

保险资产管理产品业务，是指由保险资产管理机构为发行人和管理人，向保险集团（控股）公司、保险公司以及保险资产管理机构等投资人发售产品份额，募集资金，并选聘商业银行等专业机构为托管人，为投资人利益开展的投资管理活动。

第三章　决策运行机制

第一节　组织结构与职责

第二十七条　保险集团（控股）公司、保险公司应当建立健全公司治理，在公司章程和相关制度中明确规定股东大会、董事会、监事会和经营管理层的保险资金运用职责，实现保险资金运用决策权、运营权、监督权相互分离，相互制衡。

第二十八条　保险资金运用实行董事会负责制。保险公司董事会应当对资产配置和投资政策、风险控制、合规管理承担最终责任，主要履行下列职责：

（一）审定保险资金运用管理制度；

（二）确定保险资金运用的管理方式；

（三）审定投资决策程序和授权机制；

（四）审定资产战略配置规划、年度投资计划和投资指引及相关调整方案；

（五）决定重大投资事项；

（六）审定新投资品种的投资策略和运作方案；

（七）建立资金运用绩效考核制度；

（八）其他相关职责。

董事会应当设立资产负债管理委员会（投资决策委员会）和风险管理委员会。

第二十九条　保险集团（控股）公司、保险公司决定委托投资，以及投资无担保债券、股票、股权和不动产等重大保险资金运用事项，应当经董事会审议通过。

第三十条　保险集团（控股）公司、保险公司经营管理层根据董事会授权，应当履行下列职责：

（一）负责保险资金运用的日常运营和管理工作；

（二）建立保险资金运用与财务、精算、产品和风控等部门之间的协商机制；

（三）审议资产管理部门拟定的保险资产战略配置规划和年度资产配置策略，并提交董事会审定；

（四）控制和管理保险资金运用风险；

（五）执行经董事会审定的资产配置规划和年度资产配置策略；

（六）提出调整资产战略配置调整方案；

（七）其他职责。

第三十一条 保险集团（控股）公司、保险公司应当设置专门的保险资产管理部门，并独立于财务、精算、风险控制等其他业务部门，履行下列职责：

（一）拟定保险资金运用管理制度；

（二）拟定资产战略配置规划和年度资产配置策略；

（三）拟定资产战略配置调整方案；

（四）执行年度资产配置计划；

（五）实施保险资金运用风险管理措施；

（六）其他职责。

保险集团（控股）公司、保险公司自行投资的，保险资产管理部门应当负责日常投资和交易管理；委托投资的，保险资产管理部门应当履行委托人职责，监督投资行为和评估投资业绩等职责。

第三十二条 保险集团（控股）公司、保险公司的资产管理部门应当在投资研究、资产清算、风险控制、业绩评估、相关保障等环节设置岗位，建立防火墙体系，实现专业化、规范化、程序化运作。

保险集团（控股）公司、保险公司自行投资的，资产管理部门应当设置投资、交易等与资金运用业务直接相关的岗位。

第三十三条 保险集团（控股）公司、保险公司风险管理部门以及具有相应管理职能的部门，应当履行下列职责：

（一）拟定保险资金运用风险管理制度；

（二）审核和监控保险资金运用合法合规性；

（三）识别、评估、跟踪、控制和管理保险资金运用风险；

（四）定期报告资金运用风险管理状况；

（五）其他职责。

第三十四条　保险资产管理机构应当设立首席风险管理执行官。

首席风险管理执行官为公司高级管理人员，负责组织和指导保险资产管理机构风险管理，履职范围应当包括保险资产管理机构运作的所有业务环节，独立向董事会、中国保监会报告有关情况，提出防范和化解重大风险建议。

首席风险管理执行官不得主管投资管理。如需更换，应当于更换前至少五个工作日向中国保监会书面说明理由和其履职情况。

第二节　资金运用流程

第三十五条　保险集团（控股）公司、保险公司应当建立健全保险资金运用的管理制度和内部控制机制，明确各个环节、有关岗位的衔接方式及操作标准，严格分离前、中、后台岗位责任，定期检查和评估制度执行情况，做到权责分明、相对独立和相互制衡。相关制度包括但不限于：

（一）资产配置相关制度；

（二）投资研究、决策和授权制度；

（三）交易和结算管理制度；

（四）绩效评估和考核制度；

（五）信息系统管理制度；

（六）风险管理制度等。

第三十六条　保险集团（控股）公司、保险公司应当以独立法人为单位，统筹境内境外两个市场，综合偿付能力约束、外部环境、风险偏好和监管要求等因素，分析保险资金成本、现金流和期限等负债指标，选择配置具有相应风险收益特征、期限及流动性的资产。

第三十七条　保险集团（控股）公司、保险公司应当建立专业化分析平台，并利用外部研究成果，研究制定涵盖交易对手管理和投资品种选择的模型和制度，构建投资池、备选池和禁投池体系，实时跟踪并分析市场变化，为保险资金运用决策提供依据。

第三十八条　保险集团（控股）公司、保险公司应当建立健全相对集中、分级管理、权责统一的投资决策和授权制度，明确授权方式、权限、标准、程序、时效和责任，并对授权情况进行检查和逐级问责。

第三十九条 保险集团（控股）公司、保险公司应当建立和完善公平交易机制，有效控制相关人员操作风险和道德风险，防范交易系统的技术安全疏漏，确保交易行为的合规性、公平性和有效性。公平交易机制至少应当包括以下内容：

（一）实行集中交易制度，严格隔离投资决策与交易执行；

（二）构建符合相关要求的集中交易监测系统、预警系统和反馈系统；

（三）建立完善的交易记录制度；

（四）在账户设置、研究支持、资源分配、人员管理等环节公平对待不同资金等。

第四十条 保险集团（控股）公司、保险公司应当建立以资产负债管理为核心的绩效评估体系和评估标准，定期开展保险资金运用绩效评估和归因分析，推进长期投资、价值投资和分散化投资，实现保险资金运用总体目标。

第四十一条 保险集团（控股）公司、保险公司应当建立保险资金运用信息管理系统，减少或者消除人为操纵因素，自动识别、预警报告和管理控制资产管理风险，确保实时掌握风险状况。

信息管理系统应当设定合规性和风险指标阀值，将风险监控的各项要素固化到相关信息技术系统之中，降低操作风险、防止道德风险。

信息管理系统应当建立全面风险管理数据库，收集和整合市场基础资料，记录保险资金管理和投资交易的原始数据，保证信息平台共享。

第四章 风险管控

第四十二条 保险集团（控股）公司、保险公司应当建立全面覆盖、全程监控、全员参与的保险资金运用风险管理组织体系和运行机制，改进风险管理技术和信息技术系统，通过管理系统和稽核审计等手段，分类、识别、量化和评估各类风险，防范和化解风险。

第四十三条 保险集团（控股）公司、保险公司应当管理和控制资产负债错配风险，以偿付能力约束和保险产品负债特性为基础，加强成本收益管理、期限管理和风险预算，确定保险资金运用风险限额，采用缺口分析、敏感性和情景测试等方法，评估和管理资产错配风险。

第四十四条 保险集团（控股）公司、保险公司应当管理和控制流动性风险，根据保险业务特点和风险偏好，测试不同状况下可以承受的流动性风险水平和自身风险承受能力，制定流动性风险管理策略、政策和程序，防范流动性风险。

第四十五条 保险集团（控股）公司、保险公司应当管理和控制市场风险，评估和管理利率风险、汇率风险以及金融市场波动风险，建立有效的市场风险评估和管理机制，实行市场风险限额管理。

第四十六条 保险集团（控股）公司、保险公司应当管理和控制信用风险，建立信用风险管理制度，及时跟踪评估信用风险，跟踪分析持仓信用品种和交易对手，定期组织回测检验。

第四十七条 保险集团（控股）公司、保险公司应当加强同业拆借、债券回购和融资融券业务管理，严格控制融资规模和使用杠杆，禁止投机或者用短期拆借资金投资高风险和流动性差的资产。保险资金参与衍生产品交易，仅限于对冲风险，不得用于投机和放大交易，具体办法由中国保监会制定。

第四十八条 保险集团（控股）公司、保险公司应当发挥内部稽核和外部审计的监督作用，每年至少进行一次保险资金运用内部全面稽核审计。内控审计报告应当揭示保险资金运用管理的合规情况和风险状况。主管投资的高级管理人员、保险资金运用部门负责人和重要岗位人员离职前，应当进行离任审计。

保险集团（控股）公司、保险公司应当定期向中国保监会报告保险资金运用内部稽核审计结果和有关人员离任审计结果。

第四十九条 保险集团（控股）公司、保险公司应当建立保险资金运用风险处置机制，制定应急预案，及时控制和化解风险隐患。投资资产发生大幅贬值或者出现债权不能清偿的，应当制定处置方案，并及时报告中国保监会。

第五十条 保险集团（控股）公司、保险公司应当确保风险管控相关岗位和人员具有履行职责所需知情权和查询权，有权查阅、询问所有与保险资金运用业务相关的数据、资料和细节，并列席与保险资金运用相关的会议。

第五章　监督管理

第五十一条　中国保监会对保险资金运用的监督管理，采取现场监管与非现场监管相结合的方式。

第五十二条　中国保监会应当根据公司治理结构、偿付能力、投资管理能力和风险管理能力，对保险集团（控股）公司、保险公司保险资金运用实行分类监管、持续监管和动态评估。

中国保监会应当强化对保险公司的资本约束，确定保险资金运用风险监管指标体系，并根据评估结果，采取相应监管措施，防范和化解风险。

第五十三条　保险集团（控股）公司、保险公司分管投资的高级管理人员、资产管理部门的主要负责人、保险资产管理机构的董事、监事、高级管理人员，应当在任职前取得中国保监会核准的任职资格。

第五十四条　保险集团（控股）公司、保险公司的重大股权投资，应当报中国保监会核准。

保险资产管理机构发行或者发起设立的保险资产管理产品，实行初次申报核准，同类产品事后报告。

中国保监会按照有关规定对上述事项进行合规性、程序性审核。

重大股权投资，是指对拟投资非保险类金融企业或者与保险业务相关的企业实施控制的投资行为。

第五十五条　中国保监会有权要求保险集团（控股）公司、保险公司提供报告、报表、文件和资料。

提交报告、报表、文件和资料，应当及时、真实、准确、完整。

第五十六条　保险集团（控股）公司、保险公司的股东大会、股东会、董事会的重大投资决议，应当在决议作出后5个工作日内向中国保监会报告，中国保监会另有规定的除外。

第五十七条　中国保监会有权要求保险集团（控股）公司、保险公司将保险资金运用的有关数据与中国保监会的监管信息系统动态连接。

第五十八条　保险集团（控股）公司和保险公司的偿付能力状况不符合中国保监会要求的，中国保监会可以限制其资金运用的形式、比例。

第五十九条　保险集团（控股）公司、保险公司违反资金运用形式和比例有关规定的，由中国保监会责令限期改正。

第六十条　中国保监会有权对保险集团（控股）公司、保险公司的董事、监事、高级管理人员和资产管理部门负责人进行监管谈话，要求其就保险资金运用情况、风险控制、内部管理等有关重大事项作出说明。

第六十一条　保险集团（控股）公司、保险公司严重违反资金运用有关规定的，中国保监会可以责令调整负责人及有关管理人员。

第六十二条　保险集团（控股）公司、保险公司严重违反保险资金运用有关规定，被责令限期改正逾期未改正的，中国保监会可以决定选派有关人员组成整顿组，对公司进行整顿。

第六十三条　保险集团（控股）公司、保险公司违反本规定运用保险资金的，由中国保监会依法给予行政处罚。

第六十四条　保险资金运用的其他当事人在参与保险资金运用活动中，违反有关法律、行政法规和本办法规定的，中国保监会应当记录其不良行为，并将有关情况通报其行业主管部门；情节严重的，中国保监会可以通报保险集团（控股）公司、保险公司3年内不得与其从事相关业务，并商有关监管部门依法给予行政处罚。

第六十五条　中国保监会工作人员滥用职权、玩忽职守，或者泄露所知悉的有关单位和人员的商业秘密的，依法追究法律责任。

第六章　附则

第六十六条　保险资产管理机构管理运用保险资金参照本办法执行。

第六十七条　保险公司缴纳的保险保障基金等运用，从其规定。

第六十八条　中国保监会对保险集团（控股）公司资金运用另有规定的，从其规定。

第六十九条　本办法由中国保监会负责解释和修订。

第七十条本　办法自 2010 年 8 月 31 日起施行。原有的有关政策和规定，凡与本办法不一致的，一律以本办法为准。

附 录 三

保险公司投资证券投资基金管理暂行办法

保监发〔2003〕6号

第一章 总 则

第一条 为加强对保险资金运用的管理，防范风险，保障被保险人利益，根据《中华人民共和国保险法》及有关法律法规，特制定本办法。

第二条 本办法所指证券投资基金是指依照《证券投资基金管理暂行办法》和《开放式证券投资基金试点办法》发起设立的或规范的证券投资基金（以下均简称"基金"）。

第三条 保险公司投资基金应当遵守法律、法规以及本办法，遵守证券业务相关法规以及相关的财务会计制度。

保险公司投资基金，应当遵循安全、增值的原则，谨慎投资、自主经营，自担风险。

第四条 中国保险监督管理委员会（以下简称"中国保监会"）负责本办法的组织实施。

第二章 资格条件

第五条 从事投资基金业务的保险公司应当满足中国保监会规定的最低偿付能力要求；具有完善的内部风险管理及财务管理制度；专

门的投资管理人员；应当设有专门的资金运用管理部门、稽核部门、投资决策部门；应当具备必要的信息管理和风险分析系统。

偿付能力充足率小于百分之百的保险公司，应采取积极有效措施，改善自身的偿付能力状况，并向中国保监会上报提高偿付能力的整改方案和投资决策、运作方案。

第六条 投资基金业务的高级管理人员和主要业务人员，必须符合以下条件：

（一）品行良好、正直诚实，具有良好的职业道德；

（二）未受过刑事处罚或者与金融、证券业务有关的严重行政处罚；

（三）高级管理人员须具备必要的金融、证券、法律等有关知识，熟悉证券投资运作，具有大学本科以上学历及三年以上证券业务或五年以上金融业务的工作经历。

高级管理人员是指负责投资基金业务的投资管理部门负责人及以上人员。

（四）主要业务人员应熟悉有关的业务规则及业务操作程序，具有大学本科以上学历及两年以上证券业务或三年以上金融业务的工作经历并持有证券从业人员资格证书。

主要业务人员是指从事投资基金业务的主管人员及主要操作人员。

（五）中国保监会要求的其他条件。

第七条 保险公司应将资金运用决策、运作、监控等机构设置、职能、公司基本内部制度、业务流程等向中国保监会报备。

保险公司应将投资基金业务的高级管理人员和主要业务人员的名单及其简历向中国保监会报备。

第三章 风险控制和监督管理

第八条 保险公司投资基金的比例应符合如下要求：

（一）各保险公司投资基金的余额按成本价格计算不得超过本公司上月末总资产的15%；

（二）保险公司投资于单一基金的余额按成本价格计算，不得超过上月末总资产的 3%；

（三）保险公司投资于单一封闭式基金的份额，不得超过该基金份额的 10%；

第九条 保险公司不得以任何理由超过规定的比例投资基金。

第十条 保险公司经批准开办的投资连结保险可以设立投资基金比例为 100% 的投资账户，万能寿险可以设立投资基金比例最高为 80% 的投资账户。投资账户的设立、合并、撤消、变更应符合我会的有关规定。

分红保险或其他独立核算的保险产品，投资基金的比例不得超过本产品上月末资产的 15%。

第十一条 保险公司投资基金的业务应当由总公司统一进行，保险公司分支机构不得买卖基金。

第十二条 保险公司投资基金的业务必须保证基金交易、资金调拨、会计核算及内部稽核岗位的相互独立。

第十三条 保险公司使用证券交易账户应当遵守《证券法》及中国证券监督管理委员会的有关规定，开设的所有证券交易账户及资金账户须在事后 15 个工作日内报告我会。

第十四条 保险公司从事投资基金的业务，可按有关规定向证券交易所申办特别席位；也可在具有证券委托代理资格的证券经营机构的席位上进行委托代理交易。

第十五条 受托的证券经营机构应是注册资本在 10 亿元人民币（含）以上，在证券经纪业务中信誉良好、管理规范的证券经营机构。

第十六条 保险公司投资基金业务的原始凭证以及有关业务文件、资料、账册、报表和其他必要的材料至少妥善保存十五年。

第十七条 保险公司应当按月向中国保监会上报投资基金的明细表。月报表须于次月前 3 个工作日内上报，年报表须于次年一月底之前上报。投资基金明细表须加盖公司公章，投资部与财会部应保证报表数据真实、完整、一致。在中国保监会认为必要时，可随时要求个别公司提供任何与投资基金有关的报表及材料。

第十八条 中国保监会有权对保险公司投资基金的比例和方向进

行稽核审查，也可以不定期进行专项稽核。

第十九条　保险公司违反本办法者，中国保监会可依据《中华人民共和国保险法》及有关法律、法规予以行政处罚。

第四章　附　则

第二十条　外国保险公司在中国境内设立的分公司本办法视同总公司。

第二十一条　本办法由中国保监会负责解释、修订。

第二十二条　本办法自发布之日起施行。

附　录　四

关于规范保险机构股票投资业务的通知

保监发〔2009〕45 号

各保险公司、保险资产管理公司：

为支持资本市场改革发展，提高保险机构自主配置和投资管理能力，现就进一步规范保险资金投资股票有关事项通知如下：

一、改进股票资产配置管理。保险公司应当根据保险资金特性和偿付能力状况，统一配置境内境外股票资产，合理确定股票投资规模和比例。偿付能力充足率达到150%以上的，可以按照规定，正常开展股票投资，偿付能力充足率连续四个季度处于100%到150%之间的，应当调整股票投资策略，偿付能力充足率连续两个季度低于100%的，不得增加股票投资，并及时报告市场风险，采取有效应对和控制措施。

二、强化股票池制度管理。保险公司和保险资产管理公司应当建立禁选池、备选池和核心池等不同层级的股票池，加强股票池的日常维护和管理，提高研究支持能力，跟踪分析市场状况，密切关注上市公司变化。已投资股票出现《保险机构投资者股票投资管理暂行办法》第十四条规定情形的，应当按照授权及时处置，从可以投资票池中剔除。

三、建立公平交易制度。保险公司和保险资产管理公司应当规范股票投资公平交易行为，确保各类账户或者投资组合享有研究信息、投资建议和交易执行等公平机会。保险机构应当根据账户或者组合性质，配备独立的股票投资经理，严防账户之间的高位托盘、反向操作等利益输送。应当加强职业道德教育，建立股票投资相关人员及直系亲属的股票账户申报制度，防范操作和道德风险。

四、依规运作控制总体风险。保险公司应当根据新会计准则及有关规定计算总资产基数，严格控制短期融资，规范投资运作行为，防止过度利用杠杆融入资金投资股票。保险公司和保险资产管理公司应当向托管银行提供股票池股票和大盘蓝筹股票明细、关联方股票名单及计算比例需要的总资产和各类保险产品账户规模等数据，支持托管银行履行独立第三方监督义务。

五、加强市场风险动态监测。保险公司和保险资产管理公司应当加强基础建设，运用在险价值（VAR）等量化分析手段，按季进行股市风险压力测试，分析风险暴露程度，评估潜在风险因素及对整体风险承受能力，股票市场发生大幅波动等非正常情况，必须加大测试频率和测试范围，及时采取化解措施，向监管机构提交《股票投资风险控制报告》。保险机构应当按照分散化原则，设置行业和个股集中度指标，规范参与股票申购、增发、配售等行为，防止出现集中风险及锁定期限可能产生的市场风险。

六、落实岗位风险责任。保险公司和保险资产管理公司应当进一步落实岗位责任制度，做好有关分析备查工作，加强股票投资制度执行情况的内部稽核，建立异常交易行为日常监控机制，加强交易的独立性、公平性和分配过程的管理控制。保险机构有关高级管理人员及风险控制人员应当切实履行管理职责，如实记录和报告违规事项，严格执行责任追究制度，落实各个环节投资管理人员的职责。违反法律法规和运作规定的，应追究违规和造成损失的责任。

根据市场发展需要，我会决定对保险公司股票投资实行备案制。保险公司应当按照《保险公司股票投资能力标准》和市场化原则，选择股票直接投资或委托投资方式，并向我会备案（详见附件）。

附件：保险公司股票投资备案表（略）

中国保险监督管理委员会

二〇〇九年三月十八日

附 录 五

保险资金投资股权暂行办法

第一章 总 则

第一条 为规范保险资金投资股权行为，防范投资风险，保障资产安全，维护保险当事人合法权益，依据《中华人民共和国保险法》、《中华人民共和国信托法》、《中华人民共和国公司法》、《中华人民共和国合伙企业法》及《保险资金运用管理暂行办法》等规定，制定本办法。

第二条 本办法所称股权，是指在中华人民共和国（以下简称中国）境内依法设立和注册登记，且未在中国境内证券交易所公开上市的股份有限公司和有限责任公司的股权（以下简称企业股权）。

第三条 保险资金可以直接投资企业股权或者间接投资企业股权（以下简称直接投资股权和间接投资股权）。

直接投资股权，是指保险公司（含保险集团（控股）公司，下同）以出资人名义投资并持有企业股权的行为；间接投资股权，是指保险公司投资股权投资管理机构（以下简称投资机构）发起设立的股权投资基金等相关金融产品（以下简称投资基金）的行为。

第四条 本办法所称投资机构，是指在中国境内依法注册登记，从事股权投资管理的机构。

本办法所称专业服务机构（以下简称专业机构），是指经国家有关部门认可，具有相应专业资质，为保险资金投资企业股权提供投资咨询、法律服务、财务审计和资产评估等服务的机构。

第五条 保险资金投资股权投资基金形成的财产，应当独立于投资机构、托管机构和其他相关机构的固有财产及其管理的其他财产。投资机构因投资、管理或者处分投资基金取得的财产和收益，应当归入投资基金财产。

第六条 保险资金投资企业股权，必须遵循稳健、安全原则，坚持资产负债匹配管理，审慎投资运作，有效防范风险。

第七条 保险公司、投资机构及专业机构从事保险资金投资企业股权活动，应当遵守本办法规定，恪尽职守，勤勉尽责，履行诚实、信用、谨慎、守法的义务。

第八条 中国保险监督管理委员会（以下简称中国保监会）负责制定保险资金投资企业股权的政策法规，依法对保险资金投资企业股权活动实施监督管理。

第二章　资质条件

第九条 保险公司直接投资股权，应当符合下列条件：

（一）具有完善的公司治理、管理制度、决策流程和内控机制；

（二）具有清晰的发展战略和市场定位，开展重大股权投资的，应当具有较强的并购整合能力和跨业管理能力；

（三）建立资产托管机制，资产运作规范透明；

（四）资产管理部门拥有不少于5名具有3年以上股权投资和相关经验的专业人员，开展重大股权投资的，应当拥有熟悉企业经营管理的专业人员；

（五）上一会计年度末偿付能力充足率不低于150%，且投资时上季度末偿付能力充足率不低于150%；

（六）上一会计年度盈利，净资产不低于10亿元人民币（货币单位以下同）；

（七）最近三年未发现重大违法违规行为；

（八）中国保监会规定的其他审慎性条件。

间接投资股权的，除符合前款第（一）、（三）、（五）、（七）、（八）项规定外，资产管理部门还应当配备不少于 2 名具有 3 年以上股权投资和相关经验的专业人员。

保险公司投资保险类企业股权，可不受前款第（二）、（四）项的限制。

前款所称重大股权投资，是指对拟投资非保险类金融企业或者与保险业务相关企业实施控制的投资行为。

第十条 保险公司投资股权投资基金，发起设立并管理该基金的投资机构，应当符合下列条件：

（一）具有完善的公司治理、管理制度、决策流程和内控机制；

（二）注册资本不低于 1 亿元，已建立风险准备金制度；

（三）投资管理适用中国法律法规及有关政策规定；

（四）具有稳定的管理团队，拥有不少于 10 名具有股权投资和相关经验的专业人员，已完成退出项目不少于 3 个，其中具有 5 年以上相关经验的不少于 2 名，具有 3 年以上相关经验的不少于 3 名，且高级管理人员中，具有 8 年以上相关经验的不少于 1 名；拥有不少于 3 名熟悉企业运营、财务管理、项目融资的专业人员；

（五）具有丰富的股权投资经验，管理资产余额不低于 30 亿元，且历史业绩优秀，商业信誉良好；

（六）具有健全的项目储备制度、资产托管和风险隔离机制；

（七）建立科学的激励约束机制和跟进投资机制，并得到有效执行；

（八）接受中国保监会涉及保险资金投资的质询，并报告有关情况；

（九）最近三年未发现投资机构及主要人员存在重大违法违规行为；

（十）中国保监会规定的其他审慎性条件。

第十一条 保险资金投资企业股权，聘请专业机构提供有关服务，该机构应当符合下列条件：

（一）符合本办法第十条第（一）、（三）、（八）、（九）、（十）项规定；

（二）具有国家有关部门认可的业务资质；

（三）熟悉保险资金投资股权的法律法规、政策规定、业务流程和交易结构，且具有承办股权投资有关服务的经验和能力，商业信誉良好；

（四）与保险资金投资企业股权的相关当事人不存在关联关系。

提供投资咨询服务的机构，除符合前款规定外，还应当符合下列条件：

（一）专业团队成熟稳定，拥有不少于 6 名具有股权投资和相关经验的专业人员，其中具有 5 年以上相关经验的不少于 3 名；

（二）注册资本不低于 200 万元。

为保险资金提供资产托管服务的商业银行，应当接受中国保监会涉及保险资金投资的质询，并报告有关情况。

第十二条 保险资金直接或者间接投资股权，该股权所指向的企业，应当符合下列条件：

（一）依法登记设立，具有法人资格；

（二）符合国家产业政策，具备国家有关部门规定的资质条件；

（三）股东及高级管理人员诚信记录和商业信誉良好；

（四）产业处于成长期、成熟期或者是战略新型产业，或者具有明确的上市意向及较高的并购价值；

（五）具有市场、技术、资源、竞争优势和价值提升空间，预期能够产生良好的现金回报，并有确定的分红制度；

（六）管理团队的专业知识、行业经验和管理能力与其履行的职责相适应；

（七）未涉及重大法律纠纷，资产产权完整清晰，股权或者所有权不存在法律瑕疵；

（八）与保险公司、投资机构和专业机构不存在关联关系，监管规定允许且事先报告和披露的除外；

（九）中国保监会规定的其他审慎性条件。

保险资金不得投资不符合国家产业政策、不具有稳定现金流回报预期或者资产增值价值，高污染、高耗能、未达到国家节能和环保标准、技术附加值较低等企业股权。不得投资创业、风险投资基金。不得投资设立或者参股投资机构。

保险资金投资保险类企业股权，可不受第（二）、（四）、（五）、（八）项限制。

保险资金直接投资股权，仅限于保险类企业、非保险类金融企业和与保险业务相关的养老、医疗、汽车服务等企业的股权。

第十三条 保险资金投资的投资基金，应当符合下列条件：

（一）投资机构符合本办法第十条规定；

（二）投资方向或者投资标的符合本办法第十二条规定及其他金融监管机构的规定；

（三）具有确定的投资目标、投资方案、投资策略、投资标准、投资流程、后续管理、收益分配和基金清算安排；

（四）交易结构清晰，风险提示充分，信息披露真实完整；

（五）已经实行投资基金托管机制，募集或者认缴资金规模不低于5亿元，具有预期可行的退出安排和健全有效的风控措施，且在监管机构规定的市场交易；

（六）中国保监会规定的其他审慎性条件。

第四章　投资规范

第十四条 保险公司投资企业股权，应当符合下列规定：

（一）实现控股的股权投资，应当运用资本金；

（二）其他直接投资股权，可以运用资本金或者与投资资产期限相匹配的责任准备金；

（三）间接投资股权，可以运用资本金和保险产品的责任准备金。人寿保险公司运用万能、分红和投资连结保险产品的资金，财产保险公司运用非寿险非预定收益投资型保险产品的资金，应当满足产品特性和投资方案的要求；

（四）不得运用借贷、发债、回购、拆借等方式筹措的资金投资企业股权，中国保监会对发债另有规定的除外。

第十五条 保险公司投资企业股权，应当符合下列比例规定：

（一）投资未上市企业股权的账面余额，不高于本公司上季末总资产的5%；投资股权投资基金等未上市企业股权相关金融产品的账面余额，不高于本公司上季末总资产的4%，两项合计不高于本公司上季末总资产的5%；

（二）直接投资股权的账面余额，不超过本公司净资产，除重大股权投资外，投资同一企业股权的账面余额，不超过本公司净资产的30%；

（三）投资同一投资基金的账面余额，不超过该基金发行规模的20%。

第十六条 保险公司投资企业股权，应当按照监管规定和内控要求，规范完善决策程序和授权机制，确定股东（大）会、董事会和经营管理层的决策权限及批准权限。根据偿付能力、投资管理能力及投资方式、目标和规模等因素，做好相关制度安排。

决策层和执行层应当各司其职，谨慎决策，勤勉尽责，充分考虑股权投资风险，按照资产认可标准和资本约束，审慎评估股权投资对偿付能力和收益水平的影响，严格履行相关程序，并对决策和操作行为负责。保险资金投资企业股权，不得采用非现场方式表决。

保险资金追加同一企业股权投资的，应当按照本办法规定，履行相应程序。

第十七条 保险资金投资股权涉及关联关系的，其投资决策和具体执行过程，应当按照关联交易的规定，采取有效措施，防止股东、董事、监事、高级管理人员及其他关联方，利用其特殊地位，通过关联交易或者其他方式侵害保险公司和被保险人利益，不得进行内幕交易和利益输送。

第十八条 保险资金直接投资股权，应当聘请符合本办法第十一条规定的专业机构，提供尽职调查、投资咨询及法律咨询等专业服务。

间接投资股权，应当对投资机构的投资管理能力及其发行的投资基金进行评估。投资管理能力评估，应当至少包括本办法第十条规定的内容；投资基金评估，应当至少包括本办法第十三条规定的内容。

间接投资股权，还应当要求投资机构提供投资基金募集说明书等文件，或者依据协议约定，提供有关论证报告或者尽职调查报告。

第十九条 保险资金投资企业股权，应当充分行使法律规定的权利，通过合法有效的方式，维护保险当事人的合法权益。

重大股权投资，应当通过任命或者委派董事、监事、经营管理层或者关键岗位人选，确保对企业的控股权或者控制力，维护投资决策和经营管理的有效性；其他直接股权投资，应当通过对制度安排、合同约定、交易结构、交易流程的参与和影响，维护保险当事人的知情权、收益权等各项合法权益。

间接投资股权，应当与投资机构签订投资合同或者协议，载明管理费率、业绩报酬、管理团队关键人员变动、投资机构撤换、利益冲突处理、异常情况处置等事项；还应当与投资基金其他投资人交流信息，分析所投基金和基金行业的相关报告，比较不同投资机构的管理状况，通过与投资机构沟通交流及考察投资基金所投资企业等方式，监督投资基金的投资行为。

投资基金采取公司型的，应当建立独立董事制度，完善治理结构；采取契约型的，应当建立受益人大会；采取合伙型的，应当建立投资顾问委员会。间接投资股权，可以要求投资机构按照约定比例跟进投资，并在投资合同或者发起设立协议中载明。

第二十条 保险公司投资企业股权，应当加强投资期内投资项目的后续管理，建立资产增值和风险控制为主导的全程管理制度。除执行本办法第十九条规定外，还应当采取下列措施：

（一）重大股权投资的，应当规划和发展企业协同效应，改善企业经营管理，防范经营和投资风险；选聘熟悉行业运作、财务管理、资本市场等领域的专业人员，参与和指导企业经营管理，采取完善治理、整合资源、重组债务、优化股权、推动上市等综合措施，提升企业价值；

（二）其他直接投资股权的，应当指定专人管理每个投资项目，负责与企业管理团队沟通，审查企业财务和运营业绩，要求所投企业定期报告经营管理情况，掌握运营过程和重大决策事项，撰写分析报告并提出建议，必要时可聘请专业机构对所投企业进行财务审计或者尽职调查；

（三）间接投资股权的，应当要求投资机构采取不限于本条规定的措施，提升企业价值，实现收益最大化目标。

第二十一条 保险资金投资企业股权，应当参照国际惯例，依据市场原则，协商确定投资管理费率和业绩报酬水平，并在投资合同中载明。投资机构应当综合考虑资产质量、投资风险与收益等因素，确定投资管理费率，兑现业绩报酬水平，倡导正向激励和引导，防范逆向选择和道德风险。

第二十二条 保险资金投资企业股权，应当聘请符合本办法第十一条规定的专业机构，采用两种以上国际通用的估值评估方法，持续对所投股权资产进行估值和压力测试，得出审慎合理的估值结果，并向中国保监会报告。估值方法包括但不限于基于资产的账面价值法、重置成本法、市场比较法、现金流量折现法以及倍数法等。

第二十三条 保险资金投资企业股权，应当遵守本办法及相关规定，承担社会责任，恪守道德规范，充分保护环境，做负责任的机构投资者。

第五章　风险控制

第二十四条 保险资金投资企业股权，应当注重投资管理制度、风险控制机制、投资行为规范和激励约束安排等基础建设，建立项目评审、投资决策、风险控制、资产托管、后续管理、应急处置等业务流程，制定风险预算管理政策及危机解决方案，实行全面风险管理和持续风险监控，防范操作风险和道德风险。

第二十五条 保险公司投资企业股权，应该审慎考虑偿付能力和流动性要求，根据保险产品特点、资金结构、负债匹配管理需要及有关监管规定，合理运用资金，多元配置资产，分散投资风险。

第二十六条 保险资金投资企业股权，应当遵守本办法及有关规定，确保投资项目和运作方式合法合规。所投企业应当符合国家法律法规和本办法规定，具有完备的经营要件。

第二十七条　保险资金投资企业股权，应当建立重大突发事件应急处理机制。应急处理机制包括但不限于风险情形、应急预案、工作目标、报告路线、操作流程、处理措施等，必要时应当及时启动应急处理机制，尽可能控制并减少损失。

保险公司应当建立责任追究制度，高级管理人员和主要业务人员违反监管规定及公司管理制度，未履行或者未正确履行职责，造成资产损失的，应当追究其责任。涉及非保险机构高级管理人员和主要业务人员的，保险公司应当按照有关规定和合同约定追究其责任。

第二十八条　保险资金投资企业股权，应当建立有效的退出机制。退出方式包括但不限于企业股权的上市、回购、协议转让及投资基金的买卖或者清算等。

保险资金投资企业股权，可以采取债权转股权的方式进入，也可以采取股权转债权的方式退出。

第二十九条　保险公司投资企业股权，应当要求投资机构按照有关规定和合同约定，向本公司及相关当事人履行信息披露义务。信息披露至少包括投资团队、投资运作、项目运营、资产价值、后续管理、关键人员变动，以及已投资企业的经营管理、主要风险及重大事项等内容，重大事项包括但不限于股权纠纷、债务纠纷、司法诉讼等。

信息披露不得存在虚假陈述、误导、重大遗漏或者欺诈等行为。投资机构应当对信息披露的及时性、准确性、真实性和完整性承担法律责任。

第六章　监督管理

第三十条　保险公司进行重大股权投资，应当向中国保监会申请核准，提交以下书面材料：

（一）股东（大）会或者董事会投资决议；

（二）主营业务规划、投资规模及业务相关度说明；

（三）专业机构提供的财务顾问报告、尽职调查报告和法律意见书；

（四）投资可行性报告、合规报告、关联交易说明、后续管理规划及业务整合方案；

（五）有关监管部门审核或者主管机关认可的股东资格说明；

（六）投资团队及其管理经验说明；

（七）附生效条件的投资协议，特别注明经有关监管机构或者部门核准后生效；

（八）中国保监会规定的其他审慎性内容。

中国保监会审核期间，拟投资企业出现下列情形之一的，可以要求保险公司停止该项股权投资：

（一）出现或者面临巨额亏损、巨额民事赔偿、税收政策调整等重大不利财务事项；

（二）出现或者面临核心业务人员大量流失、目标市场或者核心业务竞争力丧失等重大不利变化；

（三）有关部门对其实施重大惩罚性监管措施；

（四）中国保监会认为可能对投资产生重大影响的其他不利事项。

重大股权投资的股权转让或者退出，应当向中国保监会报告，说明转让或者退出的理由和方案，并附股东（大）会或者董事会相关决议。

第三十一条 保险公司进行非重大股权投资和投资基金投资的，应当在签署投资协议后 5 个工作日内，向中国保监会报告，除提交本办法第三十条第（三）、（六）、（八）项规定的内容外，还应当提交以下材料：

（一）董事会或者其授权机构的投资决议；

（二）投资可行性报告、合规报告、关联交易说明、后续管理方案、法律意见书及投资协议或者认购协议；

（三）对投资机构及投资基金的评估报告。

中国保监会发现投资行为违反法律法规或者本办法规定的，有权责令保险公司予以改正。

第三十二条 保险公司投资企业股权，应当于每季度结束后 15 个工作日内和每年 3 月 31 日前，分别向中国保监会提交季度报告和年度报告，并附以下书面材料：

（一）投资情况；

（二）资本金运用；

（三）资产管理及运作；

（四）资产估值；

（五）资产质量及主要风险；

（六）重大突发事件及处置；

（七）中国保监会规定的其他审慎性内容。

除上述内容外，年度报告还应当说明投资收益及分配、资产认可及偿付能力、投资能力变化等情况，并附经专业机构审计的相关报告。

第三十三条 投资机构应当于每年 3 月 31 日前，就保险资金投资股权投资基金的情况，向中国保监会提交年度报告。

第三十四条 托管机构应当于每季度结束后 15 个工作日内和每年 3 月 31 日前，就保险资金投资企业股权和投资基金情况，分别向中国保监会提交季度报告和年度报告，并附以下材料：

（一）保险资金投资情况；

（二）投资合法合规情况；

（三）异常交易及需提请关注事项；

（四）资产估值情况；

（五）主要风险状况；

（六）涉及的关联交易情况；

（七）中国保监会规定的其他审慎性内容。

第三十五条 中国保监会制定股权投资能力标准，保险公司和相关投资机构应当根据规定标准自行评估，并将评估报告提交中国保监会。中国保监会将检验并跟踪监测保险公司和相关投资机构的股权投资能力。

中国保监会可以根据市场需要，适当调整投资比例、相关当事人的资质条件和报送材料等事项。保险资金投资企业股权的相关当事人向中国保监会报送的相关材料，应当符合监管规定，并对材料的真实性负责。

第三十六条 中国保监会依法对保险资金投资企业股权进行现场

监管和非现场监管，必要时可以聘请专业机构协助检查。

保险公司投资企业股权，出现偿付能力不足、重大经营问题、存在重大投资风险，或者可能对金融体系、金融行业和金融市场产生不利影响的，中国保监会应当采取有关法律法规规定的停止投资业务、限制投资比例、调整投资人员、责令处置股权资产、限制股东分红和高管薪酬等监管措施。保险公司投资企业股权后，不能持续符合第九条规定的，中国保监会应当责令予以改正。

违规投资的企业股权资产，中国保监会按照有关规定不计入认可资产范围。突发事件或者市场变化等非主观因素，造成企业股权投资比例超过本办法规定的，保险公司应当在 3 个月内，按照规定调整投资比例。保险资金投资企业股权的资产评估标准、方法及风险因子的规则，由中国保监会另行规定。

第三十七条 保险公司高级管理人员、主要业务人员在职期间或者离任后，发现其在该公司工作期间，违反有关法律、行政法规和本办法规定投资企业股权的，中国保监会将依法追究责任。

投资机构和专业机构参与保险资金投资股权活动，存在违反有关法律、行政法规和本办法规定行为的，中国保监会有权记录其不良行为，并将有关情况通报其监管或者主管部门。情节严重的，中国保监会将责令保险公司停止与该机构的业务，并商有关监管或者主管部门依法给予行政处罚。

保险公司不得与列入不良记录名单的投资机构和专业机构发生业务往来。

第七章 附 则

第三十八条 符合本办法第九条第（一）、（三）、（七）、（八）项规定，上一会计年度盈利，净资产不低于 5 亿元的保险资产管理机构，可以运用资本金直接投资非保险类金融企业股权。

第三十九条 保险资金投资境外未上市企业股权，按照《保险资金境外投资管理暂行办法》和中国保监会有关规定执行。保险资金投资境内和境外未上市企业股权及未上市企业股权相关金融产品，投资比例合并计算。

保险资金投资基础设施类企业股权，按照本办法有关规定执行。

原有关保险资金投资股权规定，与本办法不一致的，以本办法规定为准。

未经营保险业务的保险集团（控股）公司，其本级自有资金投资的范围和比例，另有规定的从其规定。

第四十条　本办法由中国保监会负责解释和修订，自发布之日起施行。

中国保险监督管理委员会

二〇一〇年七月三十一日

附 录 六

保险资金投资不动产暂行办法

第一章 总 则

第一条 为规范保险资金投资不动产行为，防范投资风险，保障资产安全，维护保险当事人合法权益，依据《中华人民共和国保险法》、《中华人民共和国信托法》、《中华人民共和国物权法》、《中华人民共和国公司法》及《保险资金运用管理暂行办法》等规定，制定本办法。

第二条 保险资金投资的不动产，是指土地、建筑物及其它附着于土地上的定着物。

保险资金可以投资基础设施类不动产、非基础设施类不动产及不动产相关金融产品。

保险资金投资基础设施类不动产，遵照《保险资金间接投资基础设施项目试点管理办法》及有关规定。投资非基础设施类不动产及相关金融产品，遵照本办法。

第三条 本办法所称不动产投资管理机构（以下简称投资机构），是指在中华人民共和国（以下简称中国）境内依法注册登记，从事不动产投资管理的机构。

本办法所称专业服务机构（以下简称专业机构），是指经国家有关部门认可，具有相应专业资质，为保险资金投资不动产提供法律服务、财务审计和资产评估等服务的机构。

第四条 保险资金投资不动产相关金融产品形成的财产，应当独立于投资机构、托管机构和其他相关机构的固有财产及其管理的其他财产。投资机构因投资、管理或者处分不动产相关金融产品取得的财产和收益，应当归入不动产相关金融产品财产。

第五条 保险公司（含保险集团（控股）公司，下同）投资不动产，必须遵循稳健、安全原则，坚持资产负债匹配管理，审慎投资运作，有效防范风险。

第六条 保险公司、投资机构及专业机构从事保险资金投资不动产活动，应当遵守本办法规定，恪尽职守，勤勉尽责，履行诚实、信用、谨慎、守法的义务。

第七条 中国保险监督管理委员会（以下简称中国保监会）负责制定保险资金投资不动产的政策法规，依法对保险资金投资不动产活动实施监督管理。

第二章　资格条件

第八条 保险公司投资不动产，应当符合下列条件：

（一）具有完善的公司治理、管理制度、决策流程和内控机制；

（二）实行资产托管机制，资产运作规范透明；

（三）资产管理部门拥有不少于 8 名具有不动产投资和相关经验的专业人员，其中具有 5 年以上相关经验的不少于 3 名，具有 3 年以上相关经验的不少于 3 名；

（四）上一会计年度末偿付能力充足率不低于 150%，且投资时上季度末偿付能力充足率不低于 150%；

（五）上一会计年度盈利，净资产不低于 1 亿元人民币（货币单位下同）；

（六）具有与所投资不动产及不动产相关金融产品匹配的资金，且来源充足稳定；

（七）最近三年未发现重大违法违规行为；

（八）中国保监会规定的其他审慎性条件。

投资不动产相关金融产品的，除符合前款第（一）、（二）、（四）、（五）、（六）、（七）、（八）项规定外，资产管理部门还应当拥有不少于 2 名具有 3 年以上不动产投资和相关经验的专业人员。

保险公司聘请投资机构提供不动产投资管理服务的，可以适当放宽专业人员的数量要求。

第九条 为保险资金投资不动产提供投资管理服务的投资机构，应当符合下列条件：

（一）在中国境内依法注册登记，具有国家有关部门认可的业务资质；

（二）具有完善的公司治理，市场信誉良好，管理科学高效，投资业绩稳定；

（三）具有健全的操作流程、风险管理、内部控制及稽核制度，且执行有效；

（四）注册资本不低于 1 亿元；

（五）管理资产余额不低于 50 亿元，具有丰富的不动产投资管理和相关经验；

（六）拥有不少于 15 名具有不动产投资和相关经验的专业人员，其中具有 5 年以上相关经验的不少于 3 名，具有 3 年以上相关经验的不少于 4 名；

（七）接受中国保监会涉及保险资金投资的质询，并报告有关情况；

（八）最近三年未发现重大违法违规行为；

（九）中国保监会规定的其他审慎性条件。

符合上述条件的投资机构，可以为保险资金投资不动产提供有关专业服务，发起设立或者发行不动产相关金融产品。投资机构向保险资金发起设立或者发行不动产投资计划的规则，由中国保监会另行规定。

第十条 为保险资金投资不动产提供有关服务的专业机构，应当符合下列条件：

（一）具有经国家有关部门认可的业务资质；

（二）具有完善的管理制度、业务流程和内控机制；

（三）熟悉保险资金不动产投资的法律法规、政策规定、业务流程和交易结构，具有承办投资不动产相关服务的经验和能力，且商业信誉良好；

（四）与保险资金投资不动产的相关当事人不存在关联关系；

（五）接受中国保监会涉及保险资金投资的质询，并报告有关情况；

（六）最近三年未发现重大违法违规行为；

（七）中国保监会规定的其他审慎性条件。

为保险资金投资不动产提供资产托管服务的商业银行，应当接受中国保监会涉及保险资金投资的质询，并报告有关情况。

第三章　投资标的与投资方式

第十一条　保险资金可以投资符合下列条件的不动产：

（一）已经取得国有土地使用权证和建设用地规划许可证的项目；

（二）已经取得国有土地使用权证、建设用地规划许可证、建设工程规划许可证、施工许可证的在建项目；

（三）取得国有土地使用权证、建设用地规划许可证、建设工程规划许可证、施工许可证及预售许可证或者销售许可证的可转让项目；

（四）取得产权证或者他项权证的项目；

（五）符合条件的政府土地储备项目。

保险资金投资的不动产，应当产权清晰，无权属争议，相应权证齐全合法有效；地处直辖市、省会城市或者计划单列市等具有明显区位优势的城市；管理权属相对集中，能够满足保险资产配置和风险控制要求。

第十二条　保险资金可以投资符合下列条件的不动产相关金融产品：

（一）投资机构符合第九条规定；

（二）经国家有关部门认可，在中国境内发起设立或者发行，由专业团队负责管理；

（三）基础资产或者投资的不动产位于中国境内，符合第十一条第一款第（一）项至第（五）项的规定；

（四）实行资产托管制度，建立风险隔离机制；

（五）具有明确的投资目标、投资方案、后续管理规划、收益分配制度、流动性及清算安排；

（六）交易结构清晰，风险提示充分，信息披露真实完整；

（七）具有登记或者簿记安排，能够满足市场交易或者协议转让需要；

（八）中国保监会规定的其他审慎性条件。

不动产相关金融产品属于固定收益类的，应当具有中国保监会认可的国内信用评级机构评定的 AA 级或者相当于 AA 级以上的长期信用级别，以及合法有效的信用增级安排；属于权益类的，应当建立相应的投资权益保护机制。

保险资金投资不动产相关金融产品的规则，由中国保监会另行规定。

第十三条 保险资金可以采用股权方式投资第十一条第一款第（一）项至第（四）项规定的不动产，采用债权方式投资第十一条第一款第（一）项至第（五）项规定的不动产，采用物权方式投资第十一条第一款第（三）、（四）项规定的不动产。保险资金采用债权、股权或者物权方式投资的不动产，仅限于商业不动产、办公不动产、与保险业务相关的养老、医疗、汽车服务等不动产及自用性不动产。

保险资金投资医疗、汽车服务等不动产，不受第十一条第一款第（二）项至第（五）项及区位的限制；投资养老不动产、购置自用性不动产，不受第十一条第一款第（一）项至第（五）项及区位的限制；本款前述投资必须遵守专地专用原则，不得变相炒地卖地，不得利用投资养老和自用性不动产（项目公司）的名义，以商业房地产的方式，开发和销售住宅。投资养老、医疗、汽车服务等不动产，其配套建筑的投资额不得超过该项目投资总额的 30%。

保险资金投资不动产，除政府土地储备项目外，可以采用债权转股权、债权转物权或者股权转物权等方式。投资方式发生变化的，应当按照本办法规定调整管理方式。保险资金以多种方式投资同一不动产的，应当分别遵守本办法规定。

第十四条　保险公司投资不动产（不含自用性不动产），应当符合以下比例规定：

（一）投资不动产的账面余额，不高于本公司上季度末总资产的10%，投资不动产相关金融产品的账面余额，不高于本公司上季度末总资产的3%；投资不动产及不动产相关金融产品的账面余额，合计不高于本公司上季度末总资产的10%。

（二）投资单一不动产投资计划的账面余额，不高于该计划发行规模的50%，投资其他不动产相关金融产品的，不高于该产品发行规模的20%。

第十五条　保险资金投资不动产，应当合理安排持有不动产的方式、种类和期限。以债权、股权、物权方式投资的不动产，其剩余土地使用年限不得低于15年，且自投资协议签署之日起5年内不得转让。保险公司内部转让自用性不动产，或者委托投资机构以所持有的不动产为基础资产，发起设立或者发行不动产相关金融产品的除外。

第十六条　保险公司投资不动产，不得有下列行为：

（一）提供无担保债权融资；

（二）以所投资的不动产提供抵押担保；

（三）投资开发或者销售商业住宅；

（四）直接从事房地产开发建设（包括一级土地开发）；

（五）投资设立房地产开发公司，或者投资未上市房地产企业股权（项目公司除外），或者以投资股票方式控股房地产企业。已投资设立或者已控股房地产企业的，应当限期撤销或者转让退出；

（六）运用借贷、发债、回购、拆借等方式筹措的资金投资不动产，中国保监会对发债另有规定的除外；

（七）违反本办法规定的投资比例；

（八）法律法规和中国保监会禁止的其他行为。

第四章　风险控制

第十七条　保险资金投资不动产，应当建立规范有效的业务流程和风控机制，涵盖项目评审、投资决策、合规审查、投资操作、管理运营、资产估值、财务分析、风险监测等关键环节，形成风险识别、预警、控制和处置的全程管理体系，并定期或者不定期进行压力测试，全面防范和管理不动产投资风险。

第十八条　保险资金投资不动产，应当按照监管规定和内控要求，规范完善决策程序和授权机制，确定股东（大）会、董事会和经营管理层的决策权限及批准权限。

决策层和执行层应当各司其职，谨慎决策，勤勉尽责，充分考虑不动产投资风险，按照资产认可标准和资本约束，审慎评估不动产投资对偿付能力和收益水平的影响，严格履行相关程序，并对决策和操作行为负责。保险资金投资不动产不得采用非现场表决方式。

第十九条　保险资金投资不动产，应当聘请符合第十条规定条件的专业机构，提供尽职调查报告和法律意见书，制定有效的投资方案、经营计划和财务预算，并通过科学的交易结构和完善的合约安排，控制投资管理和运营风险。

第二十条　保险资金以股权方式投资不动产，拟投资的项目公司应当为不动产的直接所有权人，且该不动产为项目公司的主要资产。项目公司应当无重大法律诉讼，且股权未因不动产的抵押设限等落空或者受损。

以股权方式投资不动产，应当向项目公司派驻董事、高级管理人员及关键岗位人员，并对项目公司的股权转让、资产出售、担保抵押、资金融通等重大事项发表意见，维护各项合法权益。

第二十一条　保险资金以债权方式投资不动产，应当在合同中载明还款来源及方式、担保方式及利率水平、提前或者延迟还款处置等内容。债务人应当具有良好的财务能力和偿债能力，无重大违法违规行为和不良信用记录。

第二十二条　保险资金以物权方式投资不动产，应当及时完成不动产物权的设立、限制、变更和注销等权属登记，防止因漏登、错登造成权属争议或者法律风险。对权证手续设限的不动产，应当通过书面合同，约定解限条件、操作程序、合同对价支付方式等事项，防范和控制交易风险。

第二十三条 保险资金投资不动产相关金融产品，应当对该产品的合法合规性、基础资产的可靠性和充分性，及投资策略和投资方案的可行性，进行尽职调查和分析评估。持有产品期间，应当要求投资机构按照投资合同或者募集说明书的约定，严格履行职责，有效防范风险，维护投资人权益。

第二十四条 保险资金投资不动产，应当实行资金专户管理，督促开户银行实行全程监控，严格审查资金支付及相关对价取得等事项。

保险资金投资不动产，应当合理确定交易价格。保险公司、投资机构与托管机构、专业机构不得存在关联交易。保险公司与投资机构存在关联交易的，不得偏离市场独立第三方的价格或者收费标准，不得通过关联交易或者其他方式侵害保险公司利益。

第二十五条 保险资金投资不动产，应当加强资产后续管理，建立和完善管理制度，设置专门岗位，配置管理人员，监测不动产市场情况，评估不动产资产价值和质量，适时调整不动产投资策略和业态组合，防范投资风险、经营风险和市场风险。出现重大投资风险的，应当及时启动应急预案，并向中国保监会报告风险原因、损失状况、处置措施及后续影响等情况。

第二十六条 保险资金投资不动产，应当聘请符合第十条规定条件的专业机构，按照审慎原则，综合考虑不动产所处区位、市场及其他相关因素，采用成本法、市场比较法和收益还原法等评估方法，合理评估不动产资产价值。

第二十七条 保险资金投资不动产，应当明确相关人员的风险责任和岗位职责，并建立责任追究制度。

保险公司的高级管理人员和主要业务人员，在职期间或者离任后，发现其在该公司工作期间，存在违反有关法律、行政法规和本办法规定投资不动产行为的，保险公司应当依法追究其责任。

第二十八条　保险资金投资不动产，应当要求投资机构按照法律法规、有关规定及合同约定，履行信息披露义务，并对所披露信息的及时性、真实性、完整性和合法性负责。投资机构所披露信息，应当满足保险公司了解不动产及不动产相关金融产品的风险特征、风险程度及投资管理的需要。所披露信息内容至少应当包括不动产或者不动产相关金融产品的投资规模、运作管理、资产估值、资产质量、投资收益、交易转让、风险程度等事项。

第五章　监督管理

第二十九条　保险公司投资不动产，投资余额超过 20 亿元或者超过可投资额度 20% 的，应当在投资协议签署后 5 个工作日内，向中国保监会报告；对已投资不动产项目追加投资的，应当经董事会审议，并在投资协议签署后 5 个工作日内，向中国保监会报告。

前款规定的报告，应当至少包括董事会或者其授权机构决议、可行性研究报告、资产配置计划、合法合规报告、资产评估报告、风险评估报告、关联交易说明、偿付能力分析、后续管理方案、法律意见书、投资协议书等。

保险资金投资养老项目，应当在确定投资意向后，通报中国保监会，并在签署投资协议后 5 个工作日内，向中国保监会报告。除本条第二款规定内容之外，还应当说明经营目的和发展规划，并提交整体设计方案和具体实施计划等材料。

中国保监会发现保险公司投资行为违反法律法规或者本办法规定的，有权责令其改正。

第三十条　保险公司投资不动产，应当在每季度结束后的 15 个工作日内和每年 3 月 31 日前，向中国保监会提交季度报告和年度报告，至少包括以下内容：

（一）投资总体情况；

（二）资本金运用情况；

（三）资产管理及运作情况；

（四）资产估值；

（五）资产风险及质量；

（六）重大突发事件及处置情况；

（七）中国保监会规定的其他审慎性内容。

除上述内容外，年度报告还应当说明投资收益及分配、资产认可及偿付能力、投资能力变化等情况，并附经专业机构审计的相关报告。

第三十一条　投资机构应当于每年 3 月 31 日前，就保险资金投资不动产相关金融产品情况，向中国保监会报告，至少包括以下内容：

（一）保险资金投资情况；

（二）产品运作管理、主要风险及处置、资产估值及收益等情况；

（三）基础资产或者资产池变化、产品转让或者交易流通等情况；

（四）经专业机构审计的产品年度财务报告；

（五）中国保监会规定的其他审慎性内容。

除上述内容外，投资机构还应当报告专业团队和投资能力变化、监管处罚、法律纠纷等情况。

不动产相关金融产品为公开发行或者募集的，应当按照有关规定披露相关信息。

第三十二条　托管机构应当于每季度结束后的 15 个工作日内和每年 3 月 31 日前，向中国保监会提交季度报告和年度报告，至少包括以下内容：

（一）保险资金投资情况；

（二）投资合法合规情况；

（三）异常交易及需提请关注事项；

（四）资产估值情况；

（五）主要风险状况；

（六）涉及的关联交易情况；

（七）中国保监会规定的其他审慎性内容。

第三十三条　中国保监会制定不动产投资能力标准，保险公司及相关投资机构应当按照规定标准自行评估，并向中国保监会提交评估报告。中国保监会将检验并跟踪监测保险公司及相关投资机构的不动产投资管理能力及变化情况。

中国保监会可以根据市场需要，适当调整投资比例、相关当事人的资质条件和报送材料等事项。保险资金投资不动产及不动产相关金融产品的相关当事人，向中国保监会报送的材料，应当符合监管规定，并对材料的真实性负责。

第三十四条 中国保监会依法对保险公司投资不动产进行现场监管和非现场监管，必要时可以聘请专业机构协助检查。

保险公司投资不动产，出现偿付能力不足、重大经营问题、存在重大投资风险，或者可能对金融体系、金融行业和金融市场产生不利影响的，中国保监会应当采取有关法律法规规定的停止投资业务、限制投资比例、调整投资人员、责令处置不动产资产、限制股东分红和高管薪酬等监管措施。保险公司投资不动产后，不能持续符合第八条规定的，中国保监会应当责令予以改正。

违规投资的不动产或者超比例投资的不动产，中国保监会按照有关规定不计入认可资产范围。突发事件或者市场变动等非主观因素，造成不动产投资比例超过本办法规定的，保险公司应当在规定期限内，按照规定调整投资比例。

保险资金投资不动产的资产评估标准和方法及风险因子的规则，由中国保监会另行规定。

第三十五条 投资机构和专业机构参与保险资金投资不动产活动，违反有关法律、行政法规和本办法规定的，中国保监会有权记录其不良行为，并将违法违规情况通报其监管或者主管部门。情节严重的，中国保监会将责令保险公司不得与该机构开展相关业务，并商有关监管或者主管部门依法给予行政处罚。

保险公司不得与列入不良记录名单的投资机构和专业机构发生业务往来。

第六章　附　　则

第三十六条 保险公司投资购置办公用房、培训中心、后援中心、灾备中心等自用性不动产，应当运用资本金。

保险公司投资购置自用性不动产的账面余额，不得高于该公司上年末净资产的 50% 。

保险公司投资的同一不动产，含自用性不动产和投资性不动产的，应当按照本办法规定，分别确定运用资本金和保险责任准备金的比例，分别核算成本和投资收益并进行会计处理。

第三十七条　保险资金投资境外不动产，按照《保险资金境外投资管理暂行办法》和中国保监会有关规定执行，保险资金投资境内和境外的不动产及相关金融产品，投资比例合并计算。

保险资金以取得不动产所有权为目的投资项目公司股权，不适用《保险资金投资股权暂行办法》的有关规定。

第三十八条　本办法由中国保监会负责解释和修订，自发布之日起实施。

参 考 文 献

1. 王国军主编：《保险经济学》，北京大学出版社 2006 年版。

2. 魏华林、林宝清主编：《保险学》，高等教育出版社 2006 年版。

3. 申曙光主编：《现代保险学教程》，高等教育出版社 2008 年版。

4. 江生忠、祝向军主编：《保险经营管理学》，中国金融出版社 2004 年版。

5. 孙祁祥主编：《保险学》，北京大学出版社 2009 年版。

6. 张洪涛主编：《人身保险》，中国人民大学出版社 2008 年版。

7. 魏巧琴主编：《新编人身保险学》，同济大学出版社 2005 年版。

8. 中国保监会保险教材编写组：《风险管理与保险》，高等教育出版社 2007 年版。

9. 申曙光主编：《保险监管》，中山大学出版社 2000 年版。

10. 申曙光主编：《社会保险学》，中山大学出版社 1998 年版。

11. 郑功成主编：《财产保险》，中国金融出版社 2005 年版。

12. 兰虹主编：《财产保险》，西南财经大学出版社 2001 年版。

13. 乔林、王绪瑾主编：《财产保险》，中国人民大学出版社 2004 年版。

14. 张洪涛、王和主编：《责任保险理论、实务与案例》，中国人民大学出版社 2005 年版。

15. 许谨良主编：《保险学原理》，上海财经大学出版社 2005 年版。

16. 郭颂平主编：《责任保险》，南开大学出版社 2006 年版。

17. 许飞琼主编：《责任保险》，中国金融出版社 2007 年版。

18. 王海艳主编:《保险学》,立信会计出版社 2007 年版。

19. 颜卫忠主编:《保险学》,西安交通大学出版社 2008 年版。

20. 池小萍主编:《保险学案例》,中国财政经济出版社 2008 年版。

21. 李加明主编:《保险学》,中国财政经济出版社 2009 年版。

22. 黄守坤、孙秀清主编:《保险学》,机械工业出版社 2009 年版。

23. 施建祥主编:《保险学》,浙江大学出版社 2009 年版。

24. 赵苑达主编:《再保险学》,中国金融出版社 2003 年版。

25. 胡炳志、陈之楚主编:《再保险》,中国金融出版社 2006 年版。

责任编辑:陈　登

图书在版编目(CIP)数据

保险学/曾卫 主编　胡杰　张小荣 副主编　卞志村 主审.
　—北京:人民出版社,2011.2(2020.4 重印)
ISBN 978 - 7 - 01 - 009625 - 4

Ⅰ.①保…　Ⅱ.①曾…　Ⅲ.①保险学-高等学校-教材　Ⅳ.①F840

中国版本图书馆 CIP 数据核字(2011)第 010046 号

保　险　学
BAOXIANXUE

曾卫 主编　胡杰　张小荣 副主编　卞志村 主审

人 民 出 版 社 出版发行
(100706　北京市东城区隆福寺街 99 号)

天津文林印务有限公司印刷　新华书店经销

2011 年 2 月第 1 版　2020 年 4 月北京第 5 次印刷
开本:710 毫米×1000 毫米 1/16　印张:23.25
字数:326 千字　印数:12,001-13,000 册

ISBN 978 - 7 - 01 - 009625 - 4　定价:40.00 元

邮购地址 100706　北京市东城区隆福寺街 99 号
人民东方图书销售中心　电话 (010)65250042　65289539